重庆文理学院年鉴

2017

主　编　蔡华锋
副主编　李兴春　潘澜月

西南交通大学出版社
·成都·

图书在版编目（CIP）数据

重庆文理学院年鉴. 2017 /蔡华锋主编. —成都：
西南交通大学出版社，2017.8
ISBN 978-7-5643-5665-1

Ⅰ.①重… Ⅱ.①蔡… Ⅲ.①重庆文理学院–2017–
年鉴 Ⅳ.①G649.287.19-54

中国版本图书馆 CIP 数据核字（2017）第 202996 号

Chongqing Wenli Xueyuan Nianjian

重庆文理学院年鉴
2017
主编　蔡华锋

责任编辑	秦　薇
助理编辑	郑丽娟
封面设计	曹天擎
出版发行	西南交通大学出版社 （四川省成都市二环路北一段 111 号 西南交通大学创新大厦 21 楼）
发行部电话	028-87600564　028-87600533
邮政编码	610031
网　　址	http://www.xnjdcbs.com
印　　刷	成都蜀通印务有限责任公司
成品尺寸	175 mm×250 mm
印　　张	21.25
插　　页	8
字　　数	326 千
版　　次	2017 年 8 月第 1 版
印　　次	2017 年 8 月第 1 次
书　　号	ISBN 978-7-5643-5665-1
定　　价	108.00 元

图书如有印装质量问题　本社负责退换
版权所有　盗版必究　举报电话：028-87600562

编 委 会

主　任　孙泽平　许洪斌

委　员　刘灿国　兰　刚　谭　宏　李德全
　　　　漆新贵　万书辉　王明华　金　盛

主　编　蔡华锋

副主编　李兴春　潘澜月

编　辑　马　雁　余　嘉

3月3日,重庆市委常委凌月明莅临学校调研

2月1日,重庆市副市长吴刚来校看望慰问涂铭旌院士

1月22日，学校召开第五次中层干部聘任（任命）大会

5月11日，学校召开第四次教职工代表大会暨工会会员代表大会

5月28日,学校召开第四次团、学代表大会

5月6日,学校召开"五四"表彰大会

11月5日，学校建校40周年师生艺术实践汇报展演

11月5日，学校建校40周年纪念大会隆重举行

7月11日,学校领导查看暑期工程实训情况

5月30日,学校领导讲授"两学一做"专题党课

5月27日，学校领导参加材料工程专业学位硕士研究生毕业典礼

8月17日，学校领导陪同国家高新区升级调研评审组调研

6月30日,学校领导调研"两学一做"学习教育开展情况

11月7日,学校领导参加与俄罗斯托木斯克理工大学举行的合作交流

5月11日，学校领导对接落实"3+4"项目

4月28日，学校领导参加"大学生拳击俱乐部"揭牌仪式

12月8日，学校领导调研星湖校区基础设施

11月5日至6日，学校召开第一届靶向治疗与分子药物国际研讨会

11月11日，俄罗斯伊万诺沃国际儿童院代表团到学校交流访问

5月8日，重庆市发改委莅临学校调研

4月18日，丹麦皇家奥胡斯音乐学院专家莅临我校交流

5月15日，学校学生荣获重庆市第35届"校园之春"歌手赛歌王称号

12月3日，学校学生在全国第四届师范院校师范生教学技能竞赛中获化学组一等奖、语文组一等奖、物理组三等奖

10月28日，学校柔性触控创新团队在第五届中国创新创业大赛电子信息行业总决赛中再获佳绩

编 辑 说 明

2016年，重庆文理学院全面贯彻落实党的十八届三中、四中、五中全会精神和习近平总书记系列重要讲话精神，认真贯彻落实全面从严治党要求，坚持"应用为本、管理创新、开放办学、特色发展"的办学思路，扎实开展"两学一做"学习教育，深入推进"顶天立地"发展战略，持续推动深度转型发展，学校综合办学实力显著增强，在建设高水平应用型大学进程中迈出了坚实步伐。

《重庆文理学院年鉴（2017）》汇集了2016年学校事业发展及重大活动基本情况，重点反映重庆文理学院人才培养、科学研究、服务社会、文化传承与创新等方面的重要活动和所取得的经验、成果等，供全校各个部门及校外有关单位了解和研究学校现状与发展情况时参考使用，同时也是重庆文理学院发展概况的历史记载。

《重庆文理学院年鉴（2017）》是资料性文献，根据学校办学特色、高等学校的职能，借鉴兄弟院校年鉴编撰的成功经验，在传承学校历年年鉴编撰风格基础上，做了适当调整。全书设置新闻图片、学校概况、特载与专文、机构队伍、教学工作、科研工作、学生教育、管理与服务、二级学院、大事记、媒体报道等栏目。选材时间为2016年1月1日至2016年12月31日，部分内容依据实际情况略有回溯。年鉴收录的统计数据，由学校相关部门审定、提供。

我们力图全面、系统记载学校2016年在教学、科研、管理等方面的工作和成绩，客观真实反映学校在人才培养、科学研究、服务社会、文化传承与创新等方面的发展状况，但限于我们的能力和水平，虽竭尽全力，但难免有缺失和疏漏，敬请各位读者批评指正。我们将不断探索改进，提高年鉴的编纂质量，把年鉴的编辑与出版工作做得更好。在此，对为年鉴编纂提供支持和帮助的单位一并表示感谢。

目 录

◆ 学校概况 ······001

重庆文理学院2016年概况 ······002

◆ 特载与专文 ······017

明确责任 聚精会神 深入推进全面从严治党工作 促进学校又好又快发展
　　——在重庆文理学院全面从严治党工作推进会上的讲话 ······018
深化内涵建设 深度转型发展 加快推进高水平应用型大学建设
　　——在重庆文理学院第四届教代会、工代会上的工作报告 ······028
铭记奋斗历史 开创美好未来
　　——在建校40周年纪念大会上的讲话 ······040
重庆文理学院2016年党政工作要点 ······046
重庆文理学院"三重一大"决策制度实施办法 ······053
重庆文理学院关于实施"合格+"多元人才培养模式的指导意见 ······060
重庆文理学院深化教育综合改革实施方案 ······067
重庆文理学院专业技术岗位第三聘期基本职责 ······078
重庆文理学院管理岗位第三聘期基本职责 ······082

◆ 机构队伍 ······087

学校领导 ······088
处级机构及管理队伍 ······089
科研及其他机构与管理队伍 ······095

科级机构及管理队伍……096
2016年教师所获荣誉……103
2016年教龄及教育系统工作满30年人员……104
2016年教师公派出国留学情况……105
2016年新进人员……106

◆ 教学工作……109

2016年教学工作概述……110
重庆市2016年高等学校教学改革研究立项项目……122
2015年本科教学改革工程项目立项……123
2015年教师教学竞赛获奖……124
2015年教学改革示范岗及教学新秀……125
2015年教学工作优秀指导教师……127
2015年学科竞赛获奖优秀指导奖……129
第五届教师"说课程·教改课"比赛团体获奖……143
第五届教师"说课程·教改课"比赛个人获奖……143
2016年教学改革示范岗……144
2016年度教学新秀……145

◆ 科研工作……147

2016年科研与学科工作概述……148
非物质文化遗产研究中心……156
新材料技术研究院……159
创新靶向药物国际研究院……162
特色植物研究院……165
环境材料与修复技术重庆市重点实验室……167
品牌科学研究所……170

成果统计……173

◆ 学生教育……179

教育管理……180
招生工作……187
就业工作……188
共青团工作……191
安稳工作……193
2016年分专业录取情况……195

◆ 管理与服务……199

校务部……200
教工部……203
党群部……206
纪检部……209
合作发展部……212
资产部……214
总务部……217
图书馆……220
现代教育技术中心……222
档案馆……224
博达公司……227
新叶公司……229

◆ 二级学院……233

文学与传媒学院……234
数学与财经学院……237

材料与化工学院 ……………………………………………………………… 239
机电工程学院/机器人工程学院 ……………………………………………… 242
林学与生命科学学院 …………………………………………………………… 245
电子电气工程学院 ……………………………………………………………… 248
重庆服务外包学院/软件工程学院 …………………………………………… 251
经济管理学院/建筑工程学院 ………………………………………………… 254
旅游学院 ………………………………………………………………………… 257
马克思主义学院 ………………………………………………………………… 259
公共管理学院 …………………………………………………………………… 261
教育学院 ………………………………………………………………………… 264
外国语学院 ……………………………………………………………………… 267
音乐学院 ………………………………………………………………………… 270
体育学院 ………………………………………………………………………… 273
美术与设计学院 ………………………………………………………………… 276
国际学院/重庆文化遗产学院 ………………………………………………… 279
继续教育学院/培训学院 ……………………………………………………… 281

◆ 大事记 ……………………………………………………………………… 285

◆ 媒体报道 …………………………………………………………………… 313

2016年主要对外宣传工作统计 ……………………………………………… 314
一所应用型本科高校的"创业史"
　　——重庆文理学院转型发展纪实 ………………………………………… 317
涂铭旌：不断创新的"材料人生" …………………………………………… 322
重庆文理学院：倾力培育学生创业"洪荒之力" …………………………… 324
星湖美景与几代学子儒雅文风互为映衬 …………………………………… 331

学校概况
XUEXIAO GAIKUANG

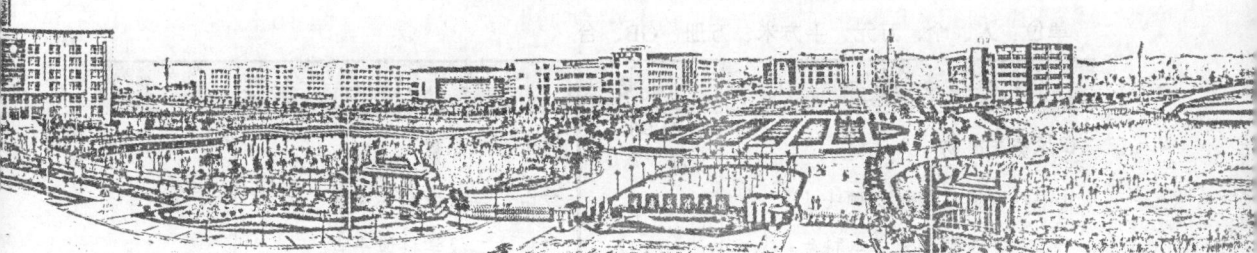

重庆文理学院 2016 年概况

2016 年，重庆文理学院在市委教育工委和市教委的正确领导下，学校党政领导班子团结并依靠广大师生员工，认真贯彻落实全面从严治党要求，扎实开展"两学一做"学习教育，深入推进"顶天立地"发展战略，持续推动深度转型发展，各项工作取得长足进步，学校的办学综合实力显著增强，社会影响力日益扩大。是年，全院有全日制在校学生 21 965 人，比 2015 年减少 1 144 人，减少 4.9%；有教职工 1 274 人，比 2015 年减少 27 人，减少 2%。开设 56 个本科专业，比 2015 年增加 2 个，增长 3.7%。全校占地 1 177 676 平方米；校舍建筑面积 711 108 平方米，与 2015 年相同。全校教育经费总收入 53 716 万元，比 2015 年增加 4 250 万元，增加 9%；总支出 46 528 万元，比 2015 年增加 372 万元，增加 0.8%。表 1 为 2016 年重庆文理学院基本情况。

表 1　2016 年重庆文理学院基本情况

单位：人、个、万元、平方米、万册、GB、台

项目	数量	项目	数量
在校学生总数	21 965（折合数）	博士授权点数	
其中：普通高等教育硕士生	0	其中：一级学科博士点	
普通高等教育本科生	20 137	二级学科博士点	
普通高等教育专科生	595	硕士授权点数	
成人及其他高等教育学生	4 098	其中：一级学科硕士点	
外国留学生	117	二级学科硕士点	
当年招生数	6 542	本科专业数	56
其中：普通高等教育硕士生	0	专科专业数	2
普通高等教育本科生	5 402	其中：省部级重点专业	3
普通高等教育专科生	0	国家级特色专业	1
成人及其他高等教育学生	1 077	国家级精品课程	1
外国留学生	63	学校占地面积	1 177 676

续表

项 目	数 量	项 目	数 量
当年毕业学生数	9 817	其中：绿化用地面积	230 085
其中：普通高等教育硕士生	0	运动场地面积	142 435
普通高等教育本科生	5 861	校舍建筑面积	711 108
普通高等教育专科生	517	其中：教学及辅助用房	250 219
成人及其他高等教育学生	3 425	图书馆面积	26 417
外国留学生	14	纸质图书	185.67
教职工总数	1 274	数字资源	
其中：专任教师	1 033	其中：电子图书	102.79
正高级职称教师	120	各类专业实验室	25
副高级职称教师	259	其中：国家重点实验室	0
博士生导师		省部级重点实验室	5
硕士生导师		省部级工程研究（技术）中心	8
享受国务院特殊津贴教师		教学用计算机	6 602
国家级突出贡献中青年专家		全年教育经费总收入	53 716
教育部新世纪优秀人才		其中：国家财政性教育经费	31 564
重庆市百名海外高层次人才	3	社会捐、集资办学经费	
巴渝学者特聘教授	2	事业收入	15 638
重庆市学术技术带头人	2	全年教育经费总支出	46 528
博士后流动站	2	其中：事业性支出	

注：数据来源于重庆文理学院2015—2016学年高基报表、重庆文理学院2016年度部门决算报表。

1．"两学一做"学习教育

4月，召开"两学一做"学习教育动员大会，制发《"两学一做"学习教育工作推进表》，号召师生在"两学一做"学习教育中深入学习涂铭旌院士的先进事迹，建立专题网站进行宣传报道。本年度，党委书记钟志奇、校长孙泽平等9名常委落实领导干部双重组织生活会制度，累计讲授专题党课28次，全校27个党总支书记、93个直属支部书记结合实际讲党课120余次。坚持"学做结合"，把践行共产党员"四有标准"和争做"育人标兵""学习标兵"结合起来,教育引导广大党员立足岗位做贡献、创佳绩、树形象,数财学院党总支被评为2016年度"重庆市先进基层党组织"。坚持边学边改,认真查找各级党组织和党员干部队伍中存在的突出问题,分层分类建立整改台账121个,实行挂单销号整改。开展专项督导,4个督导组12名同志开展专项督导30余次,确保"两学一做"学习教育高质量开展。

2．党建工作

2016年,坚持党委领导下的校长负责制,出台《"三重一大"决策制度实施办法》,认真落实班子成员联系二级单位制度、深入一线调研制度、领导干部谈心谈话制度,组织班子成员参加专题培训、专题研讨、辅导报告,领导班子成员撰写的学习心得体会或调研文章共计10篇以上。7月,配合市委组织部选任党外市管干部王明华同志为学校副院长。1月22日,学校在红河校区恪勤楼304会议室召开第五次中层干部聘任(任命)大会,此次聘任122名干部(含助理),交流轮岗38名中层干部。4月,开展了第五次科岗人员的聘任工作,聘任科岗人员152名,落实了轮岗交流制度,与第四次科岗人员队伍相比,博士由2名增至11名,硕士由86名增至118名,副高级以上职称由10名增至24名。2016年,完成8 000余名党员组织关系集中排查工作以及党费收缴工作。5月,完成全校27个党总支、93个党支部的换届选举。2016年,发展党员525人。

2016年,严格落实党委主体责任,以党委1号文件形式出台《关于进一步推进全面从严治党的实施意见》。3月,召开全校党风廉政建设大会,制定落实分工包项责任制,出台《约谈制度暂行办法》《校内无形资产管理办法》等5项制度文件,织密制度笼子,推进精准规范执纪。强化纪委监督执纪问责的核心职能,加大对招生、工程建设等重点领域和关键环节的监督力度,对50余次物资设备采购、30余次工程招投标进行全面监督,完成全校24个单位相关中层干部经济责任审计,开展60余次常规和专项巡视,组织廉政谈话270余人次,约谈提醒16人次。

10月19日《中国青年报》第六版以"重庆文理学院:倾力培育学生创业'洪荒之力'"、10月25日《光明日报》第五版以"不断创新的'材料人生'

涂铭旌"为题报道了学校转型发展取得的成绩。

2016年，强化意识形态阵地管理，建立网络舆情立体防控体系，严格审批论坛、课堂、讲座等，实现意识形态工作零事故。全面加强统战工作，出台《关于进一步加强统一战线工作的实施意见》，考察推荐党外干部6人，部分提案被全国政协采用，6月，国务院副总理刘延东对冯利朋提交的"应让马克思主义经济学回归为高校经济学教学与科研的主流"的决策建议作出重要批示。

3．教学工作

2016年，学校深化应用型人才培养改革，修订完善2015版人才培养方案，全面启动新版课程教学大纲编制。7月10—11日，组织举办二级学院院长说"五大教学改革"活动，16个二级学院院长分别从办学定位、举措创新、实施成效、存在的问题和改进思路等方面全方位汇报展示了所在学院"五大教学改革"的开展情况，并就改革过程中重点关注的问题接受了现场专家的提问。9月，各二级学院分别组织教师就汇报材料进行了集中学习和研讨。为满足学生个性化发展需要，推进"合格+"多元人才培养模式改革，形成"合格+创业类""合格+卓越类""合格+考研类"等人才培养模式，以学校行政1号文件发布《关于实施"合格+"多元人才培养模式的指导意见》，从顶层设计上为探索"合格+卓越类、创业类、复合类、考研类和特长类"等多元人才培养模式提供了制度保障。组织"合格+"多元人才培养项目申报工作，确定16项作为学校首批"合格+"多元人才培养项目予以立项建设。4月，学校机械工程专业、电气工程及其自动化专业入选2016年中职与本科对口贯通"3+4"分段人才培养改革试点项目，分别对接重庆市渝北职业教育中心、重庆市农业机械化学校、重庆市育才职业教育中心。2016年，新增林学、物流工程2个本科专业。机械工程、高分子材料与工程、软件工程、环境设计等4个专业获批"三特行动计划"建设项目。完成材料科学与工程、机器人工程和文化遗产3个新专业的申报和评审工作。

本年度，学校按照"成熟一批，出版一批"的思路，经过学校严格评审，确定了10部作为首批特色应用型教材，这些教材已经进入高等教育出版社的审核程序。9月26日，重庆市教育委员会《关于公布2016年度高等教学改革研究立项项目名单的通知》（渝教高发〔2016〕49号）文件，我校推荐申报的12个重庆市高等教育教学改革研究项目全部获立项，其中重大项目3项、重点项目3项。

2016年，积极组织申报中央财政支持地方高校发展资金项目，机器人与智能装备实训中心、土木建筑工程基础实验中心、电力系统动态模拟实验室、全媒体采编实验实训中心和现代生物技术实验实训中心获批准立项，获中央财政专项资金1900万元。投入2500万元用于教学实验室（实训中心）建设，12个实验室（实训中心）获立项建设。

2016年，制定审核评估工作方案，召开审核评估专题会议，组织3次专家辅导报告，完成基本状态数据库数据填报以及审核评估自评报告（初稿）撰写工作，开展审核评估校内诊断工作。发布《2015—2016学年本科教学质量报告》，完成24个专业的评估工作。加大教学质量监控力度，组织开展专业评估、试卷、毕业论文和实验实训室开放利用情况专项检查和"三风"专项巡查，落实听课制度，完成教师超限上课整改，对111人的教学效果进行跟踪验证和评估。

9月，教育部办公厅下发《关于公布全国乡村教师队伍建设优秀工作案例的通知》（教师厅函〔2016〕19号），公布全国各地加强教师队伍建设的20个优秀工作案例。学校与重庆市教科院联合举办的"卓越教师教育实验班"培养模式受到点名表扬。在重庆市第三届高校师范生教学技能竞赛中，获4个一等奖、4个二等奖、2个三等奖。在全国第四届师范生教学技能竞赛中，获2个一等奖、1个三等奖。

4．学科与科研建设

6月，学校创新靶向药物国际研究院获批重庆市级博士后科研工作站。6月1—7日，科技部、国家发改委等12部委联合举办的国家"十二五"科技创新成就展在北京展览馆举行，学校特色植物研究院与重庆市天沛农业科技有限公司校企合作共建的"种苗云港，星创天地"国家级创新创业一站式开放性综合服务平台入选参展。特色植物研究院的经济植物生物技术重庆市重点实验室通过重庆市科学技术委员会评审与认定，成为重庆又一个市级重点实验室。认知神经科学与心理健康重点实验室成为重庆市脑科学协同创新中心协同单位。由创新靶向药物国际研究院唐典勇教授领衔的"靶向小分子药物研发创新团队"和材料与化工学院李强教授领衔的"环境材料与修复技术创新团队"获"重庆市2016年度高校创新团队建设计划"立项建设。光电材料与器件产学研协同创新联盟获市发改委创新驱动专项资金资助,该专项资金共5 000万元,每年划拨1 000万元。

2016年,科研项目与经费持续增加。2016年获各级纵向项目140项,国家级项目13项,其中社科基金项目立项5项,自科基金项目立项8项;各级各类科研经费2 800余万元,比2015年增长23.1%。其中纵向项目经费1 200余万元,平台建设费1 600余万元。2015年(统计数据晚一年)B类及以上论文211余篇。其中被SCI、SSCI收录148篇;在SCI、SSCI一区期刊上发表论文17篇;在SCI、SSCI二区期刊上发表论文30篇。7月,以重庆文理学院为第一署名单位的关于生姜采后贮藏保鲜方面研究的学术论文 *Chitosan and oligochitosan enhance ginger（Zingiberofficinale Roscoe）resistance to rhizome rot caused by Fusariumoxysporum in storage* 在国际知名刊物 *Carbohydrate Polymers*（《碳水化合物》）上发表。该研究成果由学校刘奕清教授和刘嘉研究员领衔,唐建民博士参与,并联合美国农业部USDA-ARS首席水果研究科学家Michael Wisniewski教授和英国化学生物技术重点实验室John F. Kennedy教授共同完成的。在"武书连2016中国721所大学教师学术水平排行榜"中,学校教师学术水平排名跃居全国第283名(我校在2015年全国734所大学教师学术水平排名全国第322名)。

2016年,结合国家"双一流战略"和《重庆市统筹推进一流大学和一流学科建设的实施方案》,修订《重庆文理学院重点学科建设管理办法》,编制《重庆文理学院第四轮重点学科建设方案》。由第四届校学术委员会推荐、校长办公会审定确定材料科学与工程、社会学、园艺学等6个学科作为申报预备队并加以建设。12月,组织3个专家组,对4个校级重点学科、5个校级重点建设学科、1个培育学科和5个硕士专业学位培育点进行了现场终期验收,高级别项目、高层次论文等方面较第二轮建设提升明显,并有3个学科进入中国高校学科排名"区域一流"行列。深入工程硕士（材料工程）、工程硕士（环境工程）、农业硕士（园艺领域）、文物与博物馆硕士、工程管理硕士等6个立项建设学位点进行调研，完成学位点要素建设的第一手数据收集工作，撰写《重庆文理学院硕士专业学位点建设调研报告》。

2016年，新增独立培养硕士研究生9名。支持研究生开展应用型科学研究，组织2015级材料工程、艺术学（非物质文化遗产）学生赴都江堰光明光电、贵州生态博物馆等地进行专业实践和田野调查；对2013年度材料工程、艺术学（非物质文化遗产）专业研究生科研立项进行结题验收，结题合格率为100%。重庆理工大学与重庆文理学院联合培养的2013级材料工程硕士研究生，从研一至研三期间的教学课程、工程实践、论文工作环节等均由重庆文理学院独立承担。7名2013级材料工程硕士以第一作者共计发表核心及以上论文23篇，其中SCI二区8篇、三区6篇、四区5篇。申请专利13项，其中发明专利9项、实用新型专利4项。7名学生深入企业技术一线进行工程实践，人均累计超过12个月。

5．重庆高教研究

《重庆高教研究》创刊三年来，影响因子持续提升。《中国学术期刊影响因子年报》显示：2014、2015、2016年刊物的复合影响因子分别为0.314、0.324、0.677，2016年是2014年的2.16倍，3年增长了116%；综合影响因子分别为0.177、0.212、0.510，2016年是2014年的2.88倍，3年增长188%。据2016年版《中国科技期刊引证报告》显示，《重庆高教研究》扩展影响因子已达0.996。据2016年《中国学术期刊影响因子年报》，在全国200多种教育类学术刊物中，在复合影响因子和综合影响因子方面，《重庆高教研究》均上升到前50位。与42种教育类核心期刊比较，《重庆高教研究》的复合影响因子位居第34位，综合影响因子位居第31位。截至11月，《重庆高教研究》已有80余篇文章被重要网络媒体全文转载，13篇文章被《新华文摘》、"人大报刊复印资料"、《高等学校文科学术文摘》等重要文摘转载。6月，《重庆高教研究》2016年第1期刊发的论文《论行业特色型院校的回归与发展》（作者：潘懋元，陈斌）被《新华文摘》2016年第10期全文转载。

在《重庆市教育委员会关于公布重庆市第三届优秀高教研究机构评选结果的通知》（渝教高发〔2016〕61号）中，授予《重庆高教研究》编辑部"重庆市高教研究特别贡献奖"。在重庆市第九届期刊综合质量考核中，《重庆高教研究》首次进入重庆市一级期刊行列。在重庆市第十六届期刊好作品评选中，《重庆高教研究》获4个一等奖、2个二等奖。2016年第1期刊发的"'双一流'建设专题"提出"出台'一流专业'支持计划"的观点，经学校人大代表提案，得到了重庆市教委的正式批复。

6．师资队伍建设

2016年，加强高层次人才队伍建设，修改《重庆文理学院高层次人才引进办法》《重庆文理学院博士研究生培养规定》，出台《重庆文理学院特聘教授聘任实施办法》《重庆文理学院关于加强教师队伍国际化建设的实施办法》等制度。2016年引进博士24人，李璐博士入选重庆市第七批"百名海外高层次人才集聚计划"人选，陈中祝博士入选重庆"百人计划"，陈蕾、韩涛、孔庆波获重庆市高校中青年骨干教师称号，刘嘉、杨勇2位老师初评入选重庆市"巴渝"学者。

2016年，通过"巴渝海外引智计划"等方式柔性引进知名专家10余人，引进具有海外留学经历人员15人（其中博士4人），送培出国访学人员14人。开展留学预备人员外语培训工作，送培21名一线教师到四川外国语大学参加英语培训。

2016年，依托"教师教学发展中心""教师教学发展指导委员会"，组织开展培训、研讨和帮扶活动。学校于2016年度新增一级特聘研究员1人，认定171名"双师型"教师，组织74名教师参加"双师型"教师培训工作，引进61位（69人次）企业、行业专家和机关事业单位管理人员到课堂。招聘全日制硕士13名，充实实验技术队伍。12月，学校有正高级人员136人，其中二级教授2名，副高级人员289人，高级专业技术职务人员占专任教师总数的41.2%。

2016年，完成第三轮岗位设置与聘任工作，专业技术岗晋升223人，其中晋升专业技术三级岗位11人，晋升专业技术五级岗位人员22人，晋升专业技术六级人员 53 人，晋升专业技术八级岗位 49 人，晋升专业技术九级岗位 70 人，新晋升专业技术十一级岗位 18 人。管理岗晋升 32 人，其中管理六级晋升五级 1 人，管理七级晋升六级 6 人，管理八级晋升七级 13 人，管理九级晋升八级 6 人，管理十级晋升九级 6 人。工勤技术人员晋升 5 人，其中高级技师 2 人，晋升工勤三级岗 2 人，晋升工勤四级岗 2 人。

7．创新创业工作

6 月 18—19 日，在重庆市第二届大学生创业成果展洽交流会上，学校大学生创业项目"重庆冰颖科技有限公司""重庆市永川区葵阳农业开发有限公司"在项目路演中被评为"优秀创业项目"。7 月，创新药物创新团队获"第六届中国侨界贡献奖"。8 月 22 日，在人民大会堂举行的第十届中国青少年科技创新奖颁奖大会上，我校新型环保材料创新团队获 2015 年度大学生"小平科技创新团队"称号。新型环保材料创新团队在学校名誉校长、中国工程院院士涂铭旌的指导下，于 2009 年 5 月成立，由美国加州大学洛杉矶分校博士后李璐研究员、刘碧桃副教授担任团队指导教师。截至 12 月，团队共有成员 18 人。依托"重庆市微纳米光电材料与器件协同创新中心"和"重庆市环境材料与修复技术重点实验室"技术支撑，针对传统水污染处理光催化材料光响应范围窄、光催化量子效率低的现状以及重庆地区特殊的多雾气候问题，开展了一系列提高光催化材料可见光利用率和光催化效率的研究。团队先后获"挑战杯"全国大学生课外学术科技作品竞赛国家级奖励 3 项，有 16 项科研成果获得国家专利，有 24 篇高水平学术论文在 SCI 等国际学术期刊上公开发表，有 3 项成果与企业达成意向性合作协议。团队相关研究成果还被人民网、凤凰网、《重庆日报》《重庆晨报》等多家媒体报道。

8 月，学校获全国首批创新创业 50 强。本次评选由教育部面向全国所有高校开展评选，入选 50 强高校中，有 19 所中央部门所属高等学校、25 所省属本科院校、6 所高职高专院校。9 月 1 日，在北京召开的第六届新侨创新创业成果交流暨联盟成立大会上，学校陈中祝博士负责的新药创新团队获第六届"中国侨界贡献（创新团队）奖"。9 月 26—28 日，学校 3D 喷墨印刷电子创新团队和超硬涂层技术创新团队参加在河南省洛阳市举行的第五届创新创业大赛先进制造行业全国总决赛，新材料技术研究院李璐博士领衔的3D喷墨印刷电子创新团队以半决赛总分第1名成绩晋级全国总决赛，获先进制造行业全国总决赛（团队组）第3名；王锦标博士领衔的超硬涂层技术创新团队以半决赛小组第3名，获先进制造行业全国总决赛（团队组）优秀奖。

10月26—28日，新材料技术研究院团队赴意大利参加第七届中意创新合作周，柔性触控显示项目被评为"最受欢迎项目"，学校作为中方代表接受新华社专访。10月，根据教育部高等教育司《关于公布2016年国家级大学生创新创业训练计划项目名单的通知》（教高司函〔2016〕45号）和重庆市教育委员会《关于公布2016年国家级大学生创新创业训练计划项目名单的通知》（渝教高发〔2016〕52号）文件，学校点触云端、天然生物保鲜剂Nisin对鲜切梨的保鲜研究、高联实习管理监控指导综合系统、MoS_2-CNFs复合材料的制备及其电化学性能的研究、基于超级电容器的电动车动力电池系统设计、氮硫共掺三维多孔石墨烯电极材料的制备与研究、本土影像《家圆》微电影创作等7个项目获国家级创新创业训练计划资助项目。至此，学校获大学生创新创业训练计划国家级项目23项。12月3—5日，2016—首届全国智能制造（中国制造2025）创新创业大赛总决赛在北京举行，学校李璐博士领衔的大尺寸柔性触控项目获总决赛创新赛第一名。12月，学校推选的"柔性触控创新创业团队"、由永川区科委推选的学校与重庆天沛农业科技有限公司联合打造的"脱毒种姜产业化创新创业团队"入选中共重庆市委组织部、重庆市科委2016年度重庆市五大功能区域创新创业团队支持计划。

8．校地校企合作和成果转化

2016年，与重庆市九龙坡区和高新区实现深度合作，签订"1+N"项目合作协议。9月25日，学校与安博教育集团校企共建"互联网创新学院"签约仪式在恪勤楼422会议室举行。校长孙泽平代表学校与安博教育集团总裁黄劲签订《校企合作共建"互联网创新学院"协议书》。10月，与凤凰卫视集团·凤凰数媒合作建立"虚拟现实技术工程师培训与考试中心"和"数字媒体产业项目与人才实训基地"。2016年，与重庆万学教育科技有限公司合作建成创新创业课程线上平台，即将面向全体2016级学生开放。

2016年，加入重庆市技术转移战略联盟，成功申报市级技术转移转化示范机构，切实加强重点项目转化进度。柔性触摸屏技术已与多家公司达成成果转化合作意向，目前中试生产正式启动，转化工作正有序推进。抗ED新药项目得到九龙坡区政府和重庆高新区合计500万元的成果转化支持，目前该项目已通过国家安全评价，有望于2017年进入临床试验阶段。新材料技术研究院的纳米涂料、LED灯、注射成型技术，特色植物研究院的脱毒生姜、蓝莓、红心猕猴桃，软件工程学院的众创空间线上平台、尘埃粒子在线监测系统，机电工程学院的智能彩色LED显示系统等，各项成果转移转化逐步推进，全年实现经济收益上千万元。

2016年，启动国际联合办学项目申报并确定了合作办学的学校与专业。积极组织开展了国家留金委"西部项目"申报工作，有8名教师申报成功。与俄罗斯托木斯克理工大学合作开设"留俄国际班"，目前已经迎来首届新生。

9月19日，重庆科技成果转化促进会组织市内外同行专家对重庆文理学院、重庆市荣昌区林业局、重庆市林业科学研究院等多家单位协同完成的"丘陵山地三种重要经济林木产业化关键技术集成与应用"项目进行科技成果评审。评审委员会由西南大学、四川农业大学、四川省林业科学研究院等单位的知名专家组成。专家组在听取项目背景、研究成果、技术创新点等方面的详细汇报，查阅相关资料后，认为该项成果具有新颖性、先进性、科学性和实用性，总体水平达到国内同类研究的领先水平。

9月，重庆市教育委员会正式通报《重庆市首届教育综合改革试点成果获奖名单》（渝教策发〔2016〕9号），学校承担的重点项目"探索政产学研结合新机制，构建应用型人才培养模式改革试点"成果获二等奖。

12月，教育部发布《教育部高教司关于公布有关企业支持的产学合作协同育人项目立项名单（2016年第一批）的函》（教高司函〔2016〕53号），学校与超星集团合作的项目"《纪录片创作》课程混合式教学模式研究与实践"（韩永青）、与达内时代科技集团有限公司合作的项目"WEB前端开发基础"（高峰）获立项。

9. 学生工作

2016年学校实际录取新生4 800名，普通本科招生全部一志愿录取满额，在四川、安徽、湖北等省的录取分数线接近一本分数线。与璧山国家高新技术产业开发区共建"大学生实训就业基地"，设立单独招生代码，举办"信息与计算科学""国际海员海乘"校企合作班。与洲际酒店集团签署合作协议，共同订单培养酒店行业精英人才。与凤凰卫视集团·凤凰数媒共建数字媒体产学研基地，组建"数字媒体实验班"，与深圳富士康IDBPG事业群举办"富士康专班"。

2016年，举办宣讲会及专场招聘会305场，参与企业735家，提供13 000余个岗位。2016年，毕业生初次就业率为91.27%，比去年提高近3个百分点，年底就业率提升至95.85%。用人单位对学校毕业生"总体表现的满意度"为86.7%，对"学校毕业生就业服务工作的满意度"为87.9%，对"专业设置适应产业发展需求的满意度"为85.2%。

2016年，加强学生教育管理，修订完善学生学籍管理、学士学位授予、综合素质测评、学生奖励及违纪处分等规定或办法，编印2016版《学生手册》，将实践育人纳入人才培养方案。加强宿舍文化建设，举办首届"雅室善寝"寝室文化建设大赛以及"学霸寝室"评选、"柏苑大歌神""松苑微视频"等活动。打造"学在重文理"微信公众平台，平台现有官网通道、多彩校园和青春引领三个栏目，内部设置认识文理、学工在线、重要资讯、服务指南、学生资助、社会实践、成长故事、心灵驿站等十余个板块内容，平台建设已拥有粉丝13 000余人。开展满意调查，关注学生成长，10 000余名学生通过"学在重文理"微信公众平台参与学生学习与成长满意度调查，促进学生工作的开展。

2016年，有38人获国家奖学金、654人获国家励志奖学金。学校"五四"评优表彰各类先进个人1 237人、先进集体202个，评选出64名市级优秀毕业生、568名校级优秀毕业生、539名优良毕业生。建立常态化领导体制与工作机制，成立大学生思想政治教育工作领导小组。将大学生思想政治教育工作纳入全年工作计划，定期专题研究大学生思想政治教育工作，加强意识形态工作把控。完善"大学生周末思想政治教育"教学内容，2016年在课程中加入高校学生廉政教育、反恐教育以及就业创业教育内容。组织开展学生工作"一院一品"创建活动,文化与传媒学院"大手拉小手志愿者实践平台""沐浴书香——让学生回归读书本源"等品牌活动获立项。

修订《重庆文理学院大学生心理危机预防与干预方案》,做好心理危机排查工作,确保学生心理健康。办理学生助学贷款2 159.98万元,发放国家助学金1 822.75万元,发放学生校内勤工助学工资近50万元,发放学生临时困难补助近161.5万元(含建卡贫困户学生的临时困难补助),发放毕业生求职补助80万元。

学生科技团队"新型环保材料创新团队"获2015年"小平科技创新团队"称号。学生陈冬玲获2016年"电信天翼奖学金"。在2016年"创青春"比赛中获重庆赛区1金1银3铜,在2016年"校园之春"比赛中获校园歌王1项、特等奖3项、一等奖1项、二等奖8项、三等奖21项、优胜奖1项(集体),学校获"校园之春"优秀组织奖。

10. 建校40周年活动

2016年,是学校40周年华诞。3月,学校成立建校40周年活动工作组,全面推进建校40周年活动。建校40周年活动立足于展示学校第三次创业的艰辛历程和辉煌成就,紧扣"传承文理精神、展示发展成就、谋求未来发展"的工作主线,举办建校40周年纪念活动,举办纪念大会、师生艺术实践汇报展演、第六届校友会年会等活动,完成校史馆改造建设、专题片和宣传画册制作、《重庆文理学院志》编纂等工作。发放校友邀请函800余份、嘉宾邀请函350余份、领导邀请函50余份,接待海内外校友1 500余人、嘉宾280余人。凝聚了广大校友感念母校共助发展的力量,凝聚了地方政府认同文理互促共进的力量,凝聚了在校师生热爱学校共同创业的力量。

11月5日下午,纪念大会在学海广场举行,有1 500余名领导嘉宾和来自海内外的校友代表参加,收到贺信50余封,美国山南道大学、意大利佩鲁贾大学发来祝贺视频,纪念大会朴实隆重、富有成效。11月5日晚,在学海广场举办"风华四十 相约文理"——重庆文理学院建校40周年师生艺术实践汇报展演。学校师生及广大校友为母校40岁生日准备了丰富多彩的文艺节目。舞蹈《父亲的扁担》《舞动文理》《青春飞扬》《走到一起来》,歌曲联唱《烛光颂》

《乌兰巴托的夜》《找自己》《青春修炼手册》《相亲相爱》，器乐合奏《师徒春秋》，武术《历练》，配乐诗朗诵《未来的路》，晚会在《星光文理》的精彩表演中结束。

在建校40周年活动中，赵连城院士、曹镛院士、李永舫院士、何知礼院士以及一大批知名专家学者共聚我校，举办了一系列高水平学术讲座。共邀请国内外专家学者约200人参会，其中包括中国工程院、中国科学院以及国际矿产资源科学院的5名院士，来自美国、意大利、英国、俄罗斯等国的著名专家20余人，以及长江学者、国务院学位委员会学科组成员、重庆市科技创新领军人才等国内专家80余人。11月4日，由重庆文理学院主办的特色植物产业技术高层论坛在卫星湖校区特色植物研究院学术报告厅举行。11月6日，"2016年微纳米光电材料与器件国际高层论坛"在志仁楼114报告厅举行。11月5—6日，由学校创新靶向药物国际研究院主办的第一届靶向治疗与分子药物国际研讨会在学校召开。11月7日，"2016年微纳米光电材料与器件国际高层论坛"分会场研讨会——有机光电材料与器件研讨会、无机功能材料与器件研讨会在志仁楼114、117报告厅同期举行。11月7日，微纳米光电材料与器件协同创新中心（重庆2011计划）发展研讨会在我校百川兴邦"南门时光 创客驿站"创业咖啡屋、材料科技楼305会议室分段召开。11月7日，学校与俄罗斯托木斯克理工大学联合举办的金属材料工程（国际班）开班典礼在知津楼D506室举行。11月7日，学校与俄罗斯托木斯克理工大学合作交流会在材料科技楼305会议室举行。11月5—9日，2016年重庆市专业技术人才知识更新工程之"光电材料与信息显示新技术高级研修班"在学校举办。

11月5日，学校第六届校友会年会在红河A区恪勤楼304举行，来自国内外各地的200余名校友代表相约文理、共谋发展。审议通过校友会会徽、会旗、会歌，完成校友会换届选举工作。校友捐资成立两个100万基金，分别用于教师发展和学生成才。

11．校务管理及后勤服务

2016年，完成"十三五"发展规划编制，规划确立"建设高水平应用型大学"的战略目标，明确了"转型、申硕、建大"的战略任务和"全面深化学校综合改革，全面提升人才培养质量，全面提升综合办学实力"的发展目标。

修改出台《合同管理办法》《重庆文理学院"三重一大"决策制度实施办法》，加强合同审签管理力度，做好410余份合同的审签及归档工作。组织在线交流工作24期，引导二级学院结合"两学一做"学习教育以沙龙形式开展部门负责人与大学生面对面交流。严格管理财务资产，完善网络缴费平台，出台学校经费审批办法，严格防范经费管理风险；全面完成对学校国有资产的清查盘点；提前完成学校2013—2017年化债任务，获得中央财政专项资金1 900万元，全面完成校舍房产证办理工作。

完成星湖校区校界勘测与确认工作，妥善解决星湖校区历史遗留问题，促使4万余平米土地回归学校。32层人和居3号教工住宅于4月2日正式施工，该项目由贵州建工集团第二建筑工程有限责任公司承建，255套住房，总建筑面积26 731平方米，计划工期为575天。综合实训楼项目工程是国家发改委资助项目，学校与永川区政府共建，该建筑为25层框架剪力墙结构，地上23层，地下2层，总建筑面积约32 240平方米，计划工期为420天。该项目由重庆竞盟建筑工程（集团）有限公司承建，到12月，已完成深基坑的抗滑桩、护壁、人工挖孔桩混凝土浇筑及筏板基础施工。

5月16日，与重庆医科大学附属永川医院合作创办的"永川区兴龙湖社区卫生服务中心"正式运行。中心位于重庆文理学院红河校区A区南门怀德楼，建筑面积1 600平方米左右，按标准化社区卫生服务中心装饰，设置观查床33张，24小时接诊。开设全科、中医科、康复理疗、妇幼保健、老年保健、预防接种、整形美容等科室。

加强人防、物防、技防"三防"体系建设，加大安全隐患排查和整治力度，更换消防设施设备，做好了特殊敏感时段、节点的相关稳定工作；完成了星湖校区水厂移交以及水电管理维护、节能减排、食品卫生监管等工作；餐饮、物业管理到位，博达公司首次跨入"中国校园物业服务实体（企业）百强"。开展数据整合工作，完成新建系统集成工作，建成全校教职工基本信息。完成学生综合服务管理系统二期建设任务，新增了奖惩管理、评优评先、学生资助、就业创业和校友管理等功能。12月，获批重庆市智慧校园示范校试点建设单位。

特载与专文

TEZAI YU ZHUANWEN

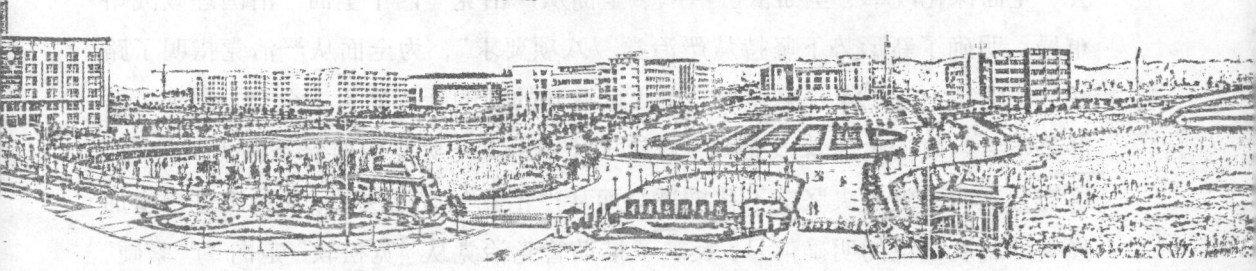

明确责任 聚精会神 深入推进全面从严治党工作 促进学校又好又快发展
——在重庆文理学院全面从严治党工作推进会上的讲话

重庆文理学院党委书记 钟志奇
（2016年10月27日）

同志们：

今天我们在这里召开学校全面从严治党工作推进会，主要任务是学习贯彻党的十八大和十八届三中、四中、五中、六中全会精神以及习近平总书记系列重要讲话精神，全面落实党中央关于全面从严治党的重大部署，认真贯彻重庆市委有关会议和文件精神，对学校深入推进全面从严治党工作进行再部署、再动员，为实现学校事业又好又快发展提供坚强保证。

党的十八大以来，以习近平同志为核心的党中央提出了全面建成小康社会、全面深化改革、全面依法治国、全面从严治党"四个全面"治国理政战略布局，明确了新形势下坚持从严治党"八项要求"，为全面从严治党指明了路径。特别是10月24日至今天，在北京召开的党的十八届六中全会，制定了新形势下党内政治生活若干准则，修订了《中国共产党党内监督条例（试行）》。这充分表明了党中央坚定不移推进全面从严治党的政治决心，释放出进一步加强党的制度建设的明确信号，反映了推动管党治党从"宽松软"走向"严紧硬"的必然要求。前不久，重庆市委出台了《落实全面从严治党责任实施办法（试行）》和《关于落实党风廉政建设党委主体责任和纪委监督责任的意见》等重要文件，为我们深入推进全面从严治党提供了重要指导。

根据中央、市委的统一部署和安排，党的十八大以来学校党委先后组织开展了党的群众路线教育实践活动、"三严三实"专题教育活动和"两学一做"学习教育，不断推动了从严治党从"关键少数"向广大党员拓展，取得了初步成效。今年，学校又发布了党委一号文件《中共重庆文理学院委员会关于进一步推进全面从严治党的实施意见》。下面，就进一步贯彻落实中央、市委有关精神和今年学校党委一号文件精神，深入推进学校全面从严治党工作，我讲三点意见。

一、统一思想，提高认识，切实增强全面从严治党的政治自觉和行动自觉

学校各级党组织和党员干部要充分认识全面从严治党的重大意义，认真落实全面从严治党责任，以强烈的政治意识、忧患意识、责任意识，切实增强推进全面从严治党的坚定性、自觉性和主动性，真正将思想和行动统一到中央及市委、学校党委的决策部署上来，把从严要求贯穿于党的建设各方面和全过程，为加快高水平应用型大学建设提供坚强政治保证。

（一）贯彻落实中央和市委关于从严治党工作的新部署、新要求，迫切需要进一步推进全面从严治党工作

从严治党是我们党巩固执政地位、始终走在时代前列、肩负历史使命的关键所在。党的十八大以来，以习近平同志为核心的党中央提出了全面建成小康社会、全面深化改革、全面依法治国、全面从严治党的战略布局。协调推进"四个全面"，全面从严治党是根本保证。全面从严治党，基础在全面，核心在从严，关键在责任落实，市委就贯彻落实全面从严治党提出了新部署和新要求。深刻领会和贯彻执行中央、市委精神，要求我们必须持续用力，不断加强和改进学校党的建设，进一步推进全面从严治党。

（二）全面推进学校深度转型发展，完成培养中国特色社会主义建设者和接班人的历史使命，迫切需要进一步推进全面从严治党工作

高等学校承担着教书育人、立德树人的重要任务，担负着把大学生培养成为中国特色社会主义合格建设者和可靠接班人的历史使命。当前，学校"十三五"发展目标已经确立，深度转型发展已进入攻坚期，要完成学校承担的历史使命，解决好学校深度转型发展中遇到的新问题，培养造就具有高度社会责任感的高素质应用型专门人才，必须不断加强党对学校的领导，不断巩固马克思主义在学校的指导地位，坚定不移地坚持社会主义办学方向，始终不渝地贯彻党的教育方针，大力实施"顶天立地"发展战略，从而为重庆五大功能区建设

提供强大智力支持。

（三）解决当前学校党建工作中存在的问题与不足，迫切需要进一步推进全面从严治党工作

长期以来，学校党委认真贯彻落实中央和市委的各项决策部署，带领全校各级党组织和广大党员在推进学校转型发展中发挥了领导核心、战斗堡垒和先锋模范作用，形成了推动学校改革发展的强大正能量。但是，我们也清醒地看到，当前学校党建工作中还存在着一些不适应新形势新任务新要求的薄弱环节，主要是：有的党组织书记党建主业意识不强，党建主体责任落实不够；有的党组织党内政治生活不严格，工作缺少创新和着力点，个别党组织缺乏创造力、凝聚力和战斗力；有些党员干部宗旨意识、规矩意识和纪律观念淡薄，个别党员责任感和使命感淡化，党员先锋模范作用发挥不突出等。解决这些问题，必须进一步落实全面从严治党责任，强化各级党组织的领导核心作用，从而不断开创学校党建工作和各项事业发展新局面。

二、坚持从严，明确重点，认真抓好深入推进全面从严治党各项工作

学校党委进一步推进全面从严治党的总体要求是：以党的十八大和十八届三中、四中、五中、六中全会精神为指引，深入学习贯彻习近平总书记系列重要讲话精神，特别是习近平总书记到重庆视察重要讲话精神，围绕协调推进"五位一体"总体布局和"四个全面"战略布局，围绕加快实施我市五大功能区域发展战略，坚持党要管党、从严治党，以严的标准、严的措施、严的纪律，切实加强党的思想建设、组织建设、作风建设、反腐倡廉建设和制度建设，落实全面从严治党责任，不断增强党的凝聚力、班子公信力、干部执行力和制度约束力，为推动学校全面深度转型和各项事业科学发展提供坚强保证。

（一）始终坚持党委领导核心地位，加强校级领导班子建设

一是要坚持和完善党委领导下的校长负责制。认真贯彻落实《关于坚持和完善普通高等学校党委领导下的校长负责制的实施意见》和《重庆市坚持和完善普通高等学校党委领导下的校长负责制实施办法》，贯彻执行《重庆文理学院章程》，坚持党委统一领导学校工作，把握学校发展方向，决定学校重大问

题，监督重大决议执行，支持校长依法独立负责地行使职权，保证以人才培养为中心的各项任务完成。坚持民主集中制原则，推进领导班子决策的科学化民主化制度化，健全完善党委全委会、党委常委会、校长办公会等会议制度和议事规则，进一步明确"三重一大"的具体内容和决策程序，把群众参与、专家论证、风险评估、合法性审查、集体讨论决定确定为重大决策法定程序。加强学术组织建设，完善学术委员会章程，积极探索教授治学的有效途径。发挥学校教职工代表大会、民主管理工作委员会、群团组织、民主党派、无党派人士、离退休老同志等在学校管理中的作用，健全完善师生员工参与民主管理和监督的工作机制。

二是要坚持和加强领导班子思想作风建设。通过校级中心组学习、暑期读书班、专题培训班、形势报告会等多种形式，切实增强班子成员的政治意识、大局意识、核心意识、看齐意识，不断提高领导班子的领导水平和办学治校能力。深化落实中央八项规定精神和市委七条实施意见以及重庆市党员干部生活作风"十二不准"，巩固拓展党的群众路线教育实践活动、"三严三实"专题教育和"两学一做"学习教育成果，不断健全作风建设长效机制，持之以恒反对"四风"。认真落实校级领导班子成员联系二级单位制度、深入一线调研制度等，进一步密切联系服务师生，坚持以上率下，以优良的党风和工作作风带教风、促学风。

三是要坚持和完善领导班子党内生活制度。严格落实领导干部双重组织生活会制度，校级党员领导干部坚持以普通党员身份参加所在支部的组织生活。认真坚持领导班子民主生活会制度，正确运用批评与自我批评的思想武器，发扬党内民主，增进班子团结，提高领导班子发现和解决自身问题的能力，进一步增强班子合力。落实谈心谈话制度，党委书记和校长之间坚持定期相互谈心，定期同其他领导班子成员谈心；对领导班子成员在政治、思想、道德、工作、作风、廉洁等方面出现的苗头性倾向性问题，要早发现、早提醒、早纠正。领导班子成员之间要经常交流思想、交换意见，努力营造团结共事的和谐氛围。

（二）始终坚持从严教育管理监督，强化党员干部队伍建设

一是要建设高素质的中层干部队伍。认真贯彻执行《党政领导干部选拔任

用工作条例》，完善中层干部选拔任用工作机制，以优化班子配备、改善干部队伍结构为重点，加大优秀年轻干部、党外干部和女干部的培养选拔力度。实施"干部素质提升工程"，分层次、多渠道加强干部教育培训，逐步建立一支"结构合理、信念坚定、为民服务、勤政务实、敢于担当、清正廉洁"的高素质中层干部队伍。进一步完善干部日常管理监督和综合考核评价机制，严格落实重大事项请示报告制度、民主生活会制度、谈心谈话制度等，抓好领导干部个人有关事项报告核查、因私出国（境）审批、干部兼职管理、外出请假审批等干部监督管理工作的落实，强化中层干部的规矩意识。针对干部队伍中少数干部"不作为、慢作为、乱作为"等现象，及时"咬耳朵、扯领子、提袖子"，向干部传递压力、提供动力、激发活力。

二是要充分发挥党员先锋模范作用。积极适应学校办学规模和机构调整、党员队伍变化，进一步优化基层党组织设置。纵深推进基层服务型党组织建设，进一步增强服务师生党员、服务学校改革发展的能力。积极推进基层党建工作创新，实施项目化管理，打造一批党建工作品牌。严格党员发展程序，严把党员发展质量，做好在优秀大学生和青年骨干教师中发展党员工作。加强和改进党员教育管理，严肃党员组织生活，严格组织关系接转和党费收缴管理，以"两学一做"学习教育的成功经验和典型做法为标杆，坚持和完善"三会一课"、组织生活会、民主评议党员、党费收缴管理等制度。建立定期检查和通报制度，对不按规定开展组织生活、组织生活质量不高的基层党组织及无故不参加组织生活、不按要求缴纳党费的党员，及时批评教育，限期整改纠正。探索开放式、互动式、网络化等活动形式，增强党员组织生活的吸引力和实效性。实施"党员先锋工程"，充分发挥广大党员师生在推进学校教学科研、管理服务、学风建设、创新创业等工作中的先锋模范作用。

三是要加强基层党组织书记队伍建设。研究制定加强学校基层党组织书记队伍建设的具体办法，努力建设一支"党性强、业务精、作风优、热爱党务工作、具有奉献精神"的基层党组织书记队伍。完善基层党组织书记选任制度，从学科带头人、教学科研和管理骨干中选拔优秀党员担任基层党组织负责人。健全关爱激励机制，从政治、生活待遇上关心关爱基层党组织书记，落实党支部书记等党务干部待遇，在评奖评优、职务晋升、岗位交流、学习培训等方面予以充分重视。加强基层党组织书记和党务干部的培养，按照优化结构、提升活力、合理流动的原则，有计划地选拔中青年业务骨干到党务岗位锻炼，健全党务干部与业务干部之间的交流机制。加强基层党组织书记等党务干部的日常培训，有计划、多形式地组织开展党务工作业务培训。

（三）始终坚持思想领航政治引领，加强思想意识形态工作

一是要强化思想理论武装。坚持用中国特色社会主义理论体系武装头脑，坚定中国特色社会主义道路自信、理论自信、制度自信、文化自信，把学习贯彻习近平总书记系列重要讲话精神作为校院两级中心组和基层党组织学习的重点内容，纳入各级各类教育培训的重要内容。围绕高等教育深化综合改革和学校深度转型发展，紧扣建设高水平应用型大学的发展目标，开展高等教育管理、教学教改等专题培训。建立健全导学督学考学评学机制，把党员干部参加学习教育培训情况与评先评优、年度考核挂钩。深入开展中国特色社会主义和中国梦宣传教育，大力加强社会主义核心价值观教育，正确引导全校师生坚定中国特色社会主义共同理想，巩固共同思想道德基础，进一步增强广大师生的思想认同、理论认同、政治认同、情感认同，不断激发全校师生投身中华民族复兴伟业和学校改革发展的巨大热情。

二是要把牢意识形态阵地。认真落实党管意识形态原则和意识形态工作责任制，牢牢掌握意识形态工作的领导权主动权话语权，巩固马克思主义在意识形态领域的指导地位。定期开展思想状况和意识形态调研，建立师生员工意识形态问题分析研判机制，紧扣师生员工关注的意识形态热点问题，开展针对性、经常性、系统化的意识形态形势教育。强化政治引领，抓好统一战线工作，团结带领党外知识分子发挥各自优势，传播正能量。增强阵地意识，落实"一会一报"制度，加强对学校社会组织、校园网、贴吧、论坛、社团、课堂、报告会、研讨会、讲座、出版物等意识形态阵地的管理。注重网络、新媒体阵地建设，充分利用微博、微信、移动客户端等新媒体舆论平台，深入研究网络舆情，及时掌握舆论动态，提高网上议题设置能力和舆论引导水平。积极开展舆论斗争，在大是大非和政治原则问题上把握方向，敢抓敢管，勇于担当。

三是要加强工作队伍保障。坚持学科正确方向，汇聚人才队伍，构筑学科基地，充分发挥马克思主义理论学科在思想意识形态领域的引领作用和高校哲学社会科学的育人功能。坚持把政治立场作为首要标准，形成以专任教师为主、专兼职结合的思想政治理论课教师队伍。充分发挥党校主阵地和思想政治理论课骨干教师、哲学社会科学理论研究工作者等队伍作用，提供思想理论宣讲队伍保障。严格准入条件，加大培训力度，实施"辅导员名师工程"，加强辅导员队伍职业化、专业化建设。全面推进学校师德师风建设，强化教师教书育人职责，不断提高教师队伍思想政治素质和育人能力。打造一支由学术大师、教学名师、优秀导师、辅导员、优秀骨干学生组成的政治素质好、懂网用网的网络宣传工作队伍，有效开展网上舆论引导和思想疏导。

（四）始终坚持严格执行党纪党规，深化学校党风廉政建设

一是要严格落实"两个责任"。认真贯彻落实市委全面从严治党责任实施办法和落实"两个责任"的意见，严格执行《中共重庆文理学院委员会关于落实党风廉政建设党委主体责任和纪委监督责任的实施办法》，全面贯彻落实党风廉政建设党委主体责任和纪委监督责任，持续深化管党治党责任落实，加强二级单位监管，推动全面从严治党向基层延伸。学校各级党组织要切实履行党风廉政建设主体责任，党政主要领导带头履行"第一责任人"职责，班子其他成员严格履行"党政同责""一岗双责"。纪委和纪检监察部门按照深化"三转"要求，切实履行监督责任。建立健全党风廉政建设责任追究制度，坚持"一票否决"制度，严格落实"一案双查"和责任倒查制度，健全责任追究案件报告和通报制度。

二是要强化监督执纪问责。坚持把纪律挺在法律前面，抓早抓小，关口前移，对党员干部身上的违纪违法问题早发现、早处置。坚持有案必查、有腐必反，加大腐败案件的查处力度。全面深化查办腐败案件体制机制改革，落实查办腐败案件以上级纪委领导为主的要求和"双报告制度"，建立瞒案不报、有案不查责任追究机制。坚持依纪依法、不枉不纵，对受到诬告、错告的党员干部，及时澄清事实，消除负面影响。正确把握运用"四种形态"的每一种利器，让咬耳扯袖、红脸出汗成为常态，党纪轻处分、组织调整成为大多数，重处分、

重大职务调整的是少数，而严重违纪涉嫌违法立案审查的只是极少数。严格执行《中国共产党问责条例》和高校教师师德禁行行为"红七条"，对于失职失责造成严重后果、师生反映强烈、严重损害学校形象等行为，都要严肃追究责任，既追究主体责任、监督责任，又追究领导责任。

三是要建立党风廉政建设常态化机制。以新修订的《中国共产党廉洁自律准则》《中国共产党纪律处分条例》为主要内容，开展多种形式的党风党纪教育、警示教育和岗位廉政教育，建立健全并落实逐级约谈制度。加强对招生录取、基建工程、招标采购、财务管理、科研经费、干部任用、人事聘任等重点领域和关键环节，以及重要节假日时间节点的监督检查，强化行政监察和任中、离任审计监督。完善廉政风险点识别，建立健全风险防控机制，推进反腐倡廉体系建设。贯彻落实"三重一大"决策制度，加强监督检查，防范决策风险。加强廉政文化阵地建设和廉政文化作品的创作传播，营造廉政文化氛围。

三、明确责任，强化监督，确保学校全面从严治党各项工作扎实推进

（一）明确从严治党责任，严格述职考核评价

学校党委和各基层党组织、全校党员干部要牢固树立"抓好党建是本职、不抓党建是失职、抓不好党建是渎职"的责任意识，切实落实全面从严治党责任。学校党委要发挥好统揽全局、协调各方的领导核心作用，把全面从严治党和深化学校综合改革、推进事业发展深度融合，坚持把党建工作和教学、科研等中心工作同谋划、同部署、同检查、同考核，以全面从严治党新成效推动学校各项事业新发展。学校党委职能部门和各基层党组织要加强党建工作调研，强化过程监控，尤其是针对重点工作，要抓好调研、指导、督促，确保工作落到实处。要始终以改革创新精神不断加强和全面推进党的建设，改进中心组学习方式、思想政治工作方式、党组织生活方式，精心设计工作载体，打造工作品牌，全面提高我校党建工作科学化水平。

学校党委书记要履行好全面从严治党第一责任，做到重要工作亲自部署，重大问题亲自过问，重点环节亲自协调。党委副书记要履行好全面从严治党分管责任，协助书记抓好党建任务落实，根据班子分工，抓好有关专项工作。学

校班子其他成员履行好全面从严治党"一岗双责",把分管联系单位的党建工作与行政工作、事业发展一起进行调研、指导、督促,尤其要抓好分管联系单位的班子建设和领导干部的教育管理。班子成员抓分管联系单位党建工作情况,要纳入自己年度述职、民主生活会的重要内容。各党总支、直属支部书记要履行好本单位全面从严治党第一责任,副书记要切实当好参谋助手,重点抓好大学生党建和思想政治教育工作。二级单位班子其他成员,尤其是行政主要负责人,要落实好"一岗双责""党政同责",并结合年度考核、民主生活会等工作进行汇报述职。学校党委每年至少召开1次基层党建工作会议,听取各二级单位党建工作汇报,总结经验成绩,指出问题不足,督促整改落实。要持续推行党建工作目标考核,适当加大党建工作考核权重;探索建立领导干部分类考核制度,对党总支书记,要重点考核其履行党建工作第一责任人职责、抓党建工作实效。对班子其他成员,尤其是行政主要负责人,要考核其落实"一岗双责"情况。

(二)推动问题整改落实,加强二级单位监管

根据市委教育工委《关于加强2015年度高校党委书记落实全面从严治党责任述职点评问题整改的通知》,学校党委今年制定了《中共重庆文理学院委员会关于2015年度高校党委书记落实全面从严治党责任述职点评问题整改方案》,之前已经印发各相关单位。希望各相关单位一定要按照整改方案和整改台账的要求,认真做好相关事项的整改工作,逐项落实销号,确保整改到位。

为深入贯彻落实十八届中央纪委六次全会、市纪委四届六次全会精神,督促各基层党组织牢固树立"四个意识",切实强化责任担当,持续深化管党治党责任落实,推动全面从严治党向基层延伸,根据《中共重庆市纪委关于市级部门落实从严治党责任加强二级单位监管的通知》精神,学校制定了《关于落实从严治党责任加强二级单位监管工作的实施意见》,并制定了《加强二级单位监管工作任务分解表》,希望各相关职能部门和各党总支、直属支部认真落实。

(三)健全工作基础保障,加强执行监督检查

要进一步优化基层组织设置方式,尤其是党支部设置方式,使党组织活动

更好地与教学、科研、管理等工作对接融合。划拨党建专项经费，进一步完善党建经费使用管理办法，为基层党组织开展活动提供必要的经费保障。加强党建工作队伍建设，强化责任意识，增强业务能力，督促各单位结合绩效工资分配，切实落实支部书记等党务工作人员待遇。建立全面从严治党监督检查常态化机制和工作督导通报制度，及时发现和解决问题。要加大问责力度，对有失职行为的党组织和党员领导干部，按照有关规定进行问责，做到有责必问、失责必究。

同志们，激流勇进正当时，千帆竞渡创新局。深入推进全面从严治党既是一项重要战略部署，也是一项重大政治任务。我们一定要以高度的政治责任感和历史使命感，认真落实全面从严治党各项任务，为实现学校又好又快发展、早日建成高水平的应用型大学提供坚强保障！

谢谢大家！

深化内涵建设　深度转型发展
加快推进高水平应用型大学建设
——在重庆文理学院第四届教代会、工代会上的工作报告

重庆文理学院校长　孙泽平

（2016年5月11日）

各位代表：

按照会议安排，下面我代表学校作工作报告，请各位代表审议，并请出席会议的列席代表和特邀代表提出意见和建议。我主要报告三个方面的内容。

一、第三届教代会以来主要工作回顾

第三届教代会以来，在上级主管部门的指导和帮助下，在学校党委的正确领导下，学校主动抢抓机遇，科学发展，全面完成了"十二五"规划的目标和任务。通过全校师生员工共同努力，学校在人才培养、科学研究、社会服务、文化传承创新等方面取得了突出成绩，办学实力和办学水平得到显著提升，为学校"十三五"发展奠定了良好基础。

（一）增强专业竞争力，人才培养取得新成绩

1. 专业结构进一步优化

成功申报物流工程等10余个新专业，本科专业总数已达56个；专业结构更加优化，工学专业占比34%，工管类专业占比46%，教师教育类专业与非教师教育类专业比例为1∶3；特色专业建设成效明显，获得卓越农林人才教育培养计划改革试点项目1个，三个专业获得重庆市"三特行动计划"立项，获批市级特色学科专业群1个，新增市级特色专业2个；园林专业进入中国大学园林专业排行榜前20强，会展经济与管理专业在中国大学分专业排行榜中居第三位；获得重庆市教学成果一等奖1项，获得教育部高校德育创新发展研究成果奖二等奖1项。

2. 教学改革持续深入

组织召开第五、第六次教学工作会,开展应用型人才培养大讨论;重构了2015版人才培养方案,定期开展"说课程·教改课"比赛,五大教学改革持续深入推进,教学内容改革课程达到450余门,教学方式改革课程达到400余门,考核评价方式改革课程达到440余门,现场考核、项目作品等30多种考核评价方式被广泛采用,教学设计、调研报告等毕业论文(设计)改革类型达20多类;公共课改革不断深化,思政课专题化改革获得广泛好评。

3. 实践教学不断加强

近三年共投入1个亿用于实验实训室建设,教学科研仪器设备总值约2.3亿元;目前,有建制教学实验实训室19个,市级实验教学示范中心5个;建成教师教学能力训练中心,开设"卓越教师教育实验班"等特色班共10余个,打造专业技能训练品牌项目42个;在重庆市高校师范生教学技能竞赛中,我校获奖总数居参赛学校榜首;获得国家级大学生校外实践教育基地1个,首届全国"互联网+"大学生创新创业大赛铜奖1项。

4. 人才培养质量稳步提升

生源质量逐年攀升,实现在全国27个省市招生,第一志愿录取率均保持在100%,本科报到率稳定在97%以上;建成就业一站式服务平台,毕业生年底就业率达到95%以上,就业质量和用人单位满意度持续提升;大力实施"大学生成长目标导航计划",促进学生自我教育、管理和成长;学生实践创新能力和综合素质持续提升,累计获得国家级奖500余项、市级奖2 000余项;建成4个市级众创空间,获得重庆市"十大微企创业孵化园"称号,成为首批重庆市大学生创业示范基地,获得"重庆市就业示范中心"和"全国毕业生就业典型经验高校"50强等殊荣。

(二)提升创新能力,学科科研实现新突破

1. 完善学科建设体系

构建学科建设体系,建成林学等3个市级重点建设学科并以"优秀"等级通过验收;遴选出4个校级重点学科、5个硕士专业学位点予以建设和培育;专业学位研究生培养取得了新的突破,共联合培养了40余名硕士研究生。

2．建成高端团队和平台

成立了创新靶向药物国际研究院，新增市级协同创新中心2个、市级重点实验室4个、市级工程中心3个、市级人文社科重点研究基地1个、市级创新团队1个、市级社科普及基地1个；目前，涂铭旌院士团队、靶向新药研制团队、特色植物种苗团队、非遗研究团队等实力不断增强；新药研制团队在第四届中国创新创业大赛中，代表重庆夺得了全国生物医药行业总决赛团队组第一名。

3．成果转化有力推进

纳米银线导电薄膜柔性触摸屏取得重大突破，各项指标通过了权威测试，正在努力实现产业化；"抗ED和肺动脉高压新药"正进行有效性和安全性评价，今年有望申请临床批文；与永川区共建"特色种苗科技城"，猕猴桃、脱毒生姜等已实现大面积推广。

4．科研项目增量提质

累计获得国家自科基金、社科基金等国家级项目63项，国家部委项目62项，省级科研项目340余项，科研到账经费达到5 000万元；获得市级及以上政府科研奖励12项；被SCI、SSCI收录330余篇，其中一区20余篇、二区60余篇，获得授权专利300余项；《重庆高教研究》被评为"全国地方高校优秀期刊"，《重庆文理学院学报》荣获"全国地方高校学报特殊贡献奖"。

（三）加强引进和培养，师资水平获得新提高

1．师资队伍结构优化

学校现有教职工1 300人，其中专任教师共计900余人，正高级专业技术职务人员110余名，副高级专业技术职务人员240余名；具有硕士及以上学位教师共计860人，其中博士近200人；聘请了近300名校外专家、学者、行业精英为兼职教师；开展了三轮"双师型"教师资格认定，共有162名教师通过认定。

2．人才队伍建设成效显著

获批设立中国科协"海智计划"重庆文理学院海智工作站，共引进12名海外专家来校短期工作；建成了涂铭旌院士团队等四大科研团队；学校现有全国优秀教师2人、全国优秀教育工作者2人、教育部本科教学指导委员会委员

3人、重庆"百人计划"2人、重庆市青年拔尖人才1人、重庆市创业领军人才1人、重庆有突出贡献的中青年专家1人、重庆学术技术带头人后备人选2人、重庆高校中青年骨干教师13人。

3．**教师激励政策不断完善**

出台《特聘教授聘任实施办法》《本科教学工作奖励条例》《教学改革激励办法》等系列制度,首批11名教师获得特聘教授岗位;200余名不同年龄层次教师踊跃参加教改课比赛,100余名教师获奖,获一等奖的教师优先送到国外高校研修;共有15个示范岗举行了公开课,300多名教师参与,引领教学改革不断向前推进。

（四）扩大对外合作,开放办学形成新格局

1．**合作方不断拓展**

与永川区、贵阳国家高新区、湖南大学、北华航天工业学院等建立友好合作关系,与重庆平伟实业股份有限公司等7家单位联合成立了光电产业技术协同创新战略联盟,与企业、行业共建光电材料与器件卓越工程师实验班、长航委培班等10余个合作培养班,与重庆固高自动化应用技术开发有限公司共建工业机器人实训基地。

2．**国际合作办学扩大**

来校留学生逐年递增,生源国别达到18个;深化与意大利佩鲁贾大学、俄罗斯托木斯克理工大学等高校的合作关系,成立"中欧文化遗产研究中心"、意大利语言培训中心;成功接待了俄罗斯国际儿童院及老一辈革命家后代子女来访,成立中俄青少年教育发展研究中心,举办了"中俄青年文化艺术交流活动周"。

3．**科研国际合作成果丰硕**

与俄罗斯托木斯克理工大学合作成功申报科技部重大国际合作项目,与俄罗斯、澳大利亚共建的"中俄澳纳米光电材料技术国际联合研发中心"获得市科委立项建设,与澳大利亚皇家墨尔本理工大学联合开展3D快速打印关键技术的应用研发;举办了"微纳米材料科技及应用国际高层论坛"等多场次高层次国际学术论坛,学术影响力与日俱增。

（五）强化治理能力，服务保障实现新提升

1. 探索现代大学制度

科学制定学校章程，并率先在全市核准实施；按照建章立制要求，全面修订学校规章制度，使学校依法治校、依法管理有章可循；精心编制了学校"十三五"发展规划，明确学校发展战略、发展目标和实现路径；成立了学校发展咨询委员会，构建了社会支持和监督学校发展的有效机制。

2. 管理能力不断提升

加强了目标管理、内部审核和日常监控；严格预算管理，严控"三公经费"，不断优化资产管理运营机制；严格执行机关人员上下班打卡制度、作风巡视制度，健全完善现场办公制度和部际联动机制，定期开展作风巡视与效能督查，提高了管理能力和服务水平。

3. 基础建设不断加强

红河 B 区建成并投入使用，完成红河 A 区北线改造、两校区食堂改造、红河校区学生事务中心改造等多项重大工程，6、7 号教职工住宅交付使用，启动了 3 号教职工住宅建设；完善综合服务管理系统，实现了宿舍管理、招生数据、新生入学、毕业生离校、师生缴费报账等工作的信息化；学校被命名为全国第一批节约型公共机构示范单位。

（六）发挥引领作用，党建工作得到新加强

1. 完善民主决策机制

坚持和完善党委领导下的校长负责制，修订完善了学校党委全委会、党委常委会、校长办公会议事规则；完善校院两级教代会制度、民主党派和无党派人士参与学校管理制度，充分发挥学术委员会、民主管理委员会等在学校管理中的作用。学校领导班子 6 次荣获"先进领导集体"称号。

2. 加强干部队伍建设

深入开展党的群众路线教育实践活动和"三严三实"专题教育；完成第四届、第五届中层干部、科岗人员的换届调整，干部队伍结构进一步优化；划拨党建专项经费，加大党建工作考核力度，推动落实党组织书记党建述职评议制度；积极推进基层服务型党组织建设，涌现出一大批优秀共产党员、优秀党务

工作者和先进基层党组织以及"八大奖""三育人"先进集体和优秀个人。

3．深入推进党风廉政建设

认真落实党风廉政建设"两个责任",扎实构建反腐倡廉责任体系,深化廉政教育和风险防控工作,探索建立巡视巡查制度,党风廉政建设成效突出。学校被评为"重庆市高校纪检监察系统办案先进集体"。

4．宣传思想和统战工作加强

成功召开宣传思想工作会,承办了重庆市思政课教师教学技能大赛暨教学工作现场会;推动建立"三级三点"舆情立体防控体系,严格管理校内讲座和论坛;坚持校领导联系民主党派及代表人士制度、双月座谈会制度等,统战工作成效明显。学校被评为"全国模范职工之家""全市宣传工作先进单位""全市统战工作先进单位""人文校园示范学校"。

各位代表、同志们:

我们深知,四年来,学校取得的每一份成绩、每一点进步,都凝聚着全体师生员工的智慧、心血与汗水。在此,我谨代表学校党委和行政,向热爱文理、奉献文理、辛勤工作、忘我付出的全体师生员工和老同志致以崇高的敬意!谢谢你们!

二、学校发展面临的形势

一是从发展规律看,高等教育理念与模式正发生深刻变化,知识的供给与获取突破了时空局限,个性化教育和终身学习要求高等教育提供更加优质高效的教育服务。二是从发展环境看,人才的供需关系正由高校主导的供给驱动变为行业企业主导的需求驱动,高校面临着市场竞争和优胜劣汰的压力。三是从发展定位看,创新驱动对高素质人才的需求更加迫切,高等教育正在走向社会的中心,角色定位从过去的支持服务逐步转向服务和引领同步。四是从发展方式看,高等教育正在从以规模扩张为特征的外延式发展转向以质量提升为核心的内涵式发展,传统的拼规模、拼数量的发展方式已难以为继。五是从发展动力看,局部的、碎片化的改革已无法解决高等教育发展的根本性问题,必须通过深化高等教育综合改革,理顺内部关系,释放办学活力。

在高等教育发展的新形势下，高校的发展呈现出新的特点：一是内涵发展成为新常态；二是转型发展成为新动力；三是开放办学成为新趋势；四是创新发展成为新使命；五是依法治校成为新要求。

三、下一阶段工作思路和主要任务

学校下一阶段工作的总体思路是：以中国特色社会主义理论体系为指导，深入贯彻习近平总书记系列重要讲话精神，坚持"应用为本、管理创新、开放办学、特色发展"，以"十三五"发展规划为统揽，以转型发展为主线，以提高质量为核心，以适应社会需求为导向，以建设高水平应用型大学为目标，深入推进"顶天立地"发展战略，全面提升学校的综合实力和核心竞争力。

在"十三五"开局之年，学校将紧紧抓住应用型转型发展、大学"双一流"建设、"2011协同创新计划"、本科教学审核评估、深化教育综合改革等重要发展机遇，全力谋求新的发展。

（一）全面深化内涵建设，提高人才培养质量

1．打造优势特色专业

稳定专业规模，本科专业总数控制在55个左右；聚焦重庆支柱产业和战略性新兴产业，结合永川城市发展新区定位，重点打造材料、智能装备、电子信息、特色农业、化工制药、土木建筑、文化创意、现代服务业等学科专业集群，建成一批在重庆乃至全国有影响的特色优势专业；每个学院至少建设1个特色品牌专业。

2．创新人才培养模式

合理配置资源，保证2015版人才培养方案全面执行，完成新版教学大纲编制；巩固卓越农林人才教育和卓越教师教育培养成果，进一步实施卓越工程师、建筑师、会计师等卓越人才培养工程；全力推进与行业企业、职业院校、科研院所的深度合作，探索合作育人新模式。

3．夯实实验实训教学

构建支撑应用型人才培养需要的"校、市、国家"三级实践教学平台体系，新增一批非师范实践教学基地；完善实验实训室管理体制和运行机制，建立健

全实验实训室开放运行机制，提高综合性、设计性、创新性实验实训项目比例。

4. 深化五大教学改革

推行课程（群）首席教师制，建设一批专业核心课程、市级精品视频公开课程和在线开放课程；加强双语课程建设和通识教育课程建设，立项建设一批满足应用型人才培养需要的校本特色教材；打破"以教师为主体、以教材为中心"的传统教学范式，持续深入推进五大教学改革，确保教学内容、教学方式、考核评价方式、毕业论文（设计）等改革达到预期目标；全面总结五大教学改革经验，召开深入推进五大教学改革总结交流会，开展二级学院院长"说五大教学改革"活动；继续开展教师"说课程·教改课"比赛。

5. 扎实推进审核评估

以平常心面对问题和差距，以正常态开展教学建设，建立并完善学校内部质量保障体系；强化校、院两级教学质量监控，开展专业评估，加强教学督导；严格落实听课制度和教授、副教授为本科生授课制度；适应学校应用型人才培养需要，全面修订教学管理规章制度；加强教学质量标准建设，编制课前环节、课堂教学环节、课程考核环节、实践教学环节等主要教学环节的质量标准。

（二）夯实学科建设基础，增强科技创新能力

1. 加大学科建设力度

抓住大学"双一流"建设机遇，完善学科"双动态"管理机制，推行学科团队"首席专家制"；建好已有的市级重点学科，启动第四轮校级重点学科建设，争取新增部分市级重点建设学科；加大培育力度，科学规划硕士专业学位点，力争获得授权点。

2. 提升平台和团队的创新能力

加强已有市级、校级科研平台的标准化建设与规范化管理，增强科技创新能力，确保完成预期目标和任务；做好市级科研平台培育，力争市级科研平台取得新突破；适应国家科技计划改革，培育重大项目；加强应用研究，提升科研平台和团队的创新能力和服务水平。

3. 推动科技成果落地转化

落实科技成果的使用权、收益权和处置权，建立以质量和贡献为导向的科研岗位薪酬分配制度；探索科技成果转化新模式，主动与市场对接，与行业和企业合作，打通科技成果向现实生产力转化的通道；加快工作进度，重点做好纳米银线透明导电薄膜柔性触摸屏成果转化，完成抗ED新药安全评价并取得新药临床批文，推动猕猴桃、竹根姜生姜脱毒技术广泛使用。

4．促进科研与教学深度融合

用高水平的科研支撑高质量的人才培养，将学校科研的人才、平台、项目和成果等资源转化为有效的教学资源，将科研要素贯穿于创新人才培养全过程；充分发挥科研对高水平师资队伍的支撑和引领作用，注重教师科研能力和教学能力的同步提升，支持科研人员走进课堂，站上讲台，积极开展本科教学。

（三）加强教师队伍建设，提升师资队伍水平

1．加强专业师资建设

根据学生规模，分学院、分专业、分课程全面审定专业师资数量，明确专业师资建设的目标，落实引进、培养的具体举措，进一步优化师资队伍的学历、职称、学缘、年龄等结构比，科学制定学校"十三五"师资队伍建设规划；加强实验实训专业师资和辅导员队伍建设，配足配强相应岗位人员。

2．打造高层次人才队伍

修订完善高层次人才引进与培养办法，围绕重点学科和特色优势专业，引进和培养高水平的学术领军人物和专业带头人；加大市级以上名师和团队培育力度，打造一批拔尖人才和团队，实现名师和团队新突破。

3．加大青年教师培养力度

实施青年教师发展与培训计划，促进青年教师快速成长；鼓励青年教师进入教学科研团队，支持青年教师参加各类学术会议；加大青年教师出国培训力度，大力提升师资队伍的国际化水平；加强教师专业引领和职业规划，为优秀青年教师成长创造条件、提供机会，促进教师专业发展。

4．建设高水平的"双师双能"型教师队伍

安排教师到行业企业锻炼，参与行业企业生产、工程实践和科技开发活动；聘用行业企业优秀专业技术人才、管理人才和高技能人才来校任教；建立"双师双能"型教师职称评定、岗位聘任、评优评先优先制度，打造一支专兼职结

合的高水平的"双师双能"型教师队伍。

5. 深化人事制度改革

完善教师聘任制度，规范外聘员工管理，完成新一轮岗位设置与聘用工作，逐步实现人员"定编、定岗、定责"。

（四）优化学校治理结构，增强办学治校能力

1. 全面深化教育综合改革

抓住深化教育综合改革契机，以体制机制改革为重点，增强改革的整体性、系统性和协同性，努力破解阻碍学校发展的制度性、机制性顽疾；围绕学校"十三五"规划的目标和任务，抓住重要领域和关键环节，聚焦难点和短板，从治理结构、规章制度和运行机制入手，全面深化人才培养、科学研究、学科建设、人事制度、资源配置等方面的综合改革。

2. 完善学校内部治理结构

进一步完善党委领导下的校长负责制；确保学术委员会、教学委员会等依照章程独立开展工作；深化校院二级管理，明确校院两级责权边界，加大简政放权力度；完善党务公开、校务公开和信息公开制度；健全民主管理和监督机制，发挥教职工代表大会、学生代表大会及群众组织作用；拓展民主管理和监督渠道，发挥各级人大代表、政协委员、民主党派和离退休老同志的积极作用。

3. 完善依法治校的制度体系

以学校办学定位、办学目标和发展战略为指引，继续开展学校规章制度的废、改、立工作，形成以《章程》为学校基本法、以专项配套制度为支撑、适应学校发展需要的规章制度体系；建立制度定期审查机制和制度执行督查机制，确保规章制度出台的合规性和有效性，形成用制度管权、管事、管人的长效机制。

4. 提高管理服务效能

完善"学院制"和"大部制"组织架构体系，按照高水平应用型大学建设需要，结合学科专业特点，科学规划二级学院设置；按照组织机构管理的层级和职权关系，进一步明确各部门和科室的职能；落实首问责任制、限时办结制和服务承诺制；推进"三标一体"教育质量管理模型教育化和校本化建设，加

强质量管理队伍建设，发挥督查督办职能，推动决策落实、政策落地。

（五）扎实开展"两学一做"学习教育，全面加强党的建设

1. 落实全面从严治党

坚持党要管党、从严治党，加强学习型、服务型、创新型党组织建设；巩固群众路线教育实践活动成果，落实中央八项规定，根除"四风"，形成作风建设长效机制；以"三严三实"作为干部履职尽责的基本要求，完善干部管理、培训、考核机制，加强干部能力建设；深入开展"两学一做"学习教育，依托"三会一课"等党的组织生活制度，进一步解决党员队伍在思想、组织、作风、纪律等方面存在的问题。

2. 加强党风廉政建设

深入推进惩治和预防腐败体系建设，强化党风廉政建设党委主体责任、纪委监督责任；严格落实领导干部"一岗双责"，建立和完善责任追究机制；进一步梳理学校廉政建设风险点，加强招标采购、招生考试、财务管理等重点领域监管；抓好纪检监察队伍建设，切实提高纪检监察工作的科学化水平。

3. 加强宣传思想工作

创新思想政治教育内容和方法，把社会主义核心价值观的内容和要求融入教育教学和作风建设全过程；提升教师队伍思想政治素质，加强思想政治工作骨干队伍建设；加强网络等新媒体的应用与管理，加大校园网络安全管理和舆情监控力度；强化舆论引导，抓好学校重大活动和师生先进典型的宣传；加强校园文化建设，打造校园文化活动品牌，办好学校40周年校庆活动，进一步增强师生员工凝聚力和向心力。

（六）加强基础条件建设，增强服务保障能力

1. 改善办学基本条件

按计划做好星湖校区改造，今年启动林生学院、旅游学院、室内风雨球场等实验实训场所建设；做好材料科技楼、建筑工程学院和文传学院实验实训室、大学生创业园建设；加强信息化建设，集成信息化应用平台，建成移动校园云平台和多功能网络学习平台；加大数字化图书馆建设力度，推进学校档案管理制度化，建成方便快捷的档案信息服务中心。

2. 完善服务保障体系

加强财务和资产管理，拓宽办学资金筹措渠道，建立稳定、可持续的财力保障机制；强化后勤管理与服务，建立协调、高效、优质的后勤服务体系；加强校园安全综合管理，完善"三防"系统建设，提高应急处置能力。

各位代表、同志们：

古往今来成大业者，立于实，成于细。学校正处在承前启后、继往开来的关键时期，让我们肩负起文理人的神圣使命，用改革推动发展，用发展凝聚人心，以更加昂扬的斗志、更加饱满的热情、更加务实的作风扎实工作，努力开创学校发展新局面，为顺利实现"十三五"战略目标而努力奋斗！为建设高水平应用型大学而努力奋斗！

铭记奋斗历史　开创美好未来
——在建校 40 周年纪念大会上的讲话

重庆文理学院校长　孙泽平
（2016 年 11 月 5 日）

各位领导，各位嘉宾，各位校友，老师们，同学们：

今天，我们在这里隆重集会，纪念重庆文理学院建校四十周年。首先，请允许我代表重庆文理学院 2 万余名师生员工，向莅临大会的各位领导、嘉宾和各位校友，表示最热烈的欢迎和最衷心的感谢！

在这个特别的日子里，让我们共同回顾文理的奋斗，共同分享文理的荣光，共同展望文理的未来！

四十年我们风雨兼程，开拓创新；四十年我们抢抓机遇，三次创业。

四十年前，在党和国家命运转折的历史时刻，第一代创业者们创办江津地区"五七"大学和江津地区教师进修学院，书写了学校第一次创业的新篇章。在卫星湖畔，在北山之巅，创业者们白手起家、自强兴校，为渝西乃至重庆地区的教育发展做出了卓越贡献，为学校的发展打下了坚实的基础。

十五年前，两校老领导在市教委的大力支持下，审时度势，准确把握高等教育发展趋势，积极促成了重庆师范高等专科学校与渝州教育学院的合并升本，吹响了学校第二次创业的新号角。

升本之后，学校领导班子遵循质量立校、管理创新、特色发展的办学思路，带领全校师生埋头苦干，实现了"一年起好步，三年强基础，五年大发展"的奋斗目标。2007 年，学校顺利通过教育部本科教学工作水平评估。2008 年，学校第一次党代会胜利召开，确立了"建设应用型学科、开展应用型研究、培养应用型人才、创建应用型大学"的办学定位和"顶天立地"的发展战略，开启了学校转型发展、第三次创业的新征程。

三次创业，一步一个台阶，实现了"三大转变"。

一是积极调整专业结构，实现服务面向的转变，对接重庆市支柱产业、战略性新兴产业和现代服务业，重点发展材料机械类、电子信息类、医药化工类、文化创意类等学科专业集群，使学校由过去单一的教师教育向全面服务经济社会发展转变。

二是积极深化教学改革，实现人才培养模式的转变，努力构建以学生为中心的人才培养体系，实现人才培养由传统的学术型向应用型的转变。

三是积极创新科研管理体制，推动学科和科研向应用型转变。建设应用型学科，开展应用型研究，不断增强科技创新和服务地方经济社会发展的能力。

这"三大转变"是历代文理人励精图治、奋勇争先、抢抓机遇、知难而上的不懈追求；这"三大转变"是文理人主动适应社会需求，回应大学功能的真实写照。

四十年来，我们的办学条件得到显著改善。从几栋干打垒校舍，建设起依山傍水的星湖校区和现代化的红河校区，校园面积比四十年前翻了一番。

四十年来，我们的办学规模不断扩大，办学层次不断提升，办学类型不断丰富。学校从教师教育起步，发展成学科专业齐备的应用型大学。本科招生覆盖全国27个省、市、自治区，留学生培养覆盖亚、非、欧三大洲15个国家，和国内外多所高校联合培养硕士研究生。

四十年来，我们的人才队伍持续优化，大师名家汇聚校园。在中国工程院院士涂铭旌教授的感召下，一大批来自加州大学、牛津大学、北京大学、清华大学、中科院等海内外著名高校、科研院所的学科领军人才、青年拔尖人才加盟我校，高水平、国际化的教师队伍正在形成。

四十年初心不改，四十年奋斗不息！随着"顶天立地"发展战略的实施，学校各项事业实现了跨越发展。

跨越发展，体现在学校科研水平不断提高，科技创新能力持续增强。

涂铭旌院士领衔的新材料技术研究院，以"科技报国"为己任，联合托木斯克理工大学、奥克兰大学、重庆大学、电子科技大学、重庆科学技术研究院、京东方、来宝高科等，瞄准电子信息行业的核心技术协同攻关，取得2项关键技术突破：

一是银纳米柔性触摸屏。突破了国外对传统触摸屏核心材料和技术的垄断,实现了真正意义上的自主知识产权。今年10月28日,该项目在科技部主办的第五届中国创新创业大赛电子信息行业全国总决赛中获得第三名。

二是喷墨打印电子线路。该项目颠覆了传统线路板制作工艺繁琐、环境污染的弊端,实现了线路板制作方式的技术性革命。今年9月27日,在第五届中国创新创业大赛先进制造行业全国总决赛中同样获得第三名。

国际知名药学专家李宏宇教授领衔的创新靶向药物国际研究院,以"全球竞争"为视角,主要开展国际一类新药研发,取得两项重大成果:

一是团队自主研发的抗ED和肺动脉高压国际一类新药已在北京通过安全评价,目前正在向国家CFDA和美国FDA申请临床实验批文。去年,该项目代表重庆参加第四届中国创新创业大赛获生物医药行业全国总决赛第一名。

二是团队与美国Synactix公司合作,成功研发出治疗严重甲状腺癌、乳腺癌和非小叶型肺癌的RET激酶抑制剂。项目已进入安全评价阶段,预计2017年底可开展临床实验申请。该药物专利由美国Synactix公司和重庆文理学院共享。

刘奕清教授领衔的特色植物研究院,"以科技扶贫"为动力,在高经济价值农业新品种培育方面取得了突出成果,获得了重庆市科技进步二等奖,成果入选国家"十二五"科技成就展,团队研发的脱毒生姜、金银花、蓝莓、猕猴桃等特色植物在重庆及周边省市广泛应用,累计推广种植面积达73 333万平方米,产值超过10亿元。

谭宏教授领衔的非物质文化遗产研究中心,"以文化传承"为使命,在非物质文化遗产研究、保护和教育传承等方面取得了一系列高水平成果,获得了国家级教学成果一等奖。

新技术、多领域的突破,使学校的创新能力实现了质的飞跃。今年,学校被教育部评为首批全国高校创新创业工作50强。

跨越发展,体现在应用型人才培养体系逐渐成熟,人才培养质量稳步提高。

我们深入开展以教学内容、教学方式、考核方式、公共课教学、毕业论文(设计)改革为核心的"五大教学改革"。

我们加强与政府机构、科研院所、行业协会、企事业单位的合作,构建工学结合、顶岗实习、订制培养、课程嵌入等多种形式的协同育人模式,与俄罗斯托木斯克理工大学、与美国西北理工大学合作开办"2+2"国际班，与凤凰卫视集团，安博教育集团，洲际酒店管理集团，长江航运集团，重庆市文化委、经信委等合作共建凤凰数字媒体学院、互联网创新学院、洲际英才班、长航班、重庆文化遗产学院、重庆服务外包学院。

我们全面实施"合格+"多元人才培养模式，开办卓越农林人才培养实验班、卓越教师教育实验班、创业先锋班、光电材料与器件卓越工程师实验班。

全方位、开放式的培养模式改革使我们初步构建了富有特色的应用型人才培养体系。学校三次荣获国家教学成果奖，先后获得特色专业、精品课程、卓越人才培养等多个国家级项目。在中国科学评价研究中心等机构开展的专业竞争力评估中，我校园林、会展经济与管理等四个专业进入全国前20强。

重应用、多元化的培养，使学生的就业、创业能力得到了全面提升。2013年，学校被教育部评为全国大学生就业工作50强。

跨越发展，体现在学校的综合实力快速提升，社会认可度和美誉度不断增强。

最近十年学校的综合排名上升了将近200位，进入了全国高校前40%的行列，三位教师入选国家教指委委员，学校连续两年进入中国大学ESI高被引论文排行榜全国100强；全国人大，全国政协，教育部，重庆市委、市政府的各级领导多次莅临学校视察，全国近200所兄弟高校来校交流；学校的发展被新华社、《中国教育报》、《中国青年报》、中央电视台等各级媒体誉为"文理现象"，受到社会各界的广泛赞誉。

各位来宾、校友们、老师们、同学们：

学校今天的成绩，是一代代创业者艰苦奋斗、无私奉献的结果；是历届校友勤奋好学、奋发成才的结果；是各级领导、兄弟院校、社会各界倾力相助、真诚扶持的结果！让我们再一次用热烈的掌声向一直以来关心、帮助学校的各级领导、兄弟院校、社会各界，向长期以来敬业、奉献的历代学校领导、老师，向时刻关爱、支持学校的历届校友们表示最崇高的敬意和最衷心的感谢！

回顾重庆文理学院四十年的发展历程，历史已经熔铸为传统，岁月已经积淀为精神。

这种精神，就是团结爱校、艰苦奋斗的创业精神。40年的办学历史告诉我们，团结爱校才能凝心聚力，艰苦奋斗才能攻坚克难。从当年披荆斩棘的拓荒者，到红河扬帆的建设者，到顶天立地的追梦者，一代代文理人承前启后、薪火相传，让我们的事业生生不息、欣欣向荣。

这种精神，就是恪尽职守、爱岗敬业的奉献精神。40年的办学历史告诉我们，恪尽职守才能桃李芬芳，爱岗敬业才能硕果满园。从挑灯夜战的科研团队，到呕心沥血的教改队伍，到默默坚守的教职员工，到建功八方的每位校友，都传递着爱与奉献的力量。

这种精神，就是勇于改革、敢为人先的创新精神。40年的办学历史告诉我们，勇于改革才能突破常规，敢为人先才能跨越发展。从"三标一体"教育质量管理模型，到"顶天立地"发展战略，我们在无人区开疆拓土，我们在少人区阔步前行。文理人在建设应用型大学的探索与实践中，走出了一条新建本科院校转型发展的新路。

四十年来，这段历史让我们永远铭记，这种精神让我们奋力前行！

各位来宾、校友们、老师们、同学们：

站在中华民族"两个一百年"目标实现的交汇点上，面对党和国家对高等教育转型发展和"双一流"建设的总体要求，我们提出了"转型、申硕、建大"的发展目标。"转型"，就是持续推进学校深度转型发展，成为全国新建本科院校向应用型转变的示范高校。"申硕"，就是获得硕士（专业）学位授予权。"建大"，就是整合资源，把学校建成植根永川、服务重庆支柱产业和战略新兴产业的高水平应用型大学。围绕这一目标：

我们要进一步落实大学章程，彰显大学精神。以社会主义核心价值观为引领，认真落实办学理念和发展战略；牢记大学光荣使命，创新内部管理体制，构建现代大学制度。

我们要进一步提高学科科研水平，增强学校创新能力。建设应用型学科，开展应用型科研，就是要"理论研究上层次，应用研究接地气，成果转化有实效"。学校要成为政府、行业、企业的智库，要成为渝西地区乃至重庆市范围内重要的创新动力源泉。

我们要进一步加大教学改革力度，推动应用型人才培养落地生根。开展应用型人才培养，就是要培养社会、行业和企业需要的创新人才。通过"五大教学改革"的深入推进，让德才兼备、全面发展的应用型创新人才持续地从文理的校门走出，成为各行各业的中流砥柱、国家民族的未来栋梁。

我们要进一步加强文化建设，推动文化传承与创新。秉承"进德修业、博文达理"的校训，弘扬四十年发展历程中积淀下来的创业精神、奉献精神和创新精神，培育崇尚科学、追求卓越的校园文化氛围，使学校成为渝西地区乃至重庆市重要的文化中心。

我们要进一步加大开放办学力度，推动各类资源在文理校园汇聚。开放办学，就是要让社会、行业和企业参与到人才培养的各个环节；开放办学，还要加大国际化力度，引入全球高水平教育资源。学校要成为渝西乃至重庆市范围内高等教育资源汇聚的重要节点。

四十年光荣与梦想，四十年辉煌与责任。

建成高水平应用型大学，是文理人的目标与追求。虽道险路长，文理人一定会勇往直前。我们坚信，在大家一如既往的帮助和支持下，在全校师生的共同努力下，文理人的梦想一定会实现！

谢谢大家！

重庆文理学院2016年党政工作要点

一、重点工作

（1）深入贯彻落实党的十八届三中、四中、五中全会精神和习近平总书记系列重要讲话精神，切实抓好"两学一做"学习教育活动。

（2）启动本科教学工作审核评估，扎实开展评建工作。

（3）实现纳米银线透明导电薄膜柔性触摸屏成果转化，完成抗ED新药安全评价，取得新药临床批文。

（4）做好"十三五"市级重点学科申报工作，新增市级重点学科2~4个。

（5）深化创新创业教育改革，构建创新创业工作体系，扎实推进创新创业工作。

（6）做好学校四十周年校庆工作。

二、主要工作

（一）党建和思想政治工作

（1）巩固"三严三实"专题教育成果，持续推进党的群众路线教育实践活动长效机制建设。

（2）大力加强意识形态工作，强化人文社科类论坛、讲座、报告会、互联网等阵地监管，形成良好的意识形态工作格局。

（3）抓好校级中心组学习，积极发挥党委理论宣讲团作用，进一步提高教职工政治理论学习实效性。

（4）大力开展社会主义核心价值观教育活动，坚持立德树人，用社会主义核心价值观引领校园文化建设。

（5）加强基层党组织建设，加大基层党建工作考核力度，提升基层党组织服务学校发展水平。

（6）加强领导干部培训、教育、监督和管理，抓好处级领导干部个人有关事项报告、因私出国（境）审批、民主生活会和年度考核等工作，提升领导干部推动学校改革发展的能力。

（7）结合后备干部队伍培养与建设，做好第五次科岗人员选拔任用工作。

（8）加强师德师风建设，进一步加大对学术规范、课堂教学的监管力度。

（9）召开2016年学校党风廉政建设大会，进一步落实"两个责任"，深入开展全面从严治党各项工作。

（10）根据突出主业和"三转"工作要求，进一步加强纪检监察队伍建设，有效整合纪检监察审计力量，形成监督执纪问责合力。

（11）做好重点领域和关键环节的专项审计监督，全面开展中层干部任期经济责任审计工作。

（12）贯彻落实第二次全国高校统战工作会议精神，支持民主党派围绕学校中心工作和社会服务开展各项工作。

（13）宣传贯彻中央群团工作会议精神，组织开展健康向上的师生文化活动，召开第四次教代会暨工代会。

（14）切实做好关工委、离退休工作。

（二）教学工作

（1）制定本科教学工作审核评估评建工作方案，聚焦短板和突出问题，精准发力，扎实开展评建工作。

（2）加强品牌专业建设，启动专业带头人选拔工作，做好支撑重点学科的新专业申报工作。

（3）根据2015版人才培养方案，确保资源配置和质量监测到位，高质量完成新版课程教学大纲编制。

（4）加强优质课程（群）、优秀教学团队和特色经典应用型校本教材、在线开放课程建设，组织开展二级学院"院长说五大教学改革"，召开深入推进五大教学改革总结交流会。

（5）探索建立教师教学质量评价新体系和二级学院教学业绩评价体系，对教学质量优秀的教师和教学业绩优秀的二级学院进行表彰奖励，进一步完善教学激励机制。

（6）开展国家级实验教学示范中心以及市级特色学科专业群、特色专业和市级教学成果奖、教改项目的培育和申报工作。

（7）深化人才培养模式改革，分类探索多元培养模式，大力实施专业学术型、专业复合型人才教育培养计划和卓越工程师、卓越文科人才教育培养计划。

（8）进一步优化实验（实训）室开放项目，加强实验（实训）室人员配置和实验（实训）室开放管理信息化建设，完善实验（实训）室开放机制。

（9）组织编制课前环节、课堂教学环节、课程考核环节、实践教学环节等主要教学环节的质量标准，强化教学质量监控。

（10）加强教师发展中心建设，对教师教学发展实行分类指导和培训，完善卓越教师教育实验班培养机制和教师教学能力中心项目驱动开放机制。

（11）继续开展专业评估和课堂教学质量评估，启动专业认证准备工作。

（12）组织开展好第五届教师"说课程·教改课"比赛。

（13）优化学科竞赛项目，组织开展好第二届师范生教学技能比赛和非师范专业学生专业技能比赛。

（14）完成林学与生命科学学院、旅游学院实验实训中心改造，启动建筑工程学院力学与结构实验室建设。

（15）大力拓展地方培训项目，积极申报专业技术人员继续教育培训项目，扎实推进继续教育与培训学院转型发展。

（三）学科科研工作

（1）加强已有市级、校级科研平台的标准化建设与规范化管理，强化科研平台内涵建设，确保完成预期任务，达到建设、验收和评估目标；进一步做好市级科研平台培育，力争市级科研平台取得新突破。

（2）做好科研项目申报工作，以2016年国家自然科学基金和社会科学基金项目申报为重点，组织开展好2016年各级各类科研项目申报工作。

（3）加强科研成果管理，做好教职工科研成果奖励工作；强化市级科研成果奖的组织与申报工作；推动科研服务人才培养，做好科研实验室的开放工作。

（4）加强校学术委员会建设，做好校学术委员会委员调整工作；开展学术规范与学术道德宣传教育，营造良好学术氛围。

（5）加强科研二级管理，做好科研项目申报组织、科研经费使用与管理、科研项目结题等工作的督查；进一步完善科研项目、科研经费管理相关制度。

（6）提高科研管理质量和效率，提升科研服务水平，做好科研数据的统计与报送工作。

（7）加强第三轮校级重点学科建设与管理，调整相关重点学科的学科负责人，指导相关学院做好面向重点学科的新专业申报工作，完善学科建设、专业建设和人才培养的一致性，提升学科建设要素质量；做好第三轮校级重点学科的终期验收工作。

（8）系统梳理、广泛调研，拟定第四轮校级重点学科建设实施方案，做好启动准备工作。

（9）做好2016级材料工程专业学位硕士研究生、艺术学理论（非物质文化遗产方向）学术型硕士研究生的招生、录取和报到工作；做好研究生的教育教学管理工作。

（10）做好硕士专业学位点建设与管理工作，加强大型合作基地建设和具备职业资格证书的"双师型"队伍建设。

（11）探索科研机构改革，推动新材料技术研究院和非物质文化遗产研究中心在人事、绩效和管理等方面的改革试点工作。

（四）学生工作

（1）合理编制2016年学校分省分专业招生计划，规范完成招生录取工作。

（2）积极拓展就业市场，开展就业技能培训，稳步提高毕业生初次就业率和就业质量。

（3）科学统计，全面分析，按要求完成2016年毕业生就业质量年度报告。

（4）进一步加强学生宿舍、早操、早晚自习、考试违纪处理等基础性管理工作，扎实推进优良学风建设。

（5）继续做好大学生成才引领教育，开展职业生涯规划测评，持续推进大学生成长目标导航工作。

（6）进一步规范"四困生"档案建设与管理，做实做细困难学生跟踪帮扶工作。

（7）加强大学生理想信念教育和诚信教育，开展周末思想政治教育课教学比赛，提高周末思想政治教育课教学质量。

（8）继续巩固团校、青年马克思主义者培训学校、社团骨干培训班等干部培训形式，加强学生骨干队伍建设。组织校团委老师和主要学生干部深入班级、深入社团、深入宿舍，增强工作的政治性、先进性和群众性。

（9）继续组织好以"坚定理想信念，与党同心同行"为主题的"四信四进"教育活动。依托社团和团总支载体，组织开展体育锻炼活动，进一步做好"三走"（走下网络、走出宿舍、走向操场）大学生主题群众性课外体育锻炼活动。

（10）创新开展各类校园文化品牌活动，推进二级学院"一院一品牌"建设。

（11）召开我校第四次团、学代会，总结我校第三次团、学代会以来的工作，进一步明确今后团委、学生会的工作方向和任务。

（五）创新创业、成果转化和对外合作工作

（1）深化校地合作，加强各类合作基地建设，推进与潼南区等地方政府或工业园区战略合作并力争有具体合作项目落地；做好教育部—中兴通讯ICT产教融合创新基地项目合作院校申报工作。

（2）推动成果转化，完成可转化科技成果的登记和宣传工作，做好众创空间建设和科技成果转化示范工作。

（3）加强平台建设，整合大学生微型企业孵化园和创业园功能，筹建创新创业学院。

（4）制订学校创新创业教育规划，出台创新创业奖学金评定办法。做好创业先锋班、GYB创业培训和大学生创新创业训练计划。

（5）深化国际交流与合作，优化国际学院办学结构。

（6）加大国家留学基金项目宣传和培训力度，力争有新的突破。

（7）做好教育扶贫和对口帮扶工作。

（六）师资队伍建设工作

（1）启动"三定"工作前期调研，做好第三轮岗位设置与聘任工作。

（2）修订高层次人才引进和培育办法，加大建设力度，重点抓好海外高层次人才引进，完善能力和业绩导向的引智评价机制。

（3）加大"双师型"教师队伍建设力度，完善运行机制，强化业绩考核。

（4）推进师资队伍国际化建设，做好海外师资培训基地建设工作。

（5）加强辅导员队伍建设，提高辅导员队伍综合素质，培育"辅导员名师工作室"。

（七）校务管理工作

（1）制定《深化教育综合改革实施方案》，有序推进综合改革。

（2）完成学校"十三五"事业发展规划及子规划、二级学院规划编制工作。

（3）加强学校智库建设，适时组织发展咨询专家召开工作会，为学校发展出谋划策。

（4）严格执行中央八项规定和市委七条实施意见，做好办公用房清理和整改工作，进一步规范公务接待审批、公务接待报账程序。

（5）根据机构职责职能变化，进一步完善学校体系文件。

（6）加强质量管理队伍建设，加大党委常委会、校长办公会重要决策事项的督查督办力度。

（7）启动"利用外国政府优惠贷款"申报工作。

（8）筹建学校资产运营公司。

（9）进一步改进和完善投递式报账系统和网上缴费平台，全面实施财政票据电子化改革，提升财务管理和服务水平。

（10）修订并出台学校招投标管理办法、经费审批办法。

（11）推进网络和信息化建设，完成教务系统、实验室开放系统、网上学习平台建设，实现无纸化办公，进一步提升学校信息化管理水平。

（12）高度重视档案工作，出台并完善学校《档案收集实施办法》《档案借阅审批办法》，加大档案收集力度，确保学校重要档案收集齐全、保管到位。

（13）做好新校区建设工程和经济责任审计问题的整改工作。

（14）完成校友总会第三届换届工作，召开2016年校友会年会。

（八）后勤保障工作

（1）完成红河校区A区综合实训楼（材料科技楼）工程招标。

（2）完成人和居3号教工住宅工程招标。

（3）启动红河校区A区后勤服务楼加层工作。

（4）完成校史馆建设。

（5）完成红河B区食堂消防整改。

（6）完成星湖校区女三舍提档升级改造。

（7）完成红河校区房屋验收办证及全校临时校舍清理处置工作。

（8）完成星湖校区医院改革，兴龙湖社区卫生服务中心正式运营，提高医疗医保保障工作水平。

（9）加强后勤服务质量监管和专项督查工作，做好学校后勤实体的经营、服务、安全、培训、企业文化建设等工作，进一步提升后勤服务质量。

（10）完善"三防"系统建设，开展微型消防站建设与训练工作，提升应急处理能力，确保校园平安。

重庆文理学院"三重一大"决策制度实施办法

重文理委〔2016〕25号

第一章 总 则

第一条 为进一步推动全面从严治党责任和党风廉政建设"两个责任"的落实，进一步规范决策行为，防范决策风险，促进学校各项事业科学发展，根据中共重庆市委《落实全面从严治党责任实施办法（试行）》（渝委发〔2015〕20号）、《重庆市坚持和完善普通高等学校党委领导下的校长负责制实施办法》（渝委发〔2015〕12号）和《中共重庆市委教育工委 重庆市教委关于健全和完善高校"三重一大"决策制度的意见》（渝教工委〔2015〕99号）等有关文件精神，结合我校实际，特制定本办法。

第二条 "三重一大"决策制度是指凡属重大决策、重要人事任免、重大项目安排和大额度资金使用事项，必须由领导班子集体研究作出决定的制度。

第三条 执行"三重一大"决策制度要坚持依法、科学、民主决策原则。要遵守国家法律法规、党内法规和有关政策，保证决策的合法性。建立健全议事规则和决策程序，凡属"三重一大"事项须经领导班子集体研究决定。要坚持民主集中制原则，防止个人或少数人专断。

第二章 主要范围

第四条 重大决策事项是指事关学校改革发展稳定全局和广大师生员工切身利益，依据有关规定应当由领导班子集体研究决定的重要事项。主要范围包括学校贯彻执行党和国家的路线方针政策、法律法规和上级重要决定的重大措施；党的建设、党风廉政建设和意识形态等重要工作；学校发展、校园建设、学科科研与人才队伍建设等规划以及年度工作计划；学校重要规章制度；内部组织机构的设置和重要调整；招生录取和教学管理中的重大事项；教职工收入分配及福利待遇、职称、奖励和关系学生权益的重要事项；学校年度财务预算方案、决算情况的审定和预算执行与决算审计；学校重要资产处置、重要办学资源配置；校级以上重大表彰、惩处；校园安全稳定和重大突发事件的处理，以及其他重大决策事项。

第五条　重要人事任免事项是指学校中层及以上干部的任免和需要报送上级机关审批的重要人事事项。主要范围包括学校党政机构和学院（系）、校级科研和学术机构等内部组织机构领导班子成员以及享受相应待遇的非领导职务人员的任免与调动、党政纪处分，推荐党代会代表、人大代表、政协委员等人选，以及其他重要干部人事任免事项。

第六条　重大项目安排事项是指对学校规模条件、办学质量等产生重要影响的项目设立和安排。主要范围包括国家、重庆市各类重点建设项目，国内国（境）外科学技术文化交流与合作重要项目，重大合资合作及对外投资项目，重要设备、大宗物资采购和购买服务，重大基本建设和大额度基建修缮项目，以及其他重大项目安排事项。

第七条　大额度资金使用事项是指超过《重庆文理学院经费审批办法》所规定的学校领导班子成员有权调动、使用的资金限额的资金调动和使用。主要范围包括学校年度预算内大额度资金调动和使用、未列入学校年度预算的追加预算和大额度支出，重大捐赠，以及其他大额度资金运作事项。

第三章　决策机制和基本程序

第八条　学校坚持并不断完善党委领导下的校长负责制。学校党委讨论决定关系学校全局性的重大问题和党建工作，统一领导学校工作，保证并支持校长依法行使职权。

校长在学校党委领导下，组织实施学校党委有关决议，依法行使职权，全面负责学校的教学、科研、行政管理工作。

学校党委全委会、党委常委会、校长办公会是学校"三重一大"事项决策的主要形式。要坚持"集体领导、分工负责、个别酝酿、会议决定"的原则，通过充分发扬民主，广泛听取意见，不断完善群众参与、专家咨询、风险评估、合法性审查和集体决策相结合的决策机制。

第九条　党委全委会的决策事项范围主要包括：

（一）研究贯彻党的路线方针政策和上级党组织的重要决定、指示和会议精神；

（二）研究落实学校党代会的决议、决定；

（三）研究学校办学方向、办学思想、发展战略与规划、学校章程的制定和修改、教职工收入分配等重大改革方案；

（四）研究决定召开学校党代会的相关事宜；

（五）听取和审议学校党委常委会工作报告、纪委工作报告；

（六）研究学校党委常委会提交的其他重要事项。

第十条　党委常委会的决策事项范围主要包括：

（一）研究贯彻执行党和国家的路线方针政策的重要决策和部署；

（二）研究学校党的建设、党风廉政建设和意识形态等重要工作，以及学校安全稳定和重大突发事件的处置；

（三）研究学校的重大改革举措、重要规章制度等；

（四）审定学校事业发展规划、年度工作计划、年度预算决算原则及学校无形资产等重要资产处置和其他重要办学资源的配置；

（五）研究决定学校内设机构的设置与调整，中层干部的选拔任用、培养教育、管理监督、考核奖惩，以及校级干部、党代会代表、人大代表、政协委员等人选的提名、推荐；

（六）研究决定党内的奖励和处分，以及校级以上重大表彰、评优评先和高层次人才项目（计划）等的推荐；

（七）研究部署学校的思想政治工作和德育工作，研究群团、统战等方面提交讨论的重要事项；

（八）研究决定学校纪律检查委员会提交决策的重大事项；

（九）研究决定以学校党委名义向上级的重要请示、报告，以学校党委名义发出的其他重要文件，以及党内重要会议的报告和文件；

（十）决定召开学校党委全委会议，拟定向全委会报告的事项或提请全委会审议的事项；

（十一）研究决定国家级重点建设项目、重大合资合作或对外投资项目，重要设备、大宗物资采购（含购买服务）、重大基本建设（含大额度基建修缮）

项目、年度预算内大额度资金使用，以及重大捐赠和100万元以上的未列入学校年度预算的追加预算、支出等；

（十二）研究决定经学校党委授权的有关专项工作领导小组提交审议的事项；

（十三）其他需要党委常委会讨论和决策的重要事项。

第十一条　校长办公会的事项决策范围主要包括：

（一）研究贯彻落实上级有关方针、政策的具体意见和重要措施；

（二）研究学校党委决议中需要行政班子贯彻落实的重要事项，提出具体方案或实施办法；

（三）拟订学校发展规划、重要改革举措、重要建设项目、大额资金使用、年度预算决算和教学、科研、行政机构的设置调整方案、无形资产等重要资产处置及其他重要办学资源的配置和调整方案等需报请党委常委会研究决定的事项；

（四）研究制定教学、科研、行政管理等行政类常规性规章制度；

（五）研究落实学校学科建设、队伍建设、招生就业、国际合作交流、基础设施建设、支撑保障体系建设的具体措施，对学校教学、科研和行政管理工作进行安排、部署和协调；

（六）研究校园安全稳定工作以及重大人身伤亡事故等突发事件的处理方案；

（七）研究解决工会、教代会、团代会、学代会等有关行政工作的提案，以及师生员工的切身利益问题；

（八）决定对教职员工的聘任或解聘，对教职工和学生的奖励或处分；

（九）研究决定市级重点建设项目、国内国（境）外科学技术文化交流与合作项目以及100万元以下未列入学校年度预算的追加预算、支出等；

（十）研究决定经学校行政授权的有关专项工作领导小组提交审议的事项；

（十一）其他需要校长办公会讨论和决策的重要事项。

第十二条　"三重一大"事项提交集体决策前，应进行深入细致的研究论证，广泛听取并充分吸收各方面的意见，经领导班子成员沟通酝酿特别是党委书记与校长充分沟通且无重大分歧后提交会议讨论决定。

对干部任免建议方案，在提交常委会讨论决定前，应在党委书记、校长、党委副书记、纪委书记等范围内进行充分酝酿。

对事关师生员工切身利益的重要事项，应通过教职工代表大会或其他形式听取师生员工的意见建议。依照《重庆文理学院教职工代表大会实施细则》和《重庆文理学院民主管理工作委员会章程》，应由教职工代表大会或民主管理工作委员会审议的有关事项，要通过教职工代表大会或民主管理工作委员会听取意见或建议。

依照《重庆文理学院学术委员会章程》《重庆文理学院教学委员会章程》等规定，应由学术委员会等专门委员会审议的有关事项，在校长办公会决策之前要提交相应专门委员会审议。

对专业性、技术性较强的重要事项，应事先进行专家评估论证，技术、政策法律咨询，提交论证报告或立项报告。遇有重大突发事件，应立即启动相关预案，同时必须及时向学校报告，学校决策机构视情况研究处置方案。

第十三条 "三重一大"事项应以会议的形式集体研究决策。不得以传阅会签或个别征求意见等方式代替会议决定。

需要会议决定的事项应按照学校议事规则规定提出，经学校党委书记、校长审阅并充分沟通后，方可提交会议研究决策。

除突发性紧急情况外，不得临时动议，由个人或少数人临时决定重大事项。紧急情况下由个人或少数人临时决定的，决定人应对决策负责，事后应及时报告并按程序予以追认。

第十四条 会议决策"三重一大"事项，应符合规定与会人数方能举行。党委全委会必须有三分之二以上委员到会方能召开；党委常委会和校长办公会必须有半数以上成员到会方能召开。党委常委会讨论决定内设机构、干部任免等重要事项时，应有三分之二以上的常委到会方能召开。学校纪委副书记或纪检监察部门负责人应列席党委全委会、校长办公会。全委会其他列席人员由党委常委会确定，党委常委会、校长办公会其他列席人员由会议主持人确定。

第十五条 会议研究决定"三重一大"事项，应坚持一题一议，与会人员要充分讨论，对决策建议应分别表示同意、不同意或缓议的意见，并说明理由。主要负责人应当最后发表结论性意见。会议决策中意见分歧较大或者发现有重大情况尚不清楚的，应暂缓决策，待进一步调研或论证后再作决策。

党委决定重要事项，应当进行表决。表决事项时，以超过应到会成员人数的半数同意为通过。校长办公会决定事项时，校长应在充分听取与会人员意见基础上，对讨论研究的事项作出决定。会议决定的事项、参与人及其意见、表决情况、结论等内容，应当完整、详细记录并存档。

第十六条　参与"三重一大"决策的个人对集体决策有不同意见，可以保留或向上级反映，但不得擅自改变或拒绝执行。如遇特殊情况需对会议决定的事项变更、调整，应当重新按规定履行决策程序。

对尚未正式公布的会议决策和需保密的会议内容，与会人员必须保密，否则将严厉追究有关人员的责任。

第四章　保障机制

第十七条　执行"三重一大"决策回避制度。如有涉及本人或亲属利害关系，或其他可能影响公正决策的情形，参与决策或列席人员应当回避。

第十八条　落实"三重一大"决策公开与查询制度。除涉密事项外，"三重一大"决策事项应按照学校党务公开、校务公开和信息公开等有关规定予以公开。

第十九条　建立健全"三重一大"决策报告制度和执行决策的督查制度。学校贯彻落实"三重一大"决策制度的情况，按规定及时向市委教育工委、市教委报告。学校领导班子成员将"三重一大"决策制度的执行情况列为民主生活会和述职述廉的重要内容。

党委全委会、党委常委会、校长办公会决定的事项，由校务部负责督办，并及时将落实情况向党委书记、校长汇报。纪检、监察、审计等部门依据职责对决策执行情况进行监督检查，发现问题，及时报告，提出纠正建议。

第二十条　建立"三重一大"决策责任追究制度。学校领导班子成员违反本实施办法规定，不履行或不正确履行"三重一大"决策制度，不执行或擅自改变集体决定，未经集体讨论而个人决策，未提供全面真实情况而直接造成决策失误，执行决策后发现可能造成失误或损失而不及时采取措施纠正，造成重大经济损失和严重后果的，应依据《中国共产党纪律处分条例》《关于实行党政领导干部问责的暂行规定》等，依纪依法追究相关责任人的责任。

第二十一条 本办法由校务部负责解释。

第二十二条 本办法自发布之日起施行。

中共重庆文理学院委员会 重庆文理学院

2016 年 6 月 12 日

重庆文理学院关于实施"合格+"多元人才培养模式的指导意见

重文理院〔2016〕1号

为进一步深化我校教育教学改革,创新多元人才培养模式,促进学生个性化发展,全面构建富有特色的应用型人才培养体系,根据《教育部国家发展改革委财政部关于引导部分地方普通本科高校向应用型转变的指导意见》(教发〔2015〕7号)、《重庆文理学院"十三五"事业发展规划》和《重庆文理学院应用型深度转型发展行动方案》要求,制定本指导意见。

一、总体思路

根据学校培养应用型人才、建设应用型大学的办学定位,依托二级学院办学优势和专业特色,按照"学生中心、能力本位、需求导向、分类探索、多元培养"的基本要求,坚持把满足学生多元化发展需求作为工作依据,把促进学生个性化发展作为服务重点,把提升人才培养质量作为核心目标,在确保人才培养目标达成的基础上构建"合格+"卓越类、创业类、复合类、深造类和特长类多元人才培养模式,进一步完善富有特色的应用型人才培养体系。

二、主要目标

1. 培养高素质应用型专门人才

既能培养合格应用型本科人才,又能满足学生的个性化发展需求,提高技术特长、创新能力和职业素养,形成"人人有机会、个个有特长"的良好态势。

2. 形成多元人才培养模式

人才培养方式更加多样,特色人才培养模式更加成熟,就业竞争力和职业发展潜力进一步增强,富有特色的应用型人才培养体系基本建成,形成"学校有统筹、学院有选择"的多元人才培养管理机制。

3. 激活二级学院办学机制

二级学院教学管理制度、资源配置制度、学士导师制度更加健全和富有活力,办学自主性和能动性进一步提升,教师参与人才培养的积极性更高,形成"处处有亮点、院院有特色"的发展局面。

三、基本原则

1. 坚持需求导向和精准施策相结合

既要坚持以学生为中心,立足学生在学习深造、自主创业等方面的个性化需求,又要瞄准学生职业生涯目标,找准学生成长成才存在的问题,精准施策,增强措施的针对性和可操作性。

2. 坚持学校统筹和学院自主选择相结合

既要强调学校统筹规划,做好顶层设计,形成分类指导、分类投入、分类评估和分类发展的分类管理体系,又要支持二级学院立足实际,自主选择,在多元人才培养模式中准确定位,引导二级学院把工作重点真正转移到内涵建设和特色发展上来。

3. 坚持整体设计和重点突破相结合

既要考虑多元人才培养涉及的专业建设、课程体系、教学改革、实践教学、质量保障等完整体系设计,又要抓住典型案例、示范专业、名优团队等关键环节,积极进行点的引领与面的推动,大胆探索教学改革,激发和释放教学团队、管理团队和学生的创新活力。

4. 坚持深化和创新相结合

既要深化落实学校应用型深度转型发展行动方案和2015版人才培养方案提出的各项要求,又要结合学生个性发展的要求和二级学院发展实际创新多元人才培养的改革思路和具体举措。

四、主要举措

1. 卓越类人才培养计划

卓越类人才培养计划以推进协同育人为抓手,以人才培养方案制订、校内外资源整合和专业技能训练为重点,以培养造就一批专业能力突出、创新能力强、发展潜力大、能适应经济社会发展需要的卓越工程师、卓越教师、卓越农林人才、卓越管理人才等为主要目标。主要改革措施包括:

优化卓越类人才培养方案和课程体系。充分调研，明确卓越能力和职业素养要求，优化卓越类人才培养课程体系，构建满足学生卓越发展需求的卓越类人才培养方案。严格遴选教师，深入推进教研教改，用新理论、新知识、新技术更新教学内容。

整合卓越能力实验实训资源。依托现有实验实训中心，改造部分实验实训条件，充分考虑卓越能力训练需求，采取定目标、定项目、定时间、定地点等形式开展卓越能力训练并创新考核评价方式。

创新协同育人模式。以二级学院为主体，以培养学生行业能力为重点，以政产学研用合作为平台，推广暑期优秀工程师实训模式，创新与二级学院、政府机构、科研院所、企事业单位、行业协会联合培养卓越人才的协同育人模式。

形成"三化三结合"的专业技能训练体系。精心设置，推进专业技能训练的常态化、项目化和特长化；实现专业技能训练与专业实践教学课程考核相结合、与学科专业竞赛相结合、与职业资格证书（技能等级证书）相结合。

大力开展学科专业竞赛。鼓励学生参加全国、省级和校级学科专业竞赛，形成以赛促训、以赛促学、以赛促教、以赛促改的竞赛模式。

2. 创业类人才培养计划

创业类人才培养计划以开办创业教育实验班为抓手，以创业教育课程建设、实践教学、学分替换与累积制度、优质资源建设和师资队伍建设为重点，以培养造就一批创业能力强、创业品格优的高素质应用型人才为主要目标。主要改革措施包括：

推进职业成长目标导航制度。为有创业意愿的学生聘请企业界人士、政府部门工作人员和校内指导教师，结合目标导航，引导学生职业成长。

开办创业教育实验班。对具有创业意愿且具备创业潜质的学生进行精英化培养。学校与政府部门、企业、科研院所和行业合作，通过共同举办赛事，共同制订人才培养方案等形式，以师徒制、导师制方式协调培养学生创业能力。

构建创业教育课程体系。开设全校统一的创业教育通识必修课程，二级学院根据专业特点自主开设创业教育必修或选修课程，引进精品在线创业课程资源，构建"通设+自设+网课"的创新创业教育课程体系。鼓励二级学院设立创业教研室，探索新型教学方式。

加强创业教育优质资源建设。鼓励校企共同编写创业教育特色教材，建设创业教育在线开放课程和大学生创业教育优质资源中心。

加强创业实践教学。建立以专业实验实训室、虚拟仿真实验室、创业实验室、创业园、校内企业、众创空间为主体的创业教育平台，向创业类学生开放；推动校地、校企、校所、校院合作共建实践基地，实现创业平台共享。实施大学生创新创业训练计划，健全覆盖全体学生的学科竞赛和创新创业竞赛体系。

完善学分替换与累积制度。将学生参与课题研究、开展创新实验、发表论文、获得专利、竞赛获奖、参与众创空间建设、自主创业等折算为学分并完善学分累积制度。

加强创业教育师资库建设。遴选技术技能专家、创业成功者、企业家、风险投资人担任创业教育社会导师，组建专兼结合的创业教学团队和管理团队。

3. 复合类人才培养计划

以成立复合类人才培养实验班为抓手，以创新课程开设和修读机制、强化合作办学、创造良好的学习和成长条件为重点，以培养造就一批思维复合、知识复合、能力复合、素质全面的多功能人才为主要目标。主要改革措施包括：

成立复合类人才培养实验班。鼓励二级学院打破学科专业界限，采取文理交叉、工管结合、专业+外语等跨学科或交叉学科（专业）形式，共同建立跨院系、跨学科、跨专业交叉培养复合类人才的新机制。

完善复合类人才培养课程体系。学校择时开设跨学科交叉融合的复合课程和侧重人文艺术、伦理道德、健全人格方面的通识教育课程，作为全校性的选修课，鼓励学生跨专业选修。

探索复合类人才培养模式。探索主辅修、双专业、自考第二学位等人才培养模式，鼓励学生在完成本专业核心课程和学位课程前提下，积极参与到辅修专业、第二专业、自考第二学位学习中来，探索学分互认，为形成复合类知识结构创造良好条件。

整合合作办学资源。以提高复合能力为重点，充分整合资源，探索二级学院之间、二级学院与企业和科研院所合作培养复合人才的办学模式。鼓励企业参与复合类人才培养，积极对学生进行职业技能的多元化培训。

创造良好的学习和成长条件。鼓励复合类学生参与跨学科专业的创新创业项目和学科竞赛项目。鼓励复合类学生参加跨学科专业的各类社会实践与公益活动，培养复合能力。

4. 深造类人才培养计划

以成立导师团队为抓手，以深造类公共课程体系优化、统筹校内外深造资源和建立激励机制为重点，以培养造就一批具有扎实的专业理论基础，掌握研究基本方法，具备学术研究潜力的高素质应用型专门人才为主要目标。主要改革措施包括：

优化公共课体系。学校将统筹马克思主义学院、数财学院、外国语学院开设考研政治、考研英语、考研数学全校公选课程，不断推进深造类公共课程教学改革。

统筹校内外资源。学校将统筹与校外培训机构合作，适时开设导学班、强化班和冲刺班。鼓励二级学院与Kplan、新东方等著名教育集团合作，开展学生出国深造培训工作。

成立导师团队。二级学院从大一下期开始，在"专业导论"等课程学习基础上，鼓励专业成绩优异、英语基础较好、学术深造意愿强烈的学生把出国深造、考研与学涯、职涯和生涯规划结合起来，尽快确立深造发展目标。遴选一批师德高尚、专业过硬、责任心强的具有全日制硕士研究生及以上学历的教师组建考研导师团队，采取导师制的形式从人生选择、目标定位、考研规划、科研能力、项目申报和参与、硕导联系、复习辅导、初试复试等方面提供全方位、全过程的指导。导师通过与出国深造和考研学生谈话、读书交流、主题沙龙等活动形式，了解学生的思想、学习、生活方面的动态，进行个性化管理与针对性帮助。

学校允许参加考研的学生可以在全国硕士研究生统一考试结束后再进行毕业实习，但实习时间不得少于2个月。

5. 特长类人才培养计划

针对具备特殊才能的学生，以构建个性化人才培养方案为抓手，以建立导师制和优化成长环境为重点，以培养造就一批能够充分发挥学生的特长，及时开发学生的潜能，适应经济社会发展需要的新型应用型专业人才为主要目标。主要改革措施包括：

制定个性化人才培养方案。针对特长生，优化课程结构，更新教学内容，推行个性化教学方法，改变评价方式，建立以特长能力为导向的多元评价体系。

建立导师制。针对学生爱好进行"一对一""多对一"指导，开展互动式辅导，最大程度发挥特长生职业发展潜力。

优化成长环境。开辟特长生转专业的绿色通道，为特长生提供良好的特长发展和个性成长的条件与环境。

五、保障机制

1. 健全工作机构

教学部牵头成立学校多元人才培养改革指导委员会，负责开展相关咨询、分类指导和动态监测，落实多元人才培养改革的宏观指导工作。完善教务、科研、学工、财务、人事、合作发展等部门协同管理的工作机制。各二级学院成立由院长、书记任组长，分管教学院长任副组长，有关系主任和专业教师参加的多元人才培养改革工作小组。

2. 细化实施方案

二级学院要结合自身学科特色、专业优势、师资队伍、学生实情和地区经济社会发展对人才的需求，在多元人才培养计划中自主选择。根据"成熟一个、实施一个"的原则，选取特定类型，制定有针对性的人才培养实施方案，进一步明确改革思路、培养举措、资源配置、任务分工和推进计划等内容。同时，二级学院要把多元人才培养方案、课程设计、学生活动、实践项目进行一体化设计，确保一、二、三课堂的有效衔接。

教学部负责组织专家对各类实施方案进行评审，待通过审核后方可实施。

3. 完善支持政策

学校支持二级学院在多元人才培养改革中以专利发明、学术论文、各类原创作品、竞赛获奖和其他成果来替换选修课学分和毕业论文学分。表现优异的学生由二级学院统一表彰和奖励,评优评先方面在条件相等的情况下优先考虑。在多元人才培养改革中工作成绩突出的指导教师,评优评先、职称评审、出国研修、岗位培训、参加学术会议等方面在同等情况下优先考虑。上述办法由二级学院自主制定细则。

4. 保障建设经费

学校将统筹安排专项经费预算,对二级学院多元人才培养改革试点项目进行资金支持,分类分级给予奖补。各二级学院应安排相应配套改革经费,保障多元人才培养顺利推进并收到实效。

5. 强化督导检查

学校将各二级学院多元人才培养模式改革进展情况列入年度目标指标考核。学校将加强各类人才培养改革情况的年度评估和跟踪监测,及时评估各二级学院的改革成效,不定期发布项目改革发展动态。

6. 注重舆论宣传

深化多元人才培养模式改革对于全面构建富有特色的应用型人才培养体系具有重要意义。广泛宣传本意见的指导思想、主要目标、基本原则和改革举措,及时总结各二级学院多元人才培养改革好的做法和经验,学校划拨专项资金定期进行多元人才培养模式改革先进典型评选和表彰工作,营造全校师生关注改革、支持改革和参与改革的良好氛围。

重庆文理学院

2016 年 7 月 9 日

重庆文理学院深化教育综合改革实施方案

重文理院〔2016〕21号

为全面深入推进学校综合改革，大力实施学校"顶天立地"发展战略，全力建设高水平应用型大学，根据《重庆市深化教育领域综合改革实施方案》《中共重庆文理学院委员会关于全面推进综合改革加快高水平应用型大学建设的意见》《重庆文理学院"十三五"事业发展规划》等文件精神，制定本方案。

一、指导思想与基本原则

（一）指导思想

坚持以马列主义、毛泽东思想、邓小平理论、"三个代表"重要思想、科学发展观为指导，深入贯彻习近平总书记系列重要讲话精神，坚持"四个全面"战略布局，以发展为第一要务，秉持"五大发展"理念，深化学校综合改革，以提高教育质量为根本目标，推进人才培养机制、科研创新机制等"六大重点领域"体制机制改革，抢抓历史机遇，把握关键环节，激发内部活力，全面提升办学综合实力和核心竞争力，务实建设高水平应用型大学。

（二）基本原则

（1）坚持育人为本。把有利于"学生发展"作为改革的出发点和落脚点，遵循应用型人才培养规律，努力构建适合学生发展的人才培养体系。

（2）坚持问题导向。把解决"深层次问题和发展中的新问题"作为改革的着力点，立足校情，力求在重点领域和关键环节改革上取得突破性进展。

（3）坚持创新驱动。把"激发活力、求实创新"作为改革的重要基石，充分启动部门、师生职工的创新精神，系统设计和试点探索相结合，确保改革落地生根，取得实效。

（4）坚持统筹推进。把"统筹全局、系统推进"作为改革的基本方法，突出改革的系列性、整体性和协同性，凝聚各方共识，协同联动，稳步推进。

（5）坚持于法有据。把"坚守底线、依法改革"作为改革的基本立场，以改革促进制度建设，以制度建设保障改革，不断提高依法治校水平。

二、主要目标与工作步骤

（一）总目标

深化学校内涵建设，优化学科专业结构，特色优势学科建设成效显著，专业建设整体水平和科技创新能力明显提升，建成富有特色的应用型人才培养体系，力争获得硕士（专业）学位研究生教育培养资格，全面深化学校综合改革，全面提升人才培养质量，全面提升综合办学实力。

（二）主要目标

（1）建立"立德树人、开放创新"的人才培养机制。全面加强教学基本建设，全面深化教学改革，坚持立德树人、能力为本，把思想品德、实践能力、创新创业能力、科学精神和人文素养贯穿于人才培养的全过程，加大应用型、复合型人才培养力度，建成富有特色的应用型人才培养体系。

（2）形成"应用导向、协同创新"的科技创新体系。重点建设一批应用型特色优势学科，力争获得硕士学位授予权。坚持应用研究导向，建立协同创新新模式，探索建立技术转移转化机制，强化咨政服务功能，完善科研评价激励机制，持续提升人才、学科、科研三位一体的创新能力。

（3）建成"结构优化、师能高强"的师资队伍。以团队建设为主线，以师德师风建设为根本要求，以高层次人才队伍建设和"双师双能型"教师队伍为重点，以优化人事薪酬与激励机制为动力，建设一支结构优化、师能高强、富有活力的高素质师资队伍。

（4）形成"产教融合、开放合作"的格局。全面树立开放办学和教育国际化理念，强力推进政产学研合作步伐，进一步扩大国际合作与交流，完善开放与合作体制机制，孕育开放与合作的大学文化，增强学校服务社会的能力。

（5）形成"设施完备、氛围浓厚"的育人环境。统筹校园规划，加强校园文化设施和校园精神文化建设，加强区域文化研究和传承创新，增强文化自知、自觉和自信，实现以文化人，推动校园文化建设上一个新台阶。

（6）形成"依法治校、富有活力"的治理体系。大力推进依法治校，不断完善学校内部治理结构和制度体系，进一步推进机构改革，进一步激发内部活力和创造潜力，健全现代大学制度。

（三）工作步骤

（1）整体设计时间（2015年）。科学谋划，做好改革顶层设计，在一些领域率先进行改革。

（2）重点突破阶段（2016—2017年）。紧紧抓住重点任务，明确改革职责，在一些重点领域和关键环节改革上取得突破性进展，通过审核式评估。

（3）全面整改阶段（2018年）。对审核式评估中发现的问题与不足进行重点整改，全面提升教育质量。

（4）优化提升阶段（2019—2020年）。完成全部改革任务，全面完成"十三五"目标任务，梳理总结改革经验，巩固改革成果，完善学校治理体系和现代大学制度。

三、重大任务与工作举措

（一）创新应用型人才培养机制

1. 构建富有特色的应用型人才培养体系

依托学科、对接产业，优化学科专业结构，重点打造特色优势学科专业集群；加大投入，实施品牌专业建设工程，提高特色优势专业显示度；实施"三特"行动计划，针对不同学科专业集群特点与建设目标，给予特殊政策，采取特殊做法，取得特定效果；科学规划，建立专业评价分类的长效机制，根据第一志愿填报率、报到率、转专业率、就业率等建立专业预警、退出机制和招生计划编制模型；对接行业需求，制定各专业人才培养质量标准，推行专业带头人制，适时修订人才培养方案，完善培养方案和培养标准执行的评估机制和监督机制。

立足能力提升，创新应用型人才培养模式。实施"合格+"多元人才培养计划，推进卓越类、创业类、复合类、深造类和特长类人才培养；借鉴卓越教师教育培养经验，实施卓越人才培养工程，适时向卓越工程师、建筑师、会计师等方向延伸，巩固和深化卓越培养模式。进一步推进与地方部门、行业企业、科研院所联合培养人才，采用工学交替式、顶岗实习式、订单式、分段式等多种方式，探索"学生中心、能力本位、需求导向、分类探索、多元培养"的人才培养模式。

着眼内涵发展，深化课程建设和教学改革。实施优质课程资源建设工程。推行课程（群）负责人制，强化课程教学团队，深入推进课程群建设；加强校本教材建设，丰富优质课程资源，加快教学资源平台建设，服务学生自主学习，满足学生多元化需求；对接行业标准，完善课程质量标准；创新教育教学方法，倡导启发式、探究式、讨论式、参与式教学；深化考核评价方式，增强课程教学的吸引力，把课程作为提升教学质量的支撑点、着力点和落脚点；继续深化公共课与毕业论文（毕业设计）改革，构建起"学生中心、需求导向、能力本位、学做合一"的新型教学模式。

强化实践教学，提升学生实践创新能力。实施实践教学平台建设工程，构建系列实验实训平台，完善实践教学体系；建立健全实验室开放运行机制，构建全天候实习实训平台，提高实验实训平台的利用率，服务学生实践创新和创业能力提升。

创新教师教学质量评价体系，建立教学新秀、主讲教师、首席教师、教学名师、终身教学名师等分层分类激励机制，加大教学激励力度；改革职称评审办法、岗位聘任办法、激励津贴分配办法，彰显教学中心地位。

2．推进创新创业工作

实施大学生创新创业工程，制定《推进创新创业教育改革的实施方案》，以"学生的创新精神、创业意识和创新创业的能力明显增强，投身创业实践的学生显著增加"为目标，将创新创业教育贯穿于人才培养的全过程，构建制度、课程、平台、训练与竞赛、成果孵化、服务"六位一体"的创新创业教育体系，适时成立创新创业学院，推动学校创新创业工作上新台阶。

3．优化学风建设

坚持将学风建设与校园文化建设、思想政治教育、校风教风建设、学科专业建设和"卓越"人才培养等统筹规划、同步研究、整体推进；建立学风建设调研机制和学生学习与满意度测评机制，优化学风建设的决策依据；制定《进一步推进学风建设的实施方案》，以周密的策划推进学风，以系统的教育培育学风，以科学的管理引导学风，以完善的制度保障学风，以优良的校风提升学风，以严谨的教风带动学风，以先进的典型带动学风，以丰富的活动助力学风，以现代的新媒体影响学风，以务实举措促进学风的持续好转。

4．健全教学质量保证体系

充分发挥"三标一体"教育质量管理模型作用，不断完善"三三三三"本科教学质量保证体系，切实抓好关键环节和关键因素的质量控制，逐步完善教学质量标准。建立教学基本状态数据库，持续开展课堂教学质量评估，完成一轮专业评估，开展专业认证试点，定期开展用人单位的满意度调查。以审核评估重点关注的"五度"为导向，开展常态化建设，切实加强薄弱环节整改，务实推进审核评估工作。

（二）促进科技协同创新

1．持续加强学科建设

持续加强学科建设。坚持创新驱动，对接"双一流"战略，服务地方社会经济，突出应用导向，统筹优化学科布局。重点发展应用学科，积极培育新兴交叉学科，统筹推进硕士学位点建设；重点发展光电材料、智能制造、新药研发、现代农业、非物质文化遗产传承等学科领域，以对接重庆市支柱产业、战略性新兴产业；积极培育新能源器件、环境工程、运动康复、绿色建筑、数字传媒、物流工程等学科领域，以支撑重庆市先进制造业和现代服务业；着力打造服务中小企业经营发展、地方文化创新产业繁荣、新农村建设推进的智库系统。强化学科评价与考核，构建定量指标与定性指标相结合、客观与主观评价相结合的学科评价建设体系。

2．构建科研协同创新机制

以开放集成共享的原则推进协同创新，构建"政、产、学、研、资、用"一体化合作模式；瞄准行业产业，重点建设市级和校级协同创新中心；构建增加知识价值为导向的分配机制，在科研人员聘任兼职、高水平领军人才引进等方面通过年薪制、项目制、任务制等构建科研人员和高层次人才薪酬机制；修订重特大成果管理办法，加大高被引论文、重要科研奖励、重大项目等奖励力度，有力提升标志性成果产出力度。

深度挖掘现有学科科研资源，加强科研平台团队建设，形成科技重点实验室、工程中心、社科基地等的系列平台支撑，并以此汇聚高水平应用科研团队，提高承接国家和重庆市重大科技项目能力和重大横向项目研发能力。

通过加强区域合作、校际合作、国际合作，深化协同创新机制改革。融入区县高新区、农业园区、产业园区，把重点实验室、工程中心等高层次研发平台建在园区，积极打造光电材料、靶向新药、特色种苗等领域的省部级、国家级科研平台，优化科研平台开放共享机制，提升服务地方社会经济发展能力。建立对口合作机制，围绕学校特色优势学科领域与国内行业特色院校建立对口合作机制，实现人员、平台、项目、成果的"共建、共用、共有、共享"。

3．促进科研成果转化与应用

建立成果发布及信息共享平台，探索线上与线下相结合的专业性技术交易网络平台，对接重庆市科技成果信息系统及国内外技术转移信息平台，促进授权专利、新产品、新工艺等切实转化为现实生产力；加大科技服务与科技咨询服务地方经济发展的广度与深度；强化人文社会科学研究的服务功能，提升咨政研究与决策建议服务地方社会发展的能力与水平；积极开展科普活动，力促产生重要社会效益和较大影响；推动实施科教结合协同育人新机制，促进科研成果转化为教学资源，助推应用型人才培养。

落实重庆市技术转移政策，做好科技成果转化的政策和法律咨询、价值评估、投融资、知识产权保护等相关服务。积极探索与天使投资、风险投资基金等资本市场建立常态化对接机制，提高科技成果转移转化率；加强现有市校众创空间建设与宣传，积极培育小微创新企业和个人创业项目。

强化尊重知识、尊重创新，充分体现智力劳动价值的分配导向，优化科技成果转化激励机制，完善科技成果、知识产权归属和利益分享机制，提高骨干团队、主要发明人受益比例。

（三）加大干部人事制度改革力度

1．建设高素质干部教师队伍

贯彻落实习总书记提出的"二十字"好干部标准和"三严三实"要求，进一步深化干部人事制度改革，完善干部选拔任用机制，强化领导干部的管理监督，改进干部分类考核制度，形成能上能下、能进能出的选人用人机制。以优化班子配备、改善干部队伍结构为重点，实施"年轻干部培养计划"，加大优秀年轻干部的培养和选拔力度；以提高建设高水平应用型大学的能力为核心，实施"干部素质提升计划"，探索干部成长教育培训的新模式，逐步建立一支结构合理、信念坚定、为民服务、勤政务实、敢于担当、清正廉洁的高素质干部队伍，为建设高水平应用型大学提供有力组织保证。

积极实施高层次人才引进和培育工程。根据学科总体布局，有层次有重点地推进"博士化"计划、"国际化"计划，加强学术领军人物等高层次人才引进力度，重点抓好海外高层次人才和青年博士引进，充分发挥柔性引进高水平人才在专业学科发展中的作用，完善能力和业绩导向的引智评价机制。大力实施"双师型"教师队伍建设工程，推进"教师进企业计划、企业人才进校园计划"，加大教师海外培训力度和"双师型"教师建设力度，大力实施新进教师"三员"（实验员、辅导员、教务员）锻炼计划，构建多元培训体系，提升师资队伍的学术研究水平、国际交流能力、应用型人才培养能力和政产学研合作能力。积极探索用人留人机制，创造有利于优秀人才成长和施展才华的良好环境，提高集聚高层次人才的能力，积极发挥特聘教授的引领作用，坚持师德考核和业务考核并重，建设一支师德高尚、行为示范、业务精湛的高水平师资队伍。

2．优化分配制度改革，完善校内激励机制

加强岗位设置聘任与管理，优化学校收入分配制度；在充分调动教职工履职尽责积极性和创造性的基础上，坚持以岗定薪，注重实绩，优绩优酬；坚持有利于提高教学、科研和管理水平，有利于吸引人才、稳定人才，有利于学校改革发展目标的实现；完善绩效考核制度，逐步建立岗位聘任与岗位考核、岗位收入与业绩收入、当前收入与社会保障改革相匹配的收入分配制度。建立健全分类激励机制。

（四）进一步推动开放办学

1．深化国际合作办学

全面树立开放办学和教育国际化理念，大力实施教育国际化工程，积极推进国际教育合作,积极探索多样化的国际合作方式,适度发展来华留学生教育,大力加强国际科研合作,大力提升师生外语水平,全面加快学校教育国际化进程。同时,进一步完善国际合作交流工作机制,建立以国际处为归口管理部门,教工部、教学部、科技部、学工部等为协同管理部门,国际学院等二级学院为实施单位的国际合作交流工作新格局。加强留学和培训服务工作,成立留学服务中心,为师生出国留学提供多元服务。逐步将国际合作交流工作纳入目标指针考核体系,进一步调动各部门和二级学院参与国际合作交流工作的积极性和主动性。

2．加大校地校企合作力度

建立统一管理、分工协作的管理体制,探索产学研合作的新模式和新机制,建立"1+1+1"联合创新平台,由政府、学校、本土企业三者共同建立研究院、研发基地、重点实验室和工程中心等技术创新机构和产学研合作平台,推进学校与地方整体对接的政、产、学、研合作新模式。统筹加强校外基地建设,加强重大合作平台建设,持续推进合作项目开发与建设;健全学校在人才培养、科研成果转化、"双师型"教师队伍建设、学生就业等方面校地合作的运行机制;建立健全推进政产学研合作责任制和考核激励机制,全面调动各学院、科研院所和相关职能部门的积极性和创造性;积极探索校地校企互利互惠合作新机制。

3．探索建立"互联网+教育"模式

实施信息化提升工程,完成校园网升级改造,增大校园网无线覆盖率;建成基于先进信息技术的数字化校园。力争获得市级智慧校园项目、国家级本科院校信息化试点单位。

实施信息技术与教育教学深度融合推进计划。建设学校网络教学平台,对接重庆市高校大规模公开课程平台;加强课程资源平台和在线开放课程(MOOC)建设,充分利用网络平台,共享课程资源,推进慕课、翻转课堂、网上教学等网络教育模式,推动在线学习、开放学习;综合利用多媒体技术、仿真技术、网络技术等现代信息技术,建设虚拟仿真实验实训教学平台,建成实验实训室及实践教学管理智慧化平台;提升教师信息技术能力。

(五)推进校园文化建设

1. 统筹校园规划

进一步完善校园建设规划,合理设置校区功能;全面推进星湖校区提档升级,有序进行校舍维修改造;加强校园文化设施建设,根据两校区使用功能定位和校园不同功能区域特点,继续加强与教学、科研、人才培养相适应的文化设施,展现出学校特色的现代大学校园风貌。

2. 加强校园精神文化建设

践行社会主义核心价值观,以促进学生全面发展为导向,以满足广大师生精神文化需求为出发点,加强校训宣传,进一步凝炼校风、教风、学风和文理精神。围绕确立价值规范体系、培育学校独特气质、提高师生文化素养、营造文化软硬环境、繁荣校园文化活动等方面,制定并落实好校园景观文化改造方案;重点培育和打造品牌文化活动;加强网络教育平台建设,形成积极健康的网络文化;开展"文明礼仪我带头"教育活动,推动社会主义核心价值观和基本文明礼仪进教材、进课堂、进头脑,形成学礼仪、知礼仪、行礼仪的长效机制,进一步提升广大师生的思想道德素质和文明礼仪素养;挖掘地域文化的精髓,加强对区域性、民族性文化建设与发展问题的研究,加快哲学社会科学成果转化;完善中华优秀传统文化教育,传承中华民族精神,切实推进廉洁教育和廉洁文化进校园工作,为深入推进学校综合改革提供强大的精神保障和智力支持。

(六)深化管理体制机制改革

完善学校内部治理体系。推进学校章程的贯彻落实,提高学校治理法治化、科学化水平;坚持和完善党委领导下的校长负责制,进一步健全党委与行政议事决策制度,进一步完善协调运行机制,贯彻落实好"三重一大"决策制度;落实党风廉政建设党委主体责任和纪委监督责任,切实加强对党风廉政建设和反腐败工作的领导,推进反腐倡廉制度建设和体制机制创新;健全科学决策、民主管理机制,建立职能部门论证、邀请专家咨询、听取教师意见、专业机构或者主管部门测评相结合的风险评估机制;科学构建具有校本特色的学术权力体系,保障学术组织依照章程行使职权,积极发挥学术组织在学术事务和其他各专项工作中的咨询、评定、审议和决策作用;充分发挥教职工代表大会、共青团、学生会等群众组织在民主决策中的作用;加大督查督办力度,切实提高学校执行力。根据高水平应用型大学构架特点和产业行业需求,进一步调整学院的学科与专业结构;坚持以学院实体化建设为重点,进一步深化校院两级管理体制改革,逐步扩大二级学院自主管理的领域和范围,逐步建立起自我管理、自我发展、自我约束的相对独立运行机制。进一步完善行政管理机构大部制运行机制。

四、改革保障

(一)加强组织领导,提高思想认识

切实加强对综合改革工作的组织领导,充分发挥党委的领导核心作用,统揽全局,为全面深化综合改革提供有力组织保障。建立全校各学院、各部门广泛参与的多方联动、分工合作、协调高效、整体推进的改革工作机制。全面深入宣传、学习综合改革精神,使全校各级党员干部、广大师生员工深刻认识到全面推进综合改革是学校贯彻党的十八大和十八届三中、四中、五中全会精神,努力实现高水平应用型大学建设目标的根本要求,是学校实施重点突破战略,破解学校发展难题、推动学校内涵式发展的必然要求,是学校总结办学经验、创新办学机制体制的重要途径,为学校全面深化综合改革筑起坚实的组织保障和思想保障。

(二)科学编制规划,引领事业发展

高水平应用型大学发展需要新动力,要破解发展中面临的难题,应对各方面的挑战,推动学校事业持续快速发展,迫切需要通过全面深化综合改革,冲破陈旧思想观念束缚,突破制约发展瓶颈,寻求新的发展路径,增强发展活力,提高发展质量。这是时代的要求,更是建设高水平应用型大学的战略选择和行动自觉,是早日建成高水平应用型大学的关键一招。相关单位和职能部门务必高度重视、着眼长远、集思广益,贯彻好落实好学校综合改革,使全面推进综合改革成为贯穿学校"十三五"规划的一条红线和重要内容,为科学编制"十三五"规划,引领学校事业健康、协调、可持续发展奠定坚实基础。

（三）集合内外资源，突出改革实效

积极适应、有效应对市场变化，加强市场需求分析，加强与政府及相关职能部门的联系，积极争取政策支持、经费支持、项目支持，进一步探索政产学研合作、国际合作新模式，最大程度整合校内外、境内外优质资源。全校教职工要进一步解放思想，凝聚改革共识，进一步坚定改革信心，在全校上下形成人人支持改革、人人参与改革、人人共享改革成果的生动局面。使全面深化综合改革不仅成为全校各级党组织、广大党员和师生员工的共识，也成为推动学校内涵式发展，加快创建高水平应用型大学步伐的强大动力。

（四）完善制度机制，加强督查督办

探索建立教育改革专家咨询、风险评估、督查督办、情况通报制度，确保改革稳定有序推进。改革重点任务与发展规划同步分解、同步实施、同步考核。按照"一授权两报备"要求，对需要申请授权的重要改革举措，按程序向有关市级部门申请授权，事前报备，事后报备进展情况。各部门要定期报送典型举措、经验成效等信息。

重庆文理学院

2016 年 11 月 23 日

重庆文理学院专业技术岗位第三聘期基本职责

重文理人〔2016〕30号

学校岗位设置与聘任工作是深化人事制度改革工作的重要组成部分,第二聘期基本职责施行后,激发了全校教职工认真开展教学、科研和管理工作的积极性和创造性。现结合我校和各岗位实际情况,制定我校专业技术岗位第三聘期基本职责。

一、教师专业技术岗位

（一）教学工作任务

（1）根据学校教学工作需要,各二级学院应明确本学院专职教师每学年必须承担的基本课堂教学工作量,并报教工部备案。未完成基本课堂教学工作量的,按照未完成比例在下一聘期减发相应岗位津贴。

（2）在教学服务部门和市级科研机构工作的教授、副教授,应完成学校教学部规定的教育、教学工作任务,但工作日周学时不超过4学时。未完成教育、教学工作任务的,按照未完成比例在下一聘期减发相应岗位津贴。

（二）科研工作任务

1. 3级岗位

教师3级岗位分为教学为主型、科研为主型,教师聘用时可自愿选择。市级以上科研机构研究人员为专职科研岗位（含教师和研究系列职称人员,下同）。

社会科学、自然科学类		艺术、外语、体育类		专职科研岗
教学为主型	科研为主型	教学为主型	科研为主型	
教学类折合分值160 科研折合分值640	1 200	教学类折合分值130 科研折合分值510	960	2 000

2. 4~7级岗位

岗位等级	社会科学、自然科学类	艺术、外语、体育类	专职科研岗
4级	400	300	1 000
5级	300	240	750
6级	250	200	630
7级	200	160	500

二、其他专业技术岗位

（一）岗位工作任务

其他专业技术岗位系列多、分布广，工作性质不同，各单位要根据本单位的技术岗位性质，提出不同岗位的基本职责和相应职级的具体工作要求，并以岗位说明书的形式固化下来，作为聘期考核的依据。

（二）科研工作任务

岗位等级	实验技术系列、图书资料、档案、出版编辑	经济、会计、审计	医药卫生、工程技术	备注
3级	640			出版编辑、作曲
4级	280	260	220	出版编辑、会计师、图书资料、档案、医药卫生、工程技术
5级	220	200	180	
6级	160	140	120	
7级	110	90	80	

三、相关说明

（1）教师3级岗位要求以核心及其以上期刊发表的本专业论文的分值，不能低于科研工作量的30%。

（2）聘任在专业技术岗位上且承担领导职责的管理人员，需完成相应岗位职级科研工作量的60%。

（3）聘期内具备下列条件之一者，视为完成科研工作量（含教学类）：

①我校为项目负责单位，国家级各类项目、国家各部委一般项目及以上、重庆市社科规划重大（重点）项目、重庆市科技计划重大（重点）项目、杰青项目的主持人；

②我校为项目负责单位，国家级教研教改项目和国家级本科教学改革工程项目前3名，或省级重大教研教改项目和省级本科教学改革工程项目前2名；

③我校为第一署名单位，在SCI、SSCI二区及以上期刊或学校A类期刊发表本专业学术论文1篇，或在SCI、SSCI三区及以下、EI、A&HCI、B类期刊发表本专业学术论文2篇的第一作者（均不含会议论文）；

④国家级和科技部科学技术奖所有成员，省级科学技术奖一等奖前5名或二等奖前3名、三等奖第1名；

⑤国家级和教育部人文社科奖所有成员，省级人文社会科学优秀成果奖一等奖前5名或二等奖前3名、三等奖第1名；

⑥国家级教学成果奖所有成员；省级教学成果奖一等奖前5名或二等奖前3名、三等奖第1名，或获部级优秀教材奖前3名；

⑦国家"五个一批"工程奖所有获奖成员，国家部委（局）颁发全国性的文化艺术类奖，一等奖个人前4名，二等奖个人前2名，或省级人民政府颁发的个人文化艺术奖一等奖，一等奖个人前2名，二等奖个人第1名；

⑧率队获教育部或国家体育总局单项协会举办的有届次的正式比赛获集体项目前三名或单项比赛第一名的教练员；率队获第X届全国大学生运动会集体项目前8名或单项前3名的教练员；

⑨学生参加由教育部、团中央、文化部举办的正式比赛竞赛获一等奖的指导教师。

第⑧、⑨获奖项目教练员、指导教师的认定，以参赛资料、科研奖励等相关支撑材料为依据，经所在单位和科技部认定。

（4）专业技术岗岗位津贴是完成教学（其他专业技术工作量）和科研工作量后给予的报酬，其中教学工作量（其他专业技术工作量）占70%，科研工作量占30%。聘任在专业技术岗位的教职工未完成聘期规定的科研工作量，应按照未完成科研工作量的比例在下一聘期扣发岗位津贴中科研工作量占比部分。

（5）聘期内3级、5级、6级科研工作量完成比例未达80%的，应退一级聘用；达到80%、未达到100%的，按未完成的比例在下一个聘期减发相应的岗位津贴。其中，教学为主型3级岗位的教学、科研折合分值应分别计算完成比例，有一项未达到80%即退一级聘用，两项均达到了80%而未达到100%，减发的岗位津贴数额为两者应减发数之和。

（6）达到一个任职聘期的专业技术4级、7级岗位人员，聘期科研工作量未完成任务的，按未完成任务的比例在下一个聘期减发相应的岗位津贴。

（7）任现职满10年的高级专业技术人员，可减少相应岗位职级科研工作量的50%。

（8）任现职满15年的高级专业技术人员和申请并承诺在下一个聘期退休的（需提交书面申请和承诺书），聘期科研工作量可不做具体要求，但应完成除科研工作量外的相应专业技术岗位任务。但若申请晋升到更高一级岗位，需按照岗位设置与聘任实施细则要求完成相应教学、科研工作量。

（9）坚决实行师德师风"一票否决"制度，对违反师德师风规定的教职工按照未完成聘期基本职责处理。

重庆文理学院
2016年7月8日

重庆文理学院管理岗位第三聘期基本职责

重文理人〔2016〕31号

为建设一支高素质的管理队伍,提高管理质量和管理水平,根据学校岗位设置管理有关文件规定,特制定管理岗位基本职责,并作为聘期考核的依据。在职责的表述中,凡未区分担任领导职责的职员或承担其他管理任务的职员的,均指两类职员都应承担的职责。

一、管理岗位基本职责

(一)五级职员

(1)担任领导责任的五级职员,负责本单位行政或党务全面工作;其他承担管理任务的五级职员,根据单位领导的安排,协助单位领导独立开展某一或几方面的管理工作或专职从事较高层次的某项管理工作;

(2)担任领导责任的五级职员,协助分管校领导,带领本单位各类各级岗位人员,完成职责范围内的管理工作;

(3)参与制定并带头落实学校相关政策,做好协调和组织工作;

(4)独立起草或参与拟定本单位工作中的相关文件、计划总结等文字材料,为学校的建设和发展积极献计献策;

(5)积极开展业务工作研究,撰写与职能工作相关的管理论文、研究报告。承担其他管理任务的五级职员,每年应完成1篇不少于5 000字与管理职责相关的工作报告、工作总结或调研报告,并在每年年度考核期间交教工部备案;

(6)检查、指导、督促下级岗位管理人员的工作;

(7)认真执行党风廉政建设责任制,廉洁自律。

(二)六级职员

(1)担任领导责任的六级职员,应协助本单位领导,负责本单位某一或几方面的管理工作;其他承担管理任务的六级职员,根据单位领导的安排,协助单位领导独立开展某项专项工作或某方面的管理工作；

（2）参与制定并落实学校有关政策，做好协调和组织工作；

（3）起草或参与拟定管理工作中的相关文件、计划总结等文字材料，为学校的建设和发展积极献计献策；

（4）积极开展业务工作的研究，撰写与本职工作相关的管理论文、研究报告。承担其他管理任务的六级职员，每年应完成1篇不少于3 000字与管理职责相关的工作报告、工作总结或调研报告，并在每年年度考核期间交教工部备案；

（5）认真执行党风廉政建设责任制，廉洁自律；

（6）检查、指导、督促下级岗位管理人员的工作。

（三）七级职员

（1）担任领导责任的七级职员，应协助本单位分管领导，负责并完成本科室的日常管理工作或专职从事特定的管理工作；其他承担管理任务的七级职员，能独立开展某一项专项工作或某方面的管理工作；

（2）参与本单位有关业务研究课题，制定有关工作计划；

（3）配合单位领导做好有关调研工作并提出有关工作建议和工作思路；

（4）起草管理工作相关的文件、文稿、调研报告等，做好工作规划和工作总结，并对积累的工作经验进行归纳整理形成科学的工作规程；

（5）检查、指导、督促下级岗位管理人员的工作。

（四）八级职员

（1）负责本科室某一项或某几项具体业务工作，或专职从事特定的管理工作；其他承担管理任务的八级职员，在科室领导的安排下，负责并完成本科室某一项或几项具体业务工作；

（2）参与本单位有关业务研究课题，参与制定有关工作计划；

（3）配合单位领导做好有关调研工作并提出有关工作建议和工作思路；

（4）起草本职工作中一般文件、文稿或调研报告等，做好工作规划和工作总结，积极探索有益的工作经验；

（5）检查、指导、督促下级岗位管理人员的工作。

（五）九、十级职员

（1）承办本岗位的具体管理工作和事务性工作，独立完成领导交办的相关工作任务；

（2）配合科室领导或本单位领导开展工作；

（3）参与本单位调研工作，起草工作中一般文件、文稿。

二、相关要求说明

（1）各单位要结合自身工作实际和特点，对学校管理岗位基本职责进行补充，制定该岗位具体职责、工作内容和工作标准，以《岗位说明书》的形式加以固化。

（2）管理岗位五级、六级职员任期内进行年度满意度测评，由教工部在每年年度考核期间到相关单位进行测评，满意度测评满分为100分，测评结果与聘期内岗位津贴发放金额挂钩。

① 承担其他管理任务的五级、六级职员岗位津贴发放金额：满意度（X）≥90分，全额发放本年度岗位津贴；满意度（X）低于90分，按比例减发本年度本人的岗位津贴，减发金额为 R=12×A（1-X/90）（其中R为减发的岗位津贴，X为满意度测评得分，A为本人的月实际岗位津贴标准）；

② 承担其他管理任务的五级、六级职员的满意度测评由学校统一组织，测评范围为：教学执行部门的五级、六级职员在本单位进行；教学服务部门十大部的五级、六级职员在大部范围内进行，其他各部门的五级、六级职员在本部门进行。

③ 担任领导责任的五级、六级职员，根据《重庆文理学院处级领导干部考核实施办法（试行）》（重文理组〔2009〕8号）考核，并计算出实际考核得分，对应上述满意度测评标准计发岗位津贴。

（3）"双肩挑"和承担领导责任的专业技术人员，实行双考核，既要接受聘期内专业技术岗位的考核，又要按照（重文理组〔2009〕8号）文件规定考核。任期内岗位津贴计发金额为：若专技岗和管理岗考核均合格，岗位津贴按专技岗和管理岗岗位津贴就高标准发放；若专技岗和管理岗考核均不合格，则按专技岗和管理岗分别计算出减发岗位津贴额度,并按就高额度减发岗位津贴;若专技岗或管理岗单边考核不合格,则按不合格岗位计算减发岗位津贴。

(4)管理岗位七级及其以下职员岗位津贴发放,参照五级、六级职员考核办法及标准执行,满意度测评由本人所在单位组织实施。

(5)坚决实行师德师风"一票否决"制度,对违反师德师风规定的教职工按照未完成聘期基本职责处理。

重庆文理学院
2016年7月8日

机构队伍
JIGOU DUIWU

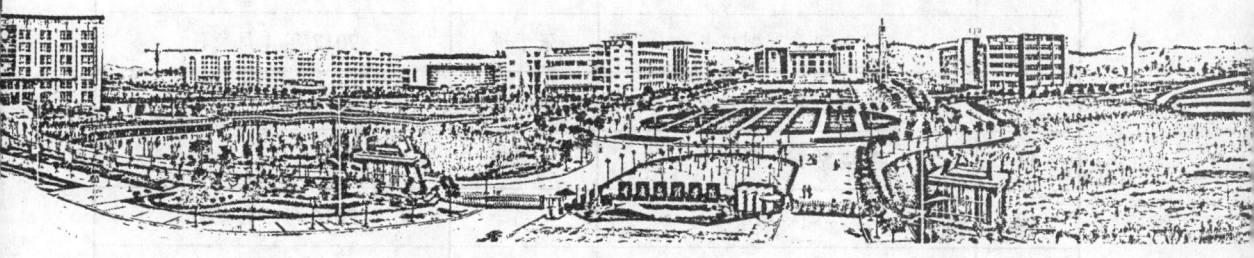

学校领导

序号	职务	姓名	备注
1	党委常委、党委书记	钟志奇	2016年10月免任
2	党委常委、党委书记	孙泽平	2016年10月起任，新任校长到任之前，主持学校行政工作
3	党委常委、党委副书记、校长	孙泽平	2016年11月免任
4	党委常委、党委副书记、校长	许洪斌	2017年4月起任
5	党委常委、党委副书记	刘灿国	
6	党委常委、党委副书记、纪委书记	李德全	
7	党委常委、副校长	兰 刚	
8	党委常委、副校长	谭 宏	
9	党委常委、副校长	张 进	2017年4月免任
10	党委常委、副校长	漆新贵	
11	党委常委、副校长	万书辉	
12	副校长	王明华	2016年7月起任
13	党委常委、副校长	金 盛	2017年4月起任

处级机构及管理队伍

序 号	单 位	姓 名	现任职务
1	校务部	董 刚	校务部部长（党委办公室、校长办公室主任）
2		余泽标	校务部副部长（党委办公室、校长办公室副主任，国际合作与交流处处长）（正处级）
3		刘希东	校务部副部长（校长办公室副主任、星湖校区管委会办公室主任）（正处级）
4		黎 志	校务部副部长（党委办公室、校长办公室副主任，质量管理办公室主任）（正处级）
5		韩贞禄	校务部部长助理
6	教工部	周洪亮	教工部部长（组织部部长、人事处处长、离退休工作部部长）
7		谢志刚	教工部副部长（组织部副部长、人事处副处长、人才办公室主任）（正处级）
8		黄贵懿	教工部副部长（离退休工作部副部长）
9		钱间建	教工部副部长（组织部副部长、党校办公室主任）（副处级）
10		吴小伟	教工部副部长（人事处副处长）
11	党群部	周文东	党群部部长（宣传部部长、统战部部长、网络管理处处长）
12		戴晓敏	校工会主席（正处级）
13		史甲庆	党群部副部长（宣传部副部长、网络管理处副处长、新闻中心主任）（副处级）
14		杨正强	党群部部长助理
15		高志强	校科协主席
16	纪检部	蒋礼文	纪检部部长（纪委办公室主任、监察处处长）
17		杨 勇	纪检部副部长（审计处副处长〈主持工作〉）
18	学工部	何独明	学工部部长（招生就业处处长、学生处处长）

续表

序号	单位	姓名	现任职务
19	学工部	杨加强	学工部副部长（安全管理处处长、武装部部长）（正处级）
20		周清	学工部副部长（招生就业处副处长）
21		李树财	学工部副部长（安全管理处副处长、武装部副部长）
22		刘明明	学工部副部长（校团委书记）（副处级）
23		赵锋	学工部副部长（学生处副处长）
24		向明	学工部部长助理、校团委副书记
25	合作发展部	金盛	合作发展部部长（发展规划处处长、校地合作处处长、科技成果转化处处长、发展咨询委员会办公室主任）、创新创业办公室主任（兼）
26		谢华琳	合作发展部副部长（校友工作办公室主任）（副处级）
27		李景国	合作发展部副部长（发展规划处副处长）
28		刘元勇	合作发展部副部长（科技成果转化处副处长）
29		陈盛兴	合作发展部部长助理
30	教学部	何华敏	教学部部长（教务处处长、实验实训中心主任、教师发展中心主任）
31		凌伟	教学部副部长（教师发展中心副主任）（正处级）
32		王大平	教学部副部长（实验实训中心副主任）
33		王瑞胡	教学部副部长（教务处副处长）
34		王东强	教学部副部长（教务处副处长、教师发展中心副主任）
35		孙翰昌	教学部部长助理
36	科技部	刘仲全	科技部部长（科研处处长、学科办主任）
37		程正富	科技部副部长（研究生处处长）（正处级）
38		胡守敏	科技部副部长（科研处副处长）
39		刘小利	科技部副部长（学科办副主任）
40		唐建民	科技部部长助理

续表

序 号	单 位	姓 名	现任职务
41	资产部	郑 稷	资产部部长（采购供应中心主任）
42		苏兴文	资产部副部长（计财处处长、资产管理处处长）（正处级）
43		王熙艳	资产部部长助理
44	总务部	周 仁	总务部部长（基建处处长）
45		田永酉	总务部副部长（后勤管理处处长）（正处级）
46		刘厚东	总务部副部长（基建处副处长）
47	质量监测与评估中心、教学督导委员会办公室	何万国	质量监测与评估中心主任
48		易文德	教学督导委员会办公室主任（正处级）
49	继续教育学院	杜 勇	继续教育学院培训学院院长、职教师资培训中心主任
50		何云贵	继续教育学院培训学院党总支书记、副院长，职教师资培训中心副主任
51	文化遗产学院、国际学院	沈远川	文化遗产学院、国际学院党支部书记兼副院长，出国留学服务中心副主任（正处级）
52		刘 壮	文化遗产学院、国际学院院长，出国留学服务中心主任
53	新材料技术研究院	雷 宇	新材料技术研究院党总支副书记（主持党务工作）
54		李 璐	新材料技术研究院副院长
55	图书馆	申传斌	图书馆馆长
56		肖 勇	图书馆党总支书记
57		吴中军	图书馆副馆长
58	档案馆	蔡华锋	档案馆副馆长
59	现代教育技术中心	彭拥军	现代教育技术中心主任、党支部书记
60		李宗斌	现代教育技术中心副主任
61	博达公司	何小兵	重庆博达学校后勤服务有限公司总经理
62		代武春	重庆博达学校后勤服务有限公司党总支书记、副总经理

续表

序 号	单 位	姓 名	现任职务
63	新叶公司	彭著久	重庆文理学院新叶后勤服务公司总经理、党总支书记
64		陈泽兵	重庆文理学院新叶后勤服务公司副总经理
65	文化与传媒学院	李天福	文化与传媒学院院长
66		白成良	文化与传媒学院党总支书记
67		李芹燕	文化与传媒学院副院长
68	数学与财经学院	卢成武	数学与财经学院执行院长
69		余大鹏	数学与财经学院党总支副书记
70		郑 立	数学与财经学院副院长
71		马纪成	数学与财经学院院长助理
72	材料与化工学院	徐 强	材料与化工学院院长
73		李忠彬	材料与化工学院党总支书记、副院长
74		李 强	材料与化工学院党总支副书记
75		朱 江	材料与化工学院副院长
76		陈中祝	材料与化工学院副院长
77	机电工程学院	曹 勇	机电工程学院党总支书记、副院长
78		李顺江	机电工程学院党总支副书记
79		赵华君	机电工程学院副院长
80	林学与生命科学学院	杨 帆	林学与生命科学学院院长
81		谢荣成	林学与生命科学学院党总支副书记（主持党务工作）
82		谢吉容	林学与生命科学学院副院长
83		刘 嘉	林学与生命科学学院副院长
84	电子电气工程学院	石东平	电子电气工程学院党总支书记、执行院长
85		杨守良	电子电气工程学院副院长
86		梁康有	电子电气工程学院党总支副书记
87		夏继宏	电子电气工程学院副院长

续表

序号	单位	姓名	现任职务
88	重庆服务外包学院、软件工程学院	罗代忠	重庆服务外包学院副院长、软件工程学院副院长（主持行政工作）
89		罗万成	重庆服务外包学院、软件工程学院副院长（正处级）
90		刘中胜	重庆服务外包学院、软件工程学院党总支副书记
91	经济管理学院、建筑工程学院	张碧波	经济管理学院、建筑工程学院党总支书记
92		谷继建	经济管理学院、建筑工程学院副院长
93	旅游学院	陈天培	旅游学院院长
94		魏良福	旅游学院党总支书记、副院长
95		颜珂	旅游学院党总支副书记
96		李喜燕	旅游学院副院长
97	马克思主义学院	邓多文	马克思主义学院副院长
98	公共管理学院	何腊生	公共管理学院院长
99		李才俊	公共管理学院党总支书记
100		张纬武	公共管理学院副院长
101	教育学院	肖宇窗	教育学院党总支书记
102		罗文波	教育学院副院长（主持行政工作）
103		王蕾	教育学院副院长
104		曹荣誉	教育学院副院长
105	外国语学院	刘安洪	外国语学院院长
106		颜学金	外国语学院党总支书记、副院长
107		胡庆洪	外国语学院副院长
108		皮锋	外国语学院党总支副书记
109	音乐学院	李劲松	音乐学院党总支书记、副院长（主持行政工作）
110		杨桦	音乐学院党总支副书记

续表

序 号	单 位	姓 名	现任职务
111	音乐学院	张艳辉	音乐学院副院长
112		颜 聪	音乐学院副院长
113	体育学院	唐建忠	体育学院院长
114		李 旻	体育学院党总支书记、副院长
115		袁高燕	体育学院党总支副书记
116		孔庆波	体育学院院长助理
117	美术与设计学院	吴 彪	美术与设计学院副院长
118		陈龙国	美术与设计学院党总支副书记、副院长
119		阙 佼	美术与设计学院副院长

（统计时间：2016年12月31日）

科研及其他机构与管理队伍

序号	职务	姓名
1	新材料技术研究院副院长	李 璐
2	新材料技术研究院副院长	韩 涛
3	创新靶向药物国际研究院副院长	陈中祝
4	非物质文化遗产研究中心主任	刘 壮
5	重庆文理学院特色植物研究院院长	刘奕清
6	重庆文理学院特色植物研究院副院长	陈泽雄
7	环境材料与修复技术重庆市重点实验室主任	唐 英
8	重庆市高校群与图的理论及应用重点实验室主任	卢成武
9	重庆市高校群与图的理论及应用重点实验室副主任	马纪成
10	品牌科学研究所所长	张 锐
11	机器人与智能装备研究院院长	王 勇（外聘）
12	机器人与智能装备研究院副院长	鲁 鹏
13	服务外包研究所所长	黎 明
14	重庆文理学院特色植物研究院党支部书记	李传印
15	渝西画派研究所所长	张咏清
16	脑与认知神经科学研究所副所长	曹成刚
17	培训发展研究所所长	兰觉明
18	重庆文理学院社会科学联合会常务副主席	宋凡金
19	重庆地恩科技开发有限责任公司总工程师	曹优明

科级机构及管理队伍

序号	单位	职务	姓名
1	校务部	综合科科长	雷 莉
2		星湖校区事务管理科科长	刘年伟
3		督查科科长（兼）	韩贞禄
4		秘书科科长	乐万里
5		涉外科科长	蒲 阳
6		行政科科长	李 云
7		质量评价科科长	任 静
8	教工部	综合科科长、党校办公室副主任	于大海
9		组织干部科副科长	许浩然
10		人事与薪酬科科长、社保中心副主任	罗富林
11		人事与薪酬科副科长、社保中心主任（正科级）	唐洪辉
12		专业技术队伍建设科科长、博士后管理办公室主任	高一文
13		专业技术队伍建设科副科长、博士后管理办公室副主任	王 星
14		离退休科科长	卢 刚
15	党群部	综合科副科长	赵 洁
16		校报编辑部主任	赵立兵
17		宣传科副科长	姚志强
18		新闻中心办公室（网络信息安全科）主任	许菲菲
19		统战科科长	张海容
20	纪检部	综合科副科长	郭 立
21		审计科科长	周 进

续表

序号	单位	职务	姓名
22	纪检部	监察科副科长	谭 静
23	学工部	学生事务管理科科长	胡在东
24		学生思想政治教育科科长	何 雯
25		学生资助管理中心主任	吕 彬
26		招生就业办公室主任	周道林
27		招生就业办公室副主任	程海军
28		学生素质拓展训练中心主任（兼）	向 明
29		星湖校区分团委书记	周独奇
30		政治保卫科科长	汤金燕
31		治安管理科科长	陈明勇
32		消防管理科科长	杨宏涛
33	合作发展部	综合科副科长	邹盛瑜
34		产教合作办公室主任	杜孝田
35		院校研究所办公室副主任	张 沁
36		创新创业指导中心主任	李 莉
37		技术转移中心主任（兼）	陈盛兴
38	教学部	综合科科长（兼）	孙翰昌
39		教务科科长	唐家荣
40		学籍与信息科科长	顾启元
41		实验室建设科副科长	李 杨
42		实践教学科副科长	周道清
43		教学建设与研究科科长	陈本炎

续表

序 号	单 位	职 务	姓 名
44	教学部	师范生培养办公室主任	陈 华
45		卓越人才培养办公室副主任（正科）	任 华
46		教师教学发展办公室主任	程 华
47	科技部	综合科科长	谢睦琴
48		项目与成果管理科科长	李召红
49		项目与成果管理科副科长	王 东
50		学科建设与研究生管理科科长	张 磊
51		期刊编辑部办公室主任	吴朝平
52		科研条件与平台管理科科长	樊汶樵
53	资产部	采购科科长	付 恩
54		资产管理科科长	罗 杰
55		综合科科长	熊 丽
56		财务信息管理办公室副主任	王家军
57		计划科科长	黄爱华
58		会计核算科科长（兼）	王熙艳
59		会计核算科副科长	刘传会
60		收费管理科科长	蔡 翔
61	总务部	综合科科长	冯 宇
62		工程施工科副科长	夏明强
63		工程管理科副科长	蔡朋杞
64		校医院院长	乐 波
65		后勤质量管理科科长	袁 驰

续表

序号	单位	职务	姓名
66	质量评估中心、督导办	督导科科长	杨光绪
67		信息科科长	郭霞
68		评估科科长	尚春雅
69	继培学院	办公室副主任	刘利
70		培训部主任	姚晓兰
71		教务科科长	孙培春
72		招生考试科科长	周相宇
73	国际学院	党政办公室主任	邓颖卓
74		学科办公室主任、重庆市重点人文社科研究基地办公室主任	向冲
75		学生工作办公室副主任	郑小芳
76	新材料研究院	科技研发及产业孵化中心主任	阮海波
77		技术服务（实验中心）主任	王锦标
78		综合管理办公室（院士办公室）主任	郭朝中
79	图书馆	综合科（特藏书部）副科长	刘贵玉
80		信息资源建设部主任	金济
81		流通阅览部（红河校区）主任	陈润平
82		流通阅览部（星湖校区）主任	徐小红
83		参考咨询部主任	吴华
84	档案馆	档案建设科副科长	李兴春
85	现技中心	网络运维科科长	江绍虎
86		系统建设科科长	明亮
87		技术服务科科长	周友兵

续表

序 号	单 位	职 务	姓 名
88	博达公司	综合部质评办主管	陈卫华
89		红河环境部主管	罗洪林
90		红河维修部主管	邓旭东
91		红河宿舍部主管	程 淦
92		星湖宿舍部主管	杨文杰
93	新叶公司	行政部主管	傅 万
94		水电管理部主管	王立新
95		工程维修部主管	何 川
96		餐饮部主管	王 平
97	创新靶向药物国际研究院	重点实验室办公室副主任	孟江平
98	特色植物研究院	办公室主任	姜玉松
99	环境材料与修复技术重庆市重点实验室	办公室主任	蔡艳华
100	文传学院	党政办公室主任	周 杰
101		教学办公室主任	钟晓霞
102		学生工作办公室副主任、团总支副书记	刘友洪
103		实验实训中心主任	钟聿新
104	数财学院	党政办公室主任	黄 华
105		教学办公室主任	陈晓东
106		实验实训中心副主任	罗章涛
107	材化学院	党政办公室主任	谢云成
108		教学办公室主任	丁武泉
109		学生工作办公室副主任、团总支副书记	唐晓雪

续表

序号	单位	职务	姓名
110	材化学院	实验实训中心主任	何家洪
111	机电学院	党政办公室主任	张海鹰
112		教学办公室主任	李文江
113		学生工作办公室副主任、团总支副书记	李兴成
114	林生学院	党政办公室主任	罗 洁
115		教学办公室主任	庞 敏
116		学生工作办公室主任、团总支书记	贺方云
117		实验实训中心副主任	胡 凯
118	电子电气工程学院	党政办公室主任	曾令刚
119		教学办公室副主任	包宋建
120		学生工作办公室主任、团总支书记	何玲玲
121	软件学院	党政办公室主任	高 峰
122		教学办公室主任	秦福建
123		学生工作办公室主任、团总支书记	余继军
124		实验实训中心主任	邹永康
125	经管学院	党政办公室主任	苏 燕
126		教学办公室副主任	林 锐
127		学生工作办公室副主任、团总支副书记	熊小伟
128		实验实训中心副主任	兰 洁
129	旅游学院	党政办公室副主任	苏莉娟
130		教学办公室主任	王爱忠
131		学生工作办公室主任、团总支书记	李 杰

续表

序号	单位	职务	姓名
132	马克思主义学院	党政办公室主任	张 莉
133		教学办公室主任	杨全海
134	公管学院	党政办公室主任	张琪芳
135		教学办公室主任	王志刚
136		学生工作办公室副主任、团总支副书记	李华夏
137	教育学院	党政办公室主任	谢应宽
138		教学办公室主任	胡春梅
139		学生工作办公室主任、团总支书记	吴 波
140		实验实训中心副主任	胡媛艳
141	外语学院	党政办公室主任	王德易
142		教学办公室主任	邓世彬
143		学生工作办公室主任、团总支书记	张铁红
144	音乐学院	党政办公室副主任	毛 君
145		教学办公室主任	隋剑飞
146		学生工作办公室主任、团总支书记	陈 晶
147	体育学院	党政办公室主任	徐泉森
148		教学办公室主任	王 勇
149		学生工作办公室副主任、团总支副书记	夏 赟
150		学校体育运动委员会办公室主任	匡志兵
151	美术与设计学院	党政办公室主任	周 丁
152		教学办公室副主任	高小勇
153		学生工作办公室主任、团总支书记	赵 勇

（统计时间：2016年12月31日）

2016年教师所获荣誉

重庆"百人计划"

陈中祝（2016）

全国科技创新创业人才

刘奕清（2016）

重庆市巴渝学者特聘教授

刘嘉（2016）　杨勇（自设岗位2016）

重庆高校中青年骨干教师

陈　蕾（2016）　韩　涛（2016）　孔庆波（2016）

第三批高等学校青年骨干教师资助计划

刘碧桃（2016）

高校特色专业骨干教师海外研修计划

张东（2016）　李鹏（2016）　杨保亮（2016）

第七届"八大奖"获得者

教学名师奖：颜　聪

学术精神奖：李　璐、徐志刚
单位创新奖：文化与传媒学院、新材料技术研究院
优秀主讲教师奖：杨全海
烛光奖：张碧波、黄高庆
教学服务奖：冯　英
学生最喜爱的老师奖：罗孝军

2016年教龄及教育系统工作满30年人员

一、教龄满30年的人员（以姓氏笔画为序）
王大平　王　宇　石东平　刘希东　刘学明　朱顺全
江智利　吴中军　李劲松　杨纯富　沈远川　肖　勇
周卫平　郑士远　凌　伟　唐　霞　秦　容　高志强
程正富　黎　明
二、教育系统工作满30年的人员（以姓氏笔画为序）
牟　平　吴　凡　李兴扬　杨　玲　陈卫华　陈　丽
陈惊挚　周良华　周晓琴　段吉琼　黄朝霞　喻文莲　喻身洁

2016 年教师公派出国留学情况

序号	项目类别	项目名称	姓名	留学国家	留学院校	留学身份	留学期限	专业
1	国家	西部项目	邱 飞	美国	佛罗里达大学	访问学者	12个月	广播电视艺术学/新闻传播学
2	国家	西部项目	李 坤	美国	路易斯安那州立大学	访问学者	12个月	工商管理
3	国家	西部项目	兰尧尧	西班牙	瓦伦西亚理工大学	访问学者	12个月	应用数学
4	国家	西部项目	李金宝	美国	得克萨斯州立大学	访问学者	12个月	代数学、群论
5	国家	西部项目	韩永青	芬兰	坦佩雷大学	访问学者	6个月	传播学
6	国家	西部项目	王书敏	美国	马里兰大学	访问学者	12个月	环境科学与工程
7	国家	西部项目	杨东林	意大利	那不勒斯非德里克二世大学	访问学者	12个月	肿瘤分子生物学
8	国家	西部项目	刘 兵	澳大利亚	皇家墨尔本理工大学	访问学者	12个月	材料学
9	市教委	骨干教师培训	张 东	新加坡	南洋理工大学	访问学者	3个月	电子信息
10	市教委	骨干教师培训	李 鹏	新加坡	南洋理工大学	访问学者	3个月	电子信息
11	市教委	骨干教师培训	杨保亮	新加坡	南洋理工大学	访问学者	3个月	电子信息
12	学校	访问学者	罗孝军	美国	亚利桑那州州立大学	访问学者	3个月	体育
13	学校	访问学者	冯利朋	澳大利亚	澳大利亚伍伦贡大学	访问学者	12个月	物流与供应链
14	学校	读博	姚 宁	俄罗斯	马克兰哈尔科夫国立艺术与设计美院	读博	四年	美术
15	学校	访问学者	杨全海	美国	纽约州立大学	访问学者	4个月	马克思主义中国化研究

2016年新进人员

姓　名	性　别	就职日期	就职部门	就职职位
宋　畅	女	2016/7/4	纪检部	专技人员
徐建卿	男	2016/7/5	纪检部	专技人员
陈　宇	男	2016/9/2	教工部	专技人员
黄建先	女	2016/6/16	教学部	专技人员
刘　力	男	2016/7/4	教学部	专技人员
宋红梅	女	2016/7/5	教学部	专技人员
张　袁	女	2016/7/5	教学部	专技人员
张海生	男	2016/7/4	科技部	专技人员
江　松	男	2016/7/5	科技部	专技人员
杨琪璐	女	2016/7/4	学工部	专技人员
赵　秀	女	2016/7/4	学工部	专技人员
崔瑞夫	男	2016/7/4	总务部	专技人员
陈昊楠	男	2016/7/4	文化与传媒学院	专技人员
倪玮蔓	女	2016/7/4	文化与传媒学院	专技人员
林建刚	男	2016/7/5	文化与传媒学院	专技人员
李明华	男	2016/1/12	数学与财经学院	专技人员
王平安	男	2016/6/16	数学与财经学院	专技人员
曾敉琳	女	2016/7/4	数学与财经学院	专技人员
谢爱琳	女	2016/7/4	数学与财经学院	专技人员
韩　进	男	2016/7/4	数学与财经学院	专技人员
王　俊	男	2016/7/4	材料与化工学院	专技人员
李云涛	男	2016/7/4	材料与化工学院	专技人员

续表

姓　名	性　别	就职日期	就职部门	就职职位
杨　俊	男	2016/7/4	材料与化工学院	专技人员
冯　堃	男	2016/7/5	体育学院	专技人员
杨文耀	男	2016/3/9	电子电气工程学院	专技人员
代泞磷	女	2016/4/20	电子电气工程学院	专技人员
陈文波	男	2016/7/4	电子电气工程学院	专技人员
张立芳	女	2016/7/4	电子电气工程学院	专技人员
亢中琴	女	2016/7/5	电子电气工程学院	专技人员
钱　莉	女	2016/7/5	公共管理学院	专技人员
陈薪竹	女	2016/7/4	林学与生命科学学院	专技人员
刘　静	女	2016/7/4	林学与生命科学学院	专技人员
刘　嘉	男	2016/7/8	林学与生命科学学院	专技人员
陈　晓	女	2016/7/4	音乐学院	专技人员
张　薇	女	2016/7/5	音乐学院	专技人员
孙　佳	女	2016/7/4	美术与设计学院	专技人员
赵斐斐	女	2016/7/4	教育学院	专技人员
赵　毅	男	2016/3/9	经济管理学院	专技人员
刘培玲	女	2016/7/4	经济管理学院	专技人员
安凯歌	女	2016/7/5	经济管理学院	专技人员
吴　柳	女	2016/7/5	经济管理学院	专技人员
汪　旭	男	2016/7/4	经济管理学院	专技人员
江海丹	女	2016/7/6	经济管理学院	专技人员
周　杨	男	2016/7/4	资产部	专技人员
何小灿	女	2016/7/5	资产部	专技人员

续表

姓　名	性　别	就职日期	就职部门	就职职位
廖春美	女	2016/7/4	采购供应中心	专技人员
任杰慧	女	2016/7/4	非物质文化遗产研究中心	专技人员
宋　双	女	2016/7/5	旅游学院	专技人员
李　强	男	2016/7/5	重庆服务外包学院、软件工程学院	专技人员
吴冰磊	男	2016/7/4	文化遗产学院、国际学院	专技人员
姜晓涵	女	2016/7/4	文化遗产学院、国际学院	专技人员
张梦琦	女	2016/7/4	现代教育技术中心	专技人员
易　亮	男	2016/7/4	现代教育技术中心	专技人员
胡乔曼	女	2016/7/4	新材料技术研究院	专技人员
廖小青	男	2016/7/4	新材料技术研究院	专技人员
闫恒庆	男	2016/7/4	新材料技术研究院	专技人员
周桂源	男	2016/3/30	机电工程学院	专技人员
陈　庆	女	2016/7/5	机电工程学院	专技人员
奚　陶	男	2016/7/4	机电工程学院	专技人员
唐　艳	女	2016/7/5	创新靶向药物国际研究院	专技人员
胡春生	男	2016/7/4	创新靶向药物国际研究院	专技人员
康　阳	男	2016/5/25	合作发展部	行政管理人员
王丹宁	女	2016/7/4	合作发展部	专技人员
李胜芮	女	2016/7/4	合作发展部	专技人员
彭　婧	女	2016/7/4	合作发展部	专技人员
谢顺碧	女	2016/7/5	环境材料与修复技术实验室	专技人员
唐　宁	女	2016/7/4	特色植物研究院	专技人员
吴　林	男	2016/7/4	特色植物研究院	专技人员
隋　媛	女	2016/7/8	特色植物研究院	专技人员

教学工作

JIAOXUE GONGZUO

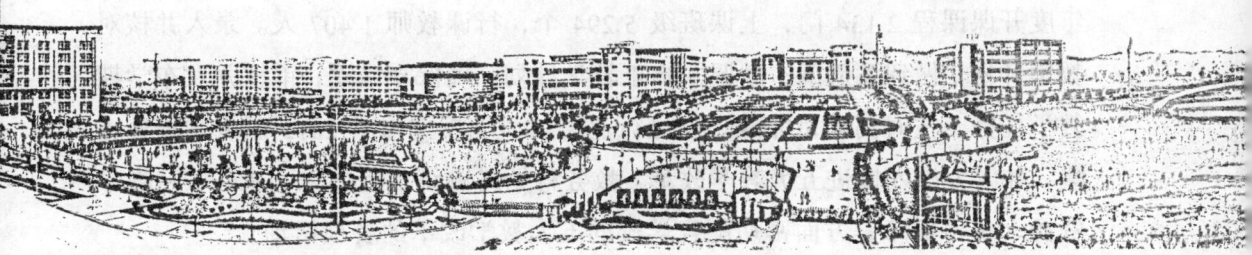

2016年教学工作概述

1. 完善教学管理制度，保障常规教学管理

2016年，积极对教学管理文件进行梳理和修订，起草和修订专业建设管理办法、专业带头人选拔与管理办法、通识教育选修课程建设与管理办法、教材建设管理办法、双语课程建设与管理办法、教师教育类专业实习管理办法和教师非教育类专业实习管理办法等重要文件，优化了专业核心课程建设与改革实施要求和程序，为推进学校内涵建设提供了制度保障。经与各二级学院充分协调，通过制度和管理手段创新，按照人才培养方案组织落实了本学期的教学任务，制订出了科学的教学日常运行表、课表、考试安排，严格规范调停课手续，确保了全校各项教学正常有序进行。

2. 全面落实人才培养方案，助推五大教学改革

严格执行学校人才培养方案，协助相关科室、部门推进五大教学改革。本年度开课课程2 134门，上课班级5 294个，行课教师1 407人。录入并核对教学计划，做到无遗漏；微调并修正教学计划，确保零错误；审核并发布学期教学任务，按时高质量完成。立足行业需求，学校重构了2015版人才培养方案，并大力深入推进五大教学改革。教务科始终围绕学校的中心工作，从教学资源、条件保障等方面密切配合学校的五大教学改革的各项活动。

3. 实时更新教学信息，确保教务信息准确无误

教育教学信息包括教师、教学场地、课程、学生等基本要素，数据的准确性直接影响教学秩序。教学质量逐年提升伴随着师资的增加，每年新进教师按照教学资源子系统规范新增教师信息；为进一步优化教学资源时有教室发生变化，及时跟进实时更新教学场地；为满足学生个性化培养需求，努力适应人才培养模式，根据需求更新或调整课程信息（如实施国际班办学、校企合作办学）；为推行学分制，补休、选修、重修使学生课程信息、班级信息、考试安排时有变化，做到材料齐全、手续完善、规范准确和更新及时。

4. 强化课务规范管理，推行规范排课，确保教学质量

严格执行《重庆文理学院课务管理办法》，每学期开课前对排课的班额、教师上课平均周学时、教师上课的时间分布等指标进行了统计分析。

5. 认真组织与实施通识教育选修课

根据《重庆文理学院通识教育选修课程建设与管理办法》，认真组织与实施通识教育选修课程。目前学校建设了通识教育选修课精品类19门、普通类68门，网络类及讲座类待建，网络类课程可作为普通类课程的补充。根据人才培养方案发布选课的通知，并提前做好选课前的准备工作，在教务系统设置选课相关属性。尔雅通识教育网络课程选修前提前联系公司做好数据衔接与一致性，学习期间督促检查学生的学习情况，考试结束后匹配教务系统成绩。

6. 课程考试精心组织，周密安排，狠抓考纪考风

在各级领导的高度重视和正确指导下，在相关科室的积极支持和配合下，教务科始终做到思想上重视、制度上保证、环节上落实，努力做好考试工作。准确及时地完成两校区学生的期末、补缓考，提前策划考试安排，严格按照考试日程推进表落实相关工作，规范组织实施考试。本学年继续进行课程考试（考核）质量测评，包括课程试卷命题质量、考试组织与实施、试卷批阅与成绩评定、试卷分析、试卷装订归档等方面。

7. 落实教材征订工作，确保教材按时到位

根据学校规定，学生使用的所有教材均由资产部、教学部负责统一采购，教学部组织教材建设委员会成员对教材选用进行评审，重点评审了校本教材和自编教材的选用情况。2016年完成教材征订共672种，其中，应用型教材518种，占选用教材总数的77.08%；优秀教材263种，占选用教材总数的39.14%；推荐教材186种，占选用教材总数的27.68%；无外文原版教材；近三年出版的新教材294种，占选用教材总数的43.75%；校本教材（含自编教材）9种，占选用教材总数的1.56%。近三年出版的新教材、优秀教材比同期选用有所下降；应用型教材、校本教材（含自编教材）、推荐教材比同期选用有所增加。

8. 学籍异动，有章可循，处理及时

在对学生进行学籍异动处理工作中，严格执行我校学生学籍管理的有关规定，做到有章可循、公正无误、一视同仁。2016年按照学校文件规定对存在患病、停学实践（求职）、学习成绩不好、未按时到校报到注册等方面原因的学生进行了休学处理；因符合转学要求，共有 4 名学生转入我校学习，1 名学生转入其他高校学习；因休学期满，经审核符合复学资格的共有 56 人；为满足学生个性化发展的需要，在符合个人意愿、学院考核、学校审批的基础上，共有 141 名学生顺利转入相关专业学习。

9．"专升本"工作策划周密，考试组织有序，工作质量高

在 2016 年"专升本"工作中，学校领导高度重视该项工作，在教学部的统一策划下，在招生专业计划申报、宣传报名、录取调剂等多方面开展了卓有成效的工作。实现了考试组织规范、预录取宣传到位、录取程序透明、录取通知书邮寄无差错。我校今年共录取"专升本"学生 809 人。

10．2016 届毕业资格、学位授予资格审核工作

毕业资格、学位授予资格审核工作策划科学，工作周到细致，无投诉事件发生。我校 2016 届共计 6 389 名有正式学籍的学生，其中 5 851 名学生达到学校规定的毕业条件，首次毕业率为 91.58%。经审定 127 名本科学生被授予法学学士学位；1 118 名本科学生被授予工学学士学位；1 350 名本科学生被授予管理学学士学位；450 名本科学生被授予教育学学士学位；513 名本科学生被授予理学学士学位；308 名本科学生被授予农学学士学位；1 417 名本科学生被授予文学学士学位；共计 5 283 人授位。

11．中职与本科对口贯通"3+4"人才培养模式试点工作

在我校和合作中职学校的共同努力下，成功获批 2016 年中职与本科对口贯通"3+4"分段人才培养改革试点项目，我校机械工程、电气工程及其自动化分别对接渝北职业教育中心、重庆育才职业教育中心、重庆市农业机械化学校 4 个中职专业。

12．新专业申报与特色专业建设工作

根据学科专业发展实际，结合前期专业调研论证和办学资源条件，严格按照专业申报程序，顺利完成 2016 年材料科学与工程、机器人工程和文化遗产 3 个新专业的申报和评审工作。机械工程、高分子材料与工程、软件工程、环境设计 4 个专业经专家评审和市教委、市财政局审定，成功获批重庆市"三特

行动计划"特色专业建设项目。至此，我校获得重庆市高校"三特行动计划"特色专业总数达到10个。

13．完成2015版人才培养方案的评审和修订工作

为尽快完成2015版人才培养方案编制工作，教学部利用暑期时间，针对人才培养方案进行了两次全面细致的集中评审，经过各二级学院积极配合和认真修改，教学部全面统稿和细致复核，基本完成了2015版人才培养方案的编制工作。下半年以来，教学部进一步明确了后续修订要求，严格了修改程序，减少修订频次，确保了人才培养方案的严肃性和准确性。

14．教育教学改革研究工作

提早谋划、提前启动2016年市级、校级教育教学改革研究项目申报工作，共申报市级教改项目67项，校级教改项目63项。经过专家严格评审和打磨，共推荐上报市级教改项目12项，全部获得立项，其中重大项目3项；专业核心课程建设与改革项目立项51项。2016年，共完成校级教改项目（含特色教学项目）结项56项，市级教改项目结项8项，专业核心课程建设与改革项目结项29项。

15．在线开放课程建设工作

按照市教委在线开放课程建设总体部署，结合学校课程建设基础，遴选上报了"创造发明学导论""纪录片制作"等5门课程作为市级在线开放课程报送市教委，学校先期投入15万建设经费。遴选了"会展专业导论"等10门校级在线开放课程，目前已完成10门在线开放课程的录制工作，进一步促进了我校在线开放课程建设的稳步推进。

16．特色应用型教材建设工作

首次申报特色应用型教材109本。按照"成熟一批，出版一批"的思路，经过学校严格评审，确定了10本作为首批特色应用型教材并发文公布。目前，这些教材已经进入了高等教育出版社的审核程序。

17．教学大纲编制工作

根据学校的总体安排，各二级学院按照人才培养方案的课程设置，严把质量关，积极推进各专业教学大纲的编制、评审和修改工作。为了确保完成质量，学校于12月7日至19日组织开展了2015版人才培养方案课程教学大纲编制

督查工作，为各专业教学大纲的编制质量进行了再次把控。目前，各二级学院已经按照学校总体安排修改并提交了专业课程教学大纲汇编。

18．组织开展"专业导论"课程开设情况调研

为了充分掌握"专业导论"课程开设情况，由教学部组织，采取学院自评、师生座谈和问卷调查等多种形式，全面掌握该课程开设一年来的基本情况，以期为该课程团队建设、教学内容设计、考核方式改革等提供改进依据。调研结束后，教学部组织人员对调研资料和问卷进行了整理和统计分析，形成了调研报告，这将为学校"专业导论"课程教学质量的提升提供一定的参考。

19．推进"合格+"多元人才培养模式改革

学校高度重视应用型人才培养，为满足学生个性化发展需要，由教学部起草，经多方征求意见，以学校行政1号文件发布了《关于实施"合格+"多元人才培养模式的指导意见》，从顶层设计上为探索"合格+卓越类、创业类、复合类、考研类和特长类"等多元人才培养模式提供了制度保障。在此基础上，教学部组织了"合格+"多元人才培养项目申报工作，经过各二级学院积极申报，教学部组织专家严格评审，确定了16项作为学校首批"合格+"多元人才培养项目予以立项建设，翻开了我校应用型人才培养模式改革的新篇章。

20．二级学院院长说"五大教学改革"汇报活动

在教学部的积极组织和各二级学院精心准备下，我校二级学院院长说"五大教学改革"汇报活动于7月10—11日顺利举行，学校全体校领导全程参与了该活动。16个二级学院院长分别从办学定位、举措创新、实施成效、存在的问题和改进思路等方面全方位汇报展示了所在学院"五大教学改革"的开展情况，并就改革过程中重点关注的问题接受了现场领导的提问，会场气氛十分热烈。与会领导和老师对此次活动的举办给予了高度的评价和充分的肯定。教学部还对活动过程进行了全程录像。9月，为进一步扩大活动效果，二级学院分别组织教师针对视频资料进行了集中学习和研讨。

21．中央财政专项资金项目成绩显著

积极组织申报2016年中央财政支持地方高校发展资金项目，打造出特色优势明显、重点突出的5个项目，即：机器人与智能装备实训中心、土木建筑

工程基础实验中心、电力系统动态模拟实验室、全媒体采编实验实训中心和现代生物技术实验实训中心。由于准备充分，规划科学、合理，布置和动员工作到位，五个项目最终均获批准立项建设（中央财政专项资金1 900万元）。

22．保障课堂教学与实验实训教学工作的开展

在多媒体教室建设方面，在2016年共计投入85余万元资金，新购了投影机、微型计算机、投影仪灯泡、投影仪幕布、功放、中控等设备，保障了教学工作的顺利开展。在实验室建设方面，为进一步完善教学实验（实训）室（中心）平台建设，满足学科专业发展和实验（实训）室（中心）教学改革需要，提高应用型人才培养质量，学校在2016年投入总计600万元加强教学实验（实训）室（中心）建设。全校12个实验（实训）室（中心）分别获得立项建设，这些项目分部在教育学院、林学与生命科学学院、机电工程学院等文科、理科以及工科背景学院，将较大程度改善现有实验实训条件。

23．毕业论文多样化改革工作

完成全校2016届毕业生毕业论文常规管理、毕业论文专项检查以及毕业论文多样化改革类型、评价标准等工作。2016届共有毕业生5 919人，评选优秀毕业论文404篇、优秀指导教师46名。

24．学科竞赛工作

2016年参加省市级及以上学科竞赛获奖学生达975人次，其中国家级272人次，其中国家级一等奖51人次，国家级二等奖83人次，国家级三等奖138人次。省部级一等奖146人次，二等奖159人次，三等奖398人次。重庆市第三届师范生教学技能竞赛获4个一等奖、4个二等奖、2个三等奖。一等奖获奖总数超越了前一、二届的1个一等奖，并居所有参赛学校榜首。在全国第四届师范院校师范生教学技能竞赛中获2个一等奖、1个三等奖，3名学生全部获奖。一等奖获奖总数位居全国101所参赛院校前列。第二届"互联网+"大学生创新创业大赛，我校4项进入重庆赛区竞赛前90名，获得全国铜奖1项、重庆赛区金奖1项、银奖1项、铜奖2项的好成绩。

25．实习管理创新工作

新建北山中学、红旗小学等18个中小学重新签订实习基地协议并授牌，

完成了2017届教师教育类专业学生集中实习的安排、检查和总结等管理工作。本届毕业实习学生共计5 280人，其中非教师教育类专业4 300人、教师教育类专业980人。教师教育类专业学生集中实习391人。开发了基于移动互联网技术的实习管理平台，加强了实习过程监管，尤其是对分散实习学生的监督和检查，确保了实习教学质量。

26．创新创业训练计划

修订《重庆文理学院创新创业训练计划项目管理办法》，加强了指导教师对学生指导的奖励，开展了2016年大学生创新创业训练项目的申报工作。今年获批国家级项目7个、重庆市级项目24个。完成了2015年大学生创新创业训练项目的结题验收工作。

组织20名工科专业骨干教师参加第二届全国工程教育专业认证经验交流会，学习工程教育认证的体系和标准；"双师双能型"教师数量激增171名，"双师双能型"教师占专任教师的比例大幅提高；共有32名新进教师"教学预演课"检查验收，共有20名达到"良好"以上。组织20余名位教师参加"高校教学教务管理改革与创新研讨会暨教学秘书业务技能提升高级研修班"，实现教学管理人员管理思想、方法的创新和素质的提升。

2016年度共组织两次三笔字考试，4 284人报名，缺考417人，缺考率为9.73%，达到六级及以上水平的约1 096人，通过率为28.34%。组织三次普通话考试，分别是4月23日至24日、10月29日至30日、12月11日和12月18日，分红河和星湖两校区进行，共有6 812人报名，6 470名师生参加考试，缺考率为5.02%。考试组织有序，无违纪舞弊考生，过程监控严密，杜绝考试事故的发生。

27．创新培养方式，提升卓越教师培养质量

强化实践教学，通过以赛促训、赛训结合的方式进行人才培养，取得了显著效果。2016年国家级教师教育专业技能大赛中荣获2个一等奖、1个三等奖，参加的选手全部获奖，获奖数及获奖等次在所有参赛的师范及非师范院校中名列前茅。2016年市级成绩有重大突破，荣获4个一等奖、4个二等奖、2个三等奖；一等奖获奖总数居所有参赛学校榜首，所有推荐选手及参赛学科均获奖，

卓越教师教育实验班及二级学院特色班选手获奖率达100%。

28．着力教师发展中心建设

以"助力教师发展，提高教学质量"为宗旨，坚持主动开发、教师培养、专业发展三个基本原则，集教师培养、咨询服务、研究交流、资源共享、区域辐射等功能于一体，构建分类化的教师教学培训体系、引领应用型教学的教学改革研究体系、汇聚校内外优质教学资源的共建共享机制和促进区域教师教学发展的区域服务体系，以此为基础成功申报重庆市级教师教学发展示范中心。

29．创新实践教学体系，完善实习管理联动机制

开发基于学校、学生、实习单位三者协同合作的实习服务管理系统，提高实习管理和服务水平。不断加强学校教学部、学工部和二级学院的有效联动，强化实习和就业工作的有效衔接和良性互动，充分发挥教学管理队伍、学工队伍和实习单位指导教师在实习管理中的作用。完善实习评价机制。在新的实习管理方式下，完善学生实习评价机制，学校辅导员（或毕业论文指导教师）和实习单位指导教师要从学生理论知识、专业技术能力和职业综合素质等方面对毕业生进行全面考核。同时，创新实习基地等级评价体制，建立健全实习基地准入机制和退出机制。

30．制定审核评估工作方案并召开动员大会

制定并发布《重庆文理学院本科教学工作审核评估工作方案》《重庆文理学院本科教学工作审核评估工作组织机构职责》，明确了审核评估工作目标、思路、要求和步骤，对评估范围、高校教学基本状态数据库填报进行了明确的任务分解。3月30日，召开了审核评估动员大会，学校全体教职工1 000余人参会。会上，校长孙泽平作了题为"以审核评估为契机，全面加强内涵建设，全面提升人才培养质量"的主题报告，党委书记钟志奇作了总结讲话。副校长漆新贵代表评建工作办公室提出了具体评建要求。大会召开为审核评估工作的顺利推进奠定了坚实的基础。

31．组织全员培训与考察学习

组织3次培训、2次考察学习。分别邀请南京工程学院原教务处处长李建启教授、沈阳化工大学校长李志义教授、重庆市教育评估院副院长张东到校为

全校教师作审核评估专题辅导报告；组织质量监测与评估中心、教学部、教工部、学工部等相关职能部门负责人到西南大学（荣昌校区）、重庆三峡学院考察学习，提高了对审核评估重要性的认识，学到了鲜活的、可借鉴的审核评估工作经验。

32．完成本科教学基本状态数据库的填报与上传

召开3次数据填报工作培训会，对全校各部门填报人员进行培训；对数据填报工作进行细化分工，具体到责任单位责任人；完成填报指南的解释、答疑；对各单位错误数据进行分析和修改；控制填报进程，催促相关部门按时完成填报工作；积极与教育部评估中心相关人员联系，求解数据填报中的疑问；完成数据的审核、修改和调整，11月30日前按时将所有数据上传到教育部国家数据平台；完成了相关核心数据的数据分析。

33．完成本科审核评估自评报告初稿撰写

成立自评报告起草组，并结合本科教学工作审核评估范围、审核评估工作引导性问题，依据校内各部门工作职责范围，对自评报告撰写工作进行任务分解，经由教学服务主要职能部门相关负责人牵头分板块撰写、自评报告起草组统筹修改，已形成自评报告初稿。

34．完成学校审核评估校内诊断评估

1月9日到10日，组织校内各单位以现场听取汇报、质询交流方式开展审核评估校内诊断评估。本次评估体现出重视度高、针对性强、交流面广、效果明显的特点，帮助各部门准确查找了存在的问题与差距，为下一步聚焦短板、精准发力奠定了基础。同时，也进一步提高了全校对审核评估重要性的认识，各部门进一步熟悉了审核评估的指标内涵和评估重点，营造了各单位主动担当、全员重视评估、人人参与评估的良好氛围。

35．完成2015—2016学年高等教育基层统计报表

完成2015—2016学年高等教育基层统计报表等报表的数据搜集、核实、上报以及后期数据的维护工作，并开展数据分析和预测，为学校决策提供参考。2015年学校被评为重庆市教育事业统计工作先进集体，郭霞被评为重庆市教育事业统计工作先进个人。

36. 完成并发布《2015—2016学年本科教学质量报告》

从多个方面对学校年度人才培养工作进行总结和分析，对涉及教学质量的核心数据进行了客观反映，按时报送市教委高教处，及时在学校网页发布，公开接受社会监督。

37. 建立健全学生和用人单位满意度调查制度

出台《重庆文理学院学生和用人单位满意度调查实施办法》，编制学生和用人单位满意度调查问卷。6月1日至26日，开展了大三学生满意度调查工作。调查采取随机抽样方法，调查有效专业53个，参与学生共计2 813人。形成调查报告一份。通过对比分析，我校学生满意度调查结果（4.24）高于全国新建本科院校平均数（4.13），高出2.2%。

38. 专业评估工作

依据《重庆文理学院2016年专业评估方案》，制定了专业评估工作方案，开展了两轮专业评估，对汉语言文学、思想政治教育、小学教育等24个专业进行评估。评估分为先期评估、现场评估两个阶段。专业评估报告已以学校工作质量简报形式反馈。截至2016年年底，已进行了42个专业的评估，建立了以专业评估为抓手的校内自我评估机制。

39. 试卷专项检查工作

分两次对全校2015—2016学年期末试卷进行全面检查，其中上半年学校组织了265位教师对278份2015—2016学年第一学期期末试卷进行了集中抽查，下半年则由学校牵头、派观察员全程参与并进行指导，各二级学院具体组织实施对所有试卷及其归档情况进行全面检查。形成专项报告2份。

40. "三风"专项检查工作

牵头组织实施2轮"三风"专项检查。组织教学部、学工部、部分校级督导委员及本部门相关工作人员分小组同时深入红河、星湖校区，通过召开座谈会、检查学生晨读晚练、巡课、查阅图书馆借书情况等方式，对各二级学院"三风"建设、教师课堂教学、学生学习、师生出勤、学生借阅图书等情况进行了细致检查。专项检查结果以教学督导简报形式进行了反馈。"三风"专项检查积极营造了和谐健康的育人环境与昂扬向上的良好氛围。

41. 毕业论文（设计）专项检查

分三个阶段对全校各专业 2016 届本科学生的毕业论文（设计）按不少于毕业学生的 8%～10%的比例进行了抽查，全校共抽查 368 篇（项）本科毕业论文（设计）。

42. 实验实训室开放利用情况专项检查

对学校 23 个专业实验实训中心（室）和 4 个科研实验室开展了实验实训室建设及开放利用情况专项检查工作，并撰写了检查情况报告。

43. 开展其他专项检查

开展《听课制度》落实情况的专项检查 2 次，二级教学督导工作检查和指导 2 次，日常巡教专项督导活动 2 次。

通过各类专项检查，进一步摸清了目前影响教学关键环节的现状，并在对存在的问题、原因分析的基础上，提出了改进建议和意见，对全面提高学校教学质量、推进学校内涵建设起到了很大的推动作用。

44. 健全督导机构，完善制度建设

顺利完成校院两级教学督导委员会的换届。组建了新的校级教学督导委员会、二级教学督导组和学生信息员队伍。健全了教学督导机构，加强了教学督导工作队伍的建设和管理，为教学质量监控与评价提供了组织和人力保障；修订完善了教学督导管理办法和学生信息员管理办法等制度文件。

45. 开展课堂教学质量评估工作

课堂教学质量评估已成为一项常态的教学质量监控工作。2016 年对 122 名教师进行了督导、同行、学生三方教学评价，其中Ⅰ级 19 人，占总评估人数的 15.6%；Ⅱ级 86 人，占总评估人数的 70.5%；Ⅲ级 17 人，占总评估人数的 13.9%。评估结果显示教师的课堂教学质量总体水平较高，通过开展课堂教学质量评估工作，有效监控了课堂教学质量。

46. 强化日常巡教巡考工作

巡教巡考是校级督导委员和二级学院督导委员的常规督导工作。在院级督导的基础上，组织安排校级督导委员对日常管理相对薄弱的时段、时间，如晚间、周末、节假日的课程教学情况进行重点巡查，对各分散考试和集中考试进

行了全面巡查,并及时反馈巡教巡考中发现的问题,保障了良好的教学秩序。

47.教学信息反馈与处理

本年度发布教学督导简报 10 期,处理教学事故 6 起,处理学生信息员反映和投诉的教学信息 30 余条,及时总结分析教学督导工作存在的问题和不足,持续改进工作方法,不断提高教学督导质量。

重庆市 2016 年高等学校教学改革研究立项项目

序号	项目名称	负责人	项目类别	项目编号
1	基于协同育人理念培养光电材料与器件创新创业人才的探索与实践	张 进	重大项目	161014
2	职业导向下汉文专业微格教学模块及评价指标构建与实践	李东平	重大项目	161015
3	教师资格证"国考"背景下师范专业教师教育课程体系的改革与实践	曹照洁	重大项目	161016
4	政府购买服务模式下高校学生顶岗实习管理创新与探索	田书芹	重点项目	162039
5	大数据时代下高校实习管理综合系统开发与实践	王大平	重点项目	162040
6	基于跨界思维的传媒类专业卓越人才培养模式的创新与实践	邱 飞	重点项目	162041
7	基于创新实践能力培养的会展专业实践教学体系构建与实践	周健华	一般项目	163121
8	高等数学嵌入微课教学的教学改革与实践研究	高一文	一般项目	163122
9	电气信息类专业基础课程"理实一体化"教学模式的探索与实践	张 东	一般项目	163123
10	以学生为中心的"五步进阶"钢琴教学模式改革与实践	吴 榆	一般项目	163124
11	"供给侧结构性改革"驱动下大学生创新创业课程体系的构建与实践	张纬武	一般项目	163125
12	创新创业导向下环境科学专业"源—迁—汇"应用型教学体系构建与实践	丁武泉	一般项目	163126

2015年本科教学改革工程项目立项

序号	奖项类别	奖项名称	获奖单位（人）
1	重庆市"三特行动计划"特色学科专业群建设项目	林学与生态环境学科专业群（学校自筹经费）	林学与生命科学学院
2		体育教育	体育学院
3		会展经济与管理	旅游学院
4		电气工程及其自动化（学校自筹经费）	电子电气工程学院
5	大学生创新创业训练计划项目	PCB电路板快速制作系统	欧汉文/电子电气工程学院
6		氮掺杂荧光碳量子点的制备及其应用研究	刘希东/校务部
7		重庆地区常见蛙类干扰素-α的克隆、序列分析与原核表达	杨帆/林学与生命科学学院
8		"夕阳美"智慧养老社区创业训练	杨志刚/软件工程学院

2015年教师教学竞赛获奖

序号	奖项名称	奖项类别	获奖单位（人）
1	第一届全国高等院校工程应用技术教师大赛	一等奖（省部级）	陈晓红 机电工程学院
2	2015年度重庆市思想政治理论课教师教学技能大赛	一等奖（省部级）	杨全海 马克思主义学院
3	第六届"外教社杯"全国高校外语教学大赛（英语类专业组）重庆赛区商务英语专业组	一等奖（省部级）	陈虹樾 外国语学院
4	第一届全国高等院校工程应用技术教师大赛	二等奖（省部级）	吴光永 机电工程学院
5	2016年度重庆市思想政治理论课教师教学技能大赛	二等奖（省部级）	胡骄键 马克思主义学院
6	重庆市高校体育教师基本功大赛	二等奖（省部级）	黄嘉良 体育学院
7	2015全国高等院校英语教学精品课大赛	二等奖（省部级）	李艺 外国语学院
8	2015年全国高等院校英语教学精品课大赛	二等奖（省部级）	李娜娜 外国语学院
9	第六届重庆市高校体育教师基本功大赛	三等奖（省部级）	赵迪 体育学院
10	第六届重庆市高校体育教师基本功大赛	三等奖（省部级）	金京元 体育学院
11	第六届重庆市高校体育教师基本功大赛	三等奖（省部级）	郑云峰 体育学院
12	第六届"外教社杯"全国高校外语教学大赛（英语类专业组）重庆赛区	三等奖（省部级）	覃海晶 外国语学院
13	重庆市第四届科普摄影比赛	二等奖（校级）	袁志利 文化与传媒学院
14	重庆市首届高校微课比赛	二等奖（校级）	邱飞、邱国荣 文化与传媒学院
15	第十二届重庆市传统武术精英赛总决赛	第三名（校级）	徐泉森 体育学院

2015年教学改革示范岗及教学新秀

序 号	奖项名称	奖励级别	获奖单位（人）
1	教学改革示范岗	校级	胡亚非/文化与传媒学院
2	教学改革示范岗	校级	蒋先平/经济与管理学院
3	教学改革示范岗	校级	胡春梅/教育学院
4	教学改革示范岗	校级	刘显容/外国语学院
5	教学改革示范岗	校级	覃海晶/外国语学院
6	教学改革示范岗	校级	杜　鹃/音乐学院
7	教学改革示范岗	校级	刘艳军/软件工程学院
8	教学改革示范岗	校级	冉晓芹/旅游学院
9	教学改革示范岗	校级	周　琼/音乐学院
10	教学改革示范岗	校级	任晓霞/电子电气工程学院
11	教学改革示范岗	校级	黄高庆/文化与传媒学院
12	教学改革示范岗	校级	吴雪梅/教育学院
13	教学改革示范岗	校级	杨　艳/机电工程学院
14	教学改革示范岗	校级	钟利/体育学院
15	教学改革示范岗	校级	王晓峰/美术与设计学院
16	教学改革示范岗	校级	娄娟/林学与生命科学学院
17	教学改革示范岗	校级	李小鲁/公共管理学院
18	教学改革示范岗	校级	罗孝军/体育学院
19	教学改革示范岗	校级	熊　瑜/软件工程学院
20	教学改革示范岗	校级	文　华/公共管理学院
21	教学改革示范岗	校级	陈顺民/数学与财经学院
22	教学改革示范岗	校级	马　静/林学与生命科学学院
23	教学改革示范岗	校级	冉令刚/经济与管理学院

续表

序 号	奖项名称	奖励级别	获奖单位（人）
24	教学改革示范岗	校级	万彧吉/美术与设计学院
25	教学改革示范岗	校级	李东平/文化与传媒学院
26	教学改革示范岗	校级	秦　杨/旅游学院
27	教学改革示范岗	校级	王攀娜/数学与财经学院
28	教学改革示范岗	校级	廖长荣/电子电气工程学院
29	教学改革示范岗	校级	齐效成/体育学院
30	教学改革示范岗	校级	孟江平/材料与化工学院
31	教学改革示范岗	校级	邱　飞/文化与传媒学院
32	教学改革示范岗	校级	王玉英/体育学院
33	教学改革示范岗	校级	邱国荣/体育学院
34	教学改革示范岗	校级	张媛媛/林学与生命科学学院
35	教学改革示范岗	校级	胡骄键/马克思主义学院
36	教学改革示范岗	校级	黄　华/数学与财经学院
37	教学改革示范岗	校级	费秀芬/教育学院
38	教学改革示范岗	校级	王俊祥/软件工程学院
39	教学改革示范岗	校级	杨全海/马克思主义学院
40	教学改革示范岗	校级	陈虹樾/外国语学院
41	教学改革示范岗	校级	苏莉娟/旅游学院
42	教学改革示范岗	校级	邹　渊/音乐学院
43	教学改革示范岗	校级	兰尧尧/数学与财经学院
44	教学新秀	校级	雷明东/电子电气工程学院
45	教学新秀	校级	金京元/体育学院

2015年教学工作优秀指导教师

序 号	奖项名称	获奖单位（人）
1	优秀毕业论文指导教师	李　杰/旅游学院
2		杨启莲/公共管理学院
3		何　晔/公共管理学院
4		邓多文/公共管理学院
5		陈绪林/机电工程学院
6		何　梅/教育学院
7		田兴江/教育学院
8		王　婷/教育学院
9		唐宗洁/经济与管理学院
10		李　坤/经济与管理学院
11		王大平/教学部
12		张美霞/林学与生命科学学院
13		周健华/旅游学院
14		刘友缘/软件工程学院
15		李庆香/软件工程学院
16		马纪成/数学与财经学院
17		高慧林/体育学院
18		王玉英/体育学院
19		刘海瑛/外国语学院
20		吴立友/文化与传媒学院
21		夏建军/文化与传媒学院
22		李　微/文化与传媒学院
23		曾筱雅/音乐学院

续表

序　号	奖项名称	获奖单位（人）
24	优秀毕业论文指导教师	陈亚芳/音乐学院
25		刘碧桃/材料与化工学院
26		何家洪/材料与化工学院
27		唐恭俭/美术与设计学院
28		高小勇/美术与设计学院
29		胡　南/美术与设计学院
30	优秀实习指导教师	陈佳民/外国语学院
31		徐　辉/外国语学院
32		徐　峥/材料与化工学院
33		胡　旭/机电工程学院
34		李文江/机电工程学院
35		邓江凌/公共与管理学院
36		雷　丽/旅游学院
37		杨稀雯/旅游学院
38		邱　飞/文化与传媒学院
39		袁昌玉/文化与传媒学院
40		杨冬梅/美术与设计学院
41		高小勇/美术与设计学院
42		吴莹莹/软件工程学院
43		杨　艳/体育学院
44		谭叶明/体育学院
45		胡在东/经济与管理学院
46		王　陶/经济与管理学院

2015年学科竞赛获奖优秀指导奖

序号	学科竞赛名称	竞赛级别	获奖等级	指导教师	所在学院
1	第十二届"星星火炬"中国青少年艺术英才推选活动	国家级	一等奖	方京英	教育学院
2	第十二届"星星火炬"中国青少年艺术英才推选活动	国家级	二等奖（2项）	方京英	教育学院
3	第十届全国少数民族运动会珍珠球项目	国家级	二等奖	罗孝军	体育学院
4	第五届全国大学生市场调查分析大赛	国家级	三等奖	杨树成	数学与财经学院
5	第四届全国大学生金相技能大赛	国家级	三等奖	倪海涛、朱江	材料与化工学院
6	首届中国"互联网+"大学生创新创业大赛重庆赛区	国家级	三等奖	杨志刚	软件工程学院
7	第七届全国大学生数学竞赛（非专业组）	省部级	一等奖（8项）	余大鹏、刘礼培等	数学与财经学院
8	第七届全国大学生数学竞赛（专业组）	省部级	一等奖（3项）	毛一波、聂智等	数学与财经学院
9	第五届重庆市首届大学生成语大赛	省部级	特等奖	陈龙国	美术与设计学院
10	重庆市首届大学生成语大赛	省部级	特等奖	李芹燕	文化与传媒学院
11	重庆市首届大学生成语大赛	省部级	特等奖	刘友洪	外国语学院
12	第二届"格乐杯"音乐艺术比赛	省部级	一等奖（2项）	韩雪菲	音乐学院
13	青少钢琴大赛	省部级	一等奖	韩雪菲	音乐学院

续表

序号	学科竞赛名称	竞赛级别	获奖等级	指导教师	所在学院
14	2015新丝路安柏长安杯大学生微电影节	省部级	一等奖	邱飞	文化与传媒学院
15	青春记录·环太平洋大学生微记录大赛	省部级	一等奖	雷璐荣	文化与传媒学院
16	首届万峰林国际微电影盛典	省部级	一等奖	雷璐荣	文化与传媒学院
17	2015年"外研社杯"全国英语写作大赛	省部级	一等奖	张鹏	外国语学院
18	第四届POCIB全国大学生外贸从业能力大赛	省部级	一等奖	胡庆洪、谢廷智等	外国语学院
19	2015第十五届传统武术精英赛总决赛	省部级	一等奖（2项）	苏本磊	体育学院
20	重庆市大学生田径锦标赛	省部级	一等奖	郭健平	体育学院
21	重庆市大学生篮球联赛	省部级	一等奖	罗孝军	体育学院
22	重庆市大学生武术比赛	省部级	一等奖（3项）	闫玉峰	体育学院
23	第五届全国大学生市场调查分析大赛西南赛区分赛	省部级	一等奖	易文愿	数学与财经学院
24	第五届全国大学生市场调查分析大赛西南赛区分赛	省部级	一等奖	骆小琛	数学与财经学院
25	第五届全国大学生市场调查分析大赛西南赛区分赛	省部级	一等奖	杨春华	数学与财经学院
26	第五届全国大学生市场调查分析大赛西南赛区分赛	省部级	一等奖	邱吉波	数学与财经学院
27	全国大学生数学建模竞赛	省部级	一等奖	刘礼培	数学与财经学院
28	全国大学生数学建模竞赛	省部级	一等奖	罗章涛	数学与财经学院
29	中国计算机设计大赛	省部级	一等奖	殷忻、雷丽	软件工程学院

续表

序号	学科竞赛名称	竞赛级别	获奖等级	指导教师	所在学院
30	重庆市第六届大学生程序设计大赛	省部级	一等奖	安建梅、刘艳军等	软件工程学院
31	"我们的价值观·我们的中国梦"重庆市青少年书画文大赛一等奖	省部级	一等奖	刘春梅	美术学院
32	《中国创意设计年鉴·2014—2015》	省部级	一等奖	文静	美术学院
33	2015重庆国际时装周"简盟杯"大学生服装设计新人奖大赛	省部级	一等奖	伊拉	美术学院
34	重庆市青年书、画大赛	省部级	一等奖	张咏清	美术学院
35	2015年第九届全国高科院校技能大赛会展专业总决赛	省部级	一等奖（2项）	周健华、苏莉娟等	旅游学院
36	2015年第五届重庆市高校大学生会展专业技能大赛	省部级	一等奖	周健华	旅游学院
37	2015年第五届"华文杯"全国师范院校师范生教学技能（生物）大赛	省部级	一等奖（5项）	李传印、陈德碧	林学与生命科学学院
38	"娃哈哈"杯全国高校市场营销大赛重庆赛区比赛	省部级	一等奖	刘传富	经济管理学院
39	"学创杯"2015全国大学生创业综合模拟大赛重庆赛区决赛	省部级	一等奖	李坤、胡在东	经济管理学院
40	"学创杯"2015全国大学生创业综合模拟大赛重庆赛区决赛	省部级	一等奖	刘仲全、蒋先平	经济管理学院
41	第六届重庆市大学生成长论坛青爱微课堂	省部级	一等奖	贺传婕、费秀芳	教育学院
42	首届"全国高等院校工程造价技能及创新竞赛（本科组）"软件计算量（建筑与装饰）	省部级	一等奖（2项）	冉令刚、唐宗洁	建筑工程学院

续表

序号	学科竞赛名称	竞赛级别	获奖等级	指导教师	所在学院
43	2015"尚和杯"中国机器人大赛暨RoboCup公开赛分项选拔赛-标准平台仿人组（1VS1）	省部级	一等奖	谷明信、朴在成	机电工程学院
44	2015年建工地产杯重庆市第二届移动机器人大赛-创意大赛	省部级	一等奖	沈海鸣	机电工程学院
45	2015年建工地产杯重庆市第二届移动机器人大赛-创意大赛	省部级	一等奖	鲁鹏	机电工程学院
46	2015年建工地产杯重庆市第二届移动机器人大赛-创意大赛-变形金刚	省部级	一等奖	谷明信	机电工程学院
47	2015中国机器人大赛暨RoboCup公开赛-标准平台仿人组（1VS1）	省部级	一等奖	谷明信、鲁鹏	机电工程学院
48	2015中国机器人大赛暨RoboCup公开赛-规定动作技术挑战赛	省部级	一等奖	谷明信、田永武	机电工程学院
49	第二届漾翅杯法律实践能力大赛	省部级	一等奖	张纬武	公共管理学院
50	2015年全国大学生电子设计竞赛（重庆赛区TI杯）	省部级	一等奖	梁康友、欧汉文	电子电气工程学院
51	第二届重庆市大学生物理创新竞赛	省部级	一等奖	阮海波	电子电气工程学院
52	第二届重庆市大学生物理创新竞赛	省部级	一等奖	包宋建	电子电气工程学院
53	第七届全国大学生数学竞赛（专业组）	省部级	二等奖（11项）	毛一波、聂智等	数学与财经学院
54	第七届全国大学生数学竞赛（非专业组）	省部级	二等奖（9项）	余大鹏、刘礼培等	数学与财经学院
55	第十一届全国大学生"用友新道杯"沙盘模拟经营赛	省部级	二等奖（5项）	梁靖	数学与财经学院

续表

序号	学科竞赛名称	竞赛级别	获奖等级	指导教师	所在学院
56	《中国创意设计年鉴·2014—2015》	省部级	二等奖（2项）	文静	美术学院
57	首届中国"互联网+"大学生创新创业大赛"超星杯"重庆赛区	省部级	二等奖	秦荣廷、周健华	旅游学院
58	首届中国"互联网+"大学生创新创业大赛"超星杯"重庆赛区	省部级	二等奖	廖长荣	电子电气工程学院
59	第二届"格乐杯"音乐艺术比赛	省部级	二等奖（4项）	闫雯雯	音乐学院
60	青少年钢琴大赛	省部级	二等奖（2项）	韩菁菲	音乐学院
61	重庆市第二届声乐大赛	省部级	二等奖	张艳辉	音乐学院
62	第七届全国大学生广告艺术大赛（重庆赛区）	省部级	二等奖	夏建军	文化与传媒学院
63	第十二届广州大学生电影节原创微电影大赛	省部级	二等奖	韩永青、钟丰新、杨家兴	文化与传媒学院
64	第十届"科讯杯"国际大学生影视作品大赛	省部级	二等奖	韩永青	文化与传媒学院
65	光华奖第三届华东六省及全国部分省市微视频（微电影）艺术节	省部级	二等奖	邱飞	文化与传媒学院
66	首届万峰林国际微电影盛典纪录片大赛	省部级	二等奖	韩永青	文化与传媒学院
67	2016年"外研社杯"全国英语写作大赛	省部级	二等奖	张鹏	外国语学院
68	第四届POCIB全国大学生外贸从业能力大赛	省部级	二等奖	胡庆洪、谢廷智等	外国语学院
69	第五届POCIB全国大学生外贸从业能力大赛	省部级	二等奖	李婉婉、康康等	外国语学院

续表

序号	学科竞赛名称	竞赛级别	获奖等级	指导教师	所在学院
70	重庆市第二十五届大学生英语演讲大赛	省部级	二等奖	陈虹樾	外国语学院
71	第十七届中国大学生篮球联赛啦啦操选拔赛	省部级	二等奖	王玉英、戴菁菁	体育学院
72	全国大学生跆拳道锦标赛	省部级	二等奖（3项）	徐泉森	体育学院
73	重庆市传统武术精英赛总决赛	省部级	二等奖（4项）	郭健平	体育学院
74	重庆市大学生武术比赛	省部级	二等奖（2项）	闫玉峰	体育学院
75	"航信杯"全国大学生财税技能大赛	省部级	二等奖（6项）	耿辉霞	数学与财经学院
76	全国大学生数学建模竞赛	省部级	二等奖	高一文	数学与财经学院
77	全国大学生数学建模竞赛	省部级	二等奖	李金宝	数学与财经学院
78	全国大学生数学建模竞赛	省部级	二等奖	邹吉波	数学与财经学院
79	第八届中国大学生计算机设计大赛	省部级	二等奖	敖骄	软件工程学院
80	第八届中国大学生计算机设计大赛	省部级	二等奖	代莘	软件工程学院
81	第二届"创青春"中国青年创新创业大赛重庆地区赛	省部级	二等奖	刘艳军、李庆香	软件工程学院
82	第三届大学生移动互联网创新大赛重庆赛区	省部级	二等奖	高峰	软件工程学院
83	中国计算机设计大赛	省部级	二等奖	敖骄	软件工程学院
84	中国计算机设计大赛	省部级	二等奖	代莘	软件工程学院
85	中国计算机设计大赛	省部级	二等奖	谭立伟	软件工程学院

续表

序号	学科竞赛名称	竞赛级别	获奖等级	指导教师	所在学院
86	重庆市第六届大学生程序设计大赛	省部级	二等奖	季松华、刘艳军等	软件工程学院
87	2015重庆国际时装周"尚盟杯"大学生服装设计新人奖大赛	省部级	二等奖	刘丽丽	美术学院
88	2015重庆服装行业第三届"十佳服装制版师"大赛暨全国服装行业"十佳服装制版师"选拔赛	省部级	二等奖	刘丽丽	美术学院
89	第二十四届中国真维斯休闲装设计大赛	省部级	二等奖	王彬	美术学院
90	重庆市青年节、画大赛	省部级	二等奖	张咏清	美术学院
91	2015（三亚）会展创意大赛	省部级	二等奖（3项）	周健华、苏莉娟等	旅游学院
92	2015年第九届全国商科院校技能大赛会展专业总决赛	省部级	二等奖	周健华	旅游学院
93	2015第五届重庆市高校大学生会展专业技能大赛	省部级	二等奖	周健华	旅游学院
94	2015年全国大学生旅游创意大赛	省部级	二等奖	王爱忠	旅游学院
95	第二届全国商务会奖旅游策划大赛	省部级	二等奖（2项）	周健华、贺海	旅游学院
96	2015重庆市第八届插花艺术暨精品花卉展	省部级	二等奖	夏昭晖	林学与生命科学学院
97	"学创杯"2015全国大学生创业综合模拟大赛全国总决赛	省部级	二等奖	李坤	经济管理学院
98	2015第三届全国物流大赛管理挑战赛	省部级	二等奖	王玥	经济管理学院
99	2015年全球品牌策划大赛中国地区选拔赛暨全国商校商业精英挑战赛品牌策划竞赛	省部级	二等奖	刘传富	经济管理学院

续表

序号	学科竞赛名称	竞赛级别	获奖等级	指导教师	所在学院
100	第五届全国大学生公关策划大赛	省部级	二等奖	蒋先平、王红君	经济管理学院
101	全国大学生商业精英挑战赛品牌策划竞赛	省部级	二等奖	刘传富	经济管理学院
102	"中国梦·巴渝风"第三届重庆市永川区电视舞蹈大赛	省部级	二等奖	韩吟	教育学院
103	第六届重庆市大学生成长论坛青爱微课堂	省部级	二等奖	贺传捷、费秀芳	教育学院
104	第六届"全国高等院校斯维尔杯BIM软件建筑信息模型大赛"总决赛	省部级	二等奖	沈中友、周燕	建筑工程学院
105	首届"全国高等院校工程造价技能及创新竞赛（本科组）"团体	省部级	二等奖	冉令刚、唐宗洁	建筑工程学院
106	2015"尚和杯"中国机器人大赛暨RoboCup公开赛分项选拔赛-视觉动作制作技术挑战赛	省部级	二等奖	谷明信、沈海鸣	机电工程学院
107	2015年建工地产杯重庆市第二届移动机器人大赛-创意大赛	省部级	二等奖	孙文成	机电工程学院
108	2015年建工地产杯重庆市第二届移动机器人大赛-面部表情机器人	省部级	二等奖	谷明信	机电工程学院
109	第四届全国大学生工程训练综合能力竞赛	省部级	二等奖（2项）	陈绪林	机电工程学院
110	首届"卡维迪夫杯"中西部地区大学生先进成图技术与产品信息建模创新大赛-产品创意建模	省部级	二等奖	伍国果、张杰	机电工程学院
111	2015年全国大学生电子设计竞赛（重庆赛区TI）杯	省部级	二等奖	包东建、廖长荣	电子电气工程学院
112	第八届重庆市大学生"合泰杯"单片机应用设计竞赛	省部级	二等奖（2项）	廖长荣	电子电气工程学院

续表

序号	学科竞赛名称	竞赛级别	获奖等级	指导教师	所在学院
113	重庆市第二届物理创新竞赛	省部级	二等奖（5项）	廖长荣	电子电气工程学院
114	重庆市第二届物理创新竞赛	省部级	二等奖	包宋建	电子电气工程学院
115	第九届全国大学生化工设计竞赛	省部级	二等奖	徐速、徐强等	材料与化工学院
116	第三届"蔡司·金相学会杯"全国高校大学生金相大赛	省部级	二等奖	倪海涛、任莉平	材料与化工学院
117	第七届全国大学生数学竞赛	省部级	三等奖（29项）	毛一波、夏智等	数学与财经学院
118	第七届全国大学生数学竞赛	省部级	三等奖（22项）	余大鹏、刘礼培等	数学与财经学院
119	第七届全国大学生广告艺术大赛（重庆赛区）	省部级	三等奖（2项）	夏建军	文化与传媒学院
120	第二届"格乐杯"音乐艺术大赛	省部级	三等奖	阎雯雯	音乐学院
121	第四届全国高校音乐教育专业声乐比赛	省部级	三等奖	赵冬艳	音乐学院
122	重庆市第四届社区文化节歌手大赛	省部级	三等奖	赵冬艳	音乐学院
123	2015中国"青春的纪录"微纪录作品大赛	省部级	三等奖	韩永青、钟丰新、杨家兴	文化与传媒学院
124	第七届全国大学生广告艺术大赛（全国赛区）	省部级	三等奖	邱飞	文化与传媒学院
125	第十二届广州大学生电影节电影评大赛	省部级	三等奖	韩永青	文化与传媒学院
126	全国第十届科讯杯大赛	省部级	三等奖	曹锐	文化与传媒学院
127	中国微电影节暨首届"武陵生活馆"杯微电影大赛	省部级	三等奖	邱飞	文化与传媒学院

续表

序号	学科竞赛名称	竞赛级别	获奖等级	指导教师	所在学院
128	重庆市第五届大学生创新创业大赛	省部级	三等奖	唐家荣	文化与传媒学院
129	2016年"外研社杯"全国英语阅读大赛	省部级	三等奖	吕竣竣	外国语学院
130	第四届POCIB全国大学生外贸从业能力大赛	省部级	三等奖	胡庆洪、谢廷智等	外国语学院
131	第五届POCIB全国大学生外贸从业能力大赛	省部级	三等奖	李婉媖、康康等	外国语学院
132	重庆市第二十六届大学生英语演讲大赛	省部级	三等奖	陈虹樾	外国语学院
133	全国大学生跆拳道锦标赛	省部级	三等奖（2项）	徐泉森	体育学院
134	重庆市传统武术精英总决赛	省部级	三等奖（2项）	郭健平	体育学院
135	重庆市大学生篮球联赛	省部级	三等奖	冯堃	体育学院
136	重庆市大学生武术比赛	省部级	三等奖（3项）	同玉峰、郭健平	体育学院
137	第二届"大智慧杯"全国大学生金融精英挑战赛	省部级	三等奖（6项）	陈晓东	数学与财经学院
138	第十一届全国大学生"用友新道杯"沙盘模拟经营赛	省部级	三等奖	梁靖	数学与财经学院
139	重庆市大学生物理创新竞赛	省部级	三等奖（2项）	郑瑞伦	数学与财经学院
140	第八届中国大学生计算机设计大赛	省部级	三等奖	殷乔、雷丽	软件工程学院
141	第八届中国大学生计算机设计大赛	省部级	三等奖	谭立伟	软件工程学院
142	第八届中国大学生计算机设计大赛	省部级	三等奖	王月浩、姜涌	软件工程学院
143	第六届中国大学生服务外包创新创业大赛	省部级	三等奖	杨志刚、王月浩	软件工程学院

续表

序号	学科竞赛名称	竞赛级别	获奖等级	指导教师	所在学院
144	中国计算机设计大赛	省部级	三等奖	敬娇	软件工程学院
145	中国计算机设计大赛	省部级	三等奖	万忠杰	软件工程学院
146	中国计算机设计大赛	省部级	三等奖	冀全朋、王月浩	软件工程学院
147	中国计算机设计大赛	省部级	三等奖	谭立伟	软件工程学院
148	重庆市第六届大学生程序设计大赛	省部级	三等奖（2项）	汪维华、安婕梅等	软件工程学院
149	重庆市第六届大学生程序设计大赛	省部级	三等奖（3项）	刘艳军、汪维华等	软件工程学院
150	2015第二届中建杯"5+2"环境艺术设计大赛	省部级	三等奖	周鲁然	美术学院
151	2015中建杯"5+2"环境设计大赛	省部级	三等奖	黄艺	美术学院
152	第七届全国大学生广告大赛重庆分赛区	省部级	三等奖	成毅涛	美术学院
153	第三届"中表杯"全国大学生环境设计大赛	省部级	三等奖	张愆黄	美术学院
154	龙乡墨韵第四届全国中小学教师书法作品展三等奖	省部级	三等奖	刘春梅	美术学院
155	重庆市青年书、画大赛	省部级	三等奖	张咏清	美术学院
156	"神州视景杯"第七届全国旅游院校服务技能（饭店服务）大赛	省部级	三等奖	倪中江、李滕	旅游学院
157	2015（三亚）会展创意创新大赛	省部级	三等奖	周健华	旅游学院
158	2015欧亚经济论坛·丝路会展创客大赛	省部级	三等奖	周健华	旅游学院

续表

序号	学科竞赛名称	竞赛级别	获奖等级	指导教师	所在学院
159	2015重庆市第八届插花艺术暨精品花卉展	省部级	三等奖	尔春红	林学与生命科学学院
160	"娃哈哈"杯全国高校市场营销大赛重庆赛区比赛	省部级	三等奖	刘传富	经济管理学院
161	2015全国高校商业精英挑战赛品牌策划竞赛	省部级	三等奖	王红君	经济管理学院
162	第五届娃哈哈全国高校市场营销实践大赛	省部级	三等奖	刘传富	经济管理学院
163	2015"尚和杯"全国首届智能产品创新设计大赛-语音智能音乐喷泉	省部级	三等奖	沈海鸣、鲁鹏等	机电工程学院
164	2015"尚和杯"中国机器人大赛暨RoboCup公开赛分项选拔赛-标准平台无差别组（1VS1）	省部级	三等奖	谷明信、鲁鹏	机电工程学院
165	首届"卡维迪夫杯"中西部地区大学生先进成图技术与产品信息建模创新大赛-产品创意建模	省部级	三等奖	张杰、胡旭等	机电工程学院
166	首届"卡维迪夫杯"中西部地区大学生先进成图技术与产品信息建模创新大赛-产品创意建模	省部级	三等奖	张杰、伍国果	机电工程学院
167	首届"卡维迪夫杯"中西部地区大学生先进成图技术与产品信息建模创新大赛-尺规绘图	省部级	三等奖	郭鹏远、王自启等	机电工程学院
168	首届"卡维迪夫杯"中西部地区大学生先进成图技术与产品信息建模创新大赛-尺规绘图	省部级	三等奖	郭鹏远、胡旭等	机电工程学院
169	首届"卡维迪夫杯"中西部地区大学生先进成图技术与产品信息建模创新大赛-计算机绘图	省部级	三等奖	张杰、伍国果等	机电工程学院
170	首届"卡维迪夫杯"中西部地区大学生先进成图技术与产品信息建模创新大赛-计算机绘图	省部级	三等奖	张杰、伍国果等	机电工程学院

续表

序号	学科竞赛名称	竞赛级别	获奖等级	指导教师	所在学院
171	重庆高校实验室工作研究	省部级	三等奖	鲁鹏、谷明信等	机电工程学院
172	重庆首届航模大赛-像真机表演	省部级	三等奖	沈海鸣	机电工程学院
173	第二届漾翅杯法律实践能力大赛	省部级	三等奖	张纬武	公共管理学院
174	"加多宝杯"第十五届全国大学生田径锦标赛	省部级	三等奖	苏本磊	电子电气工程学院
175	重庆市第二届物理创新竞赛	省部级	三等奖	欧汉文	电子电气工程学院
176	重庆市第二届物理创新竞赛	省部级	三等奖	孙凌涛	电子电气工程学院
177	重庆市第二届物理创新竞赛	省部级	三等奖	郑瑞伦、龙晓霞	电子电气工程学院
178	重庆市第二届物理创新竞赛	省部级	三等奖	肖绪洋、黄浩	电子电气工程学院
179	第九届全国大学生化工设计竞赛	省部级	三等奖	徐迪、唐英	材料与化工学院
180	第三届"金相学会杯"全国高校大学生金相大赛	省部级	三等奖（2项）	倪海涛、任莉平	材料与化工学院
181	首届中国"互联网+"大学生创新创业大赛"超星杯"重庆赛区	省部级	三等奖	谷明信	机电工程学院
182	首届中国"互联网+"大学生创新创业大赛"超星杯"重庆赛区	省部级	三等奖	刘艳军、李庆香	软件工程学院
183	首届中国"互联网+"大学生创新创业大赛"超星杯"重庆赛区	省部级	三等奖	殷铉	软件工程学院
184	首届中国"互联网+"大学生创新创业大赛"超星杯"重庆赛区	省部级	三等奖	王彬	美术与设计学院

续表

序号	学科竞赛名称	竞赛级别	获奖等级	指导教师	所在学院
185	首届中国"互联网+"大学生创新创业大赛"超星杯"重庆赛区	省部级	三等奖	刘代军	新材料研究院
186	首届中国"互联网+"大学生创新创业大赛"超星杯"重庆赛区	省部级	三等奖	王月浩	软件工程学院
187	首届中国"互联网+"大学生创新创业大赛"超星杯"重庆赛区	省部级	三等奖	唐家荣	文化与传媒学院
188	首届中国"互联网+"大学生创新创业大赛"超星杯"重庆赛区	省部级	三等奖	冯利朋、熊小伟	经济与管理学院
189	首届中国"互联网+"大学生创新创业大赛"超星杯"重庆赛区	省部级	三等奖	殷骏、杨志刚等	软件工程学院
190	首届中国"互联网+"大学生创新创业大赛"超星杯"重庆赛区	省部级	三等奖	王月浩	软件工程学院
191	第一届师范生教学技能比赛	校级	团体一等奖		教育学院
192	第一届师范生教学技能比赛	校级	团体二等奖		外国语学院
193	第一届师范生教学技能比赛	校级	团体二等奖		音乐学院
194	2015年非教师教育类专业技能比赛优秀组织奖	校级	团体二等奖		软件工程学院
195	2015年非教师教育类专业技能比赛优秀组织奖	校级	团体二等奖		旅游学院
196	2015年非教师教育类专业技能比赛优秀组织奖	校级	团体二等奖		经济与管理学院
197	2015年非教师教育类专业技能比赛优秀组织奖	校级	团体三等奖		机电工程学院
198	2015年非教师教育类专业技能比赛优秀组织奖	校级	团体三等奖		材料与化工学院
199	2015年非教师教育类专业技能比赛优秀组织奖	校级	团体三等奖		电子电气工程学院

第五届教师
"说课程·教改课"比赛团体获奖

一等奖(1个)
教育学院
二等奖(2个)
音乐学院
国际学院
三等奖(3个)
文化与传媒学院
经济管理学院
电子电气工程学院

第五届教师
"说课程·教改课"比赛个人获奖

一等奖(6个)
袁菁嶷　教育学院
申凤娟　电子电气工程学院
程丽州　国际学院
曹　锐　文化与传媒学院
王　宇　软件工程学院
王维勋　材料与化工学院

二等奖(6个)
黎丙松　音乐学院

骆小琴　数学与财经学院
姜　涌　音乐学院
黄丽霞　林学与生命科学学院
郘战红　马克思主义学院
李国强　材料与化工学院

三等奖（12个）
钟　利　体育学院
徐泉森　体育学院
林　锐　经济管理学院
向晋辉　教育学院
向　燕　美术与设计学院
傅钱余　文化与传媒学院
雷明东　电子电气工程学院
訾晓杰　经济管理学院
韩宇峰　文化与传媒学院
高慧林　体育学院
杨星一　经济管理学院
郭鹏远　机电工程学院

2016年教学改革示范岗

文化与传媒学院（3名）：
唐　霞　吴立友　曹　锐
马克思主义学院（1名）：
陈胜婷
教育学院（3名）：
贺伟婕　钟传惠　袁菁嶷

外国语学院（2名）：

刘俊玲　吴　旭

音乐学院（1名）：

陈亚芳

体育学院（1名）：

郑云峰

软件工程学院（1名）：

王　宇

林学与生命科学学院（1名）：

张美霞

电子电气工程学院（1名）：

申凤娟

材料与化工学院（1名）：

王维勋

国际学院（1名）：

程丽州

2016年度教学新秀

机电工程学院（1名）：

周桂源

音乐学院（2名）：

张　薇　易信任

科研工作

KEYAN GONGZUO

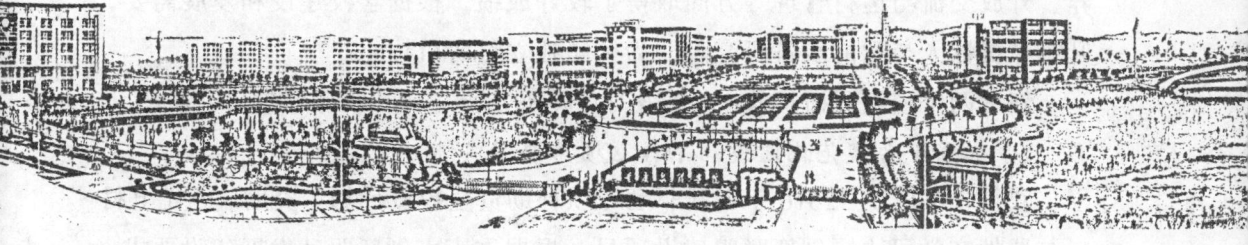

2016年科研与学科工作概述

1. 加强平台标准化管理，平台布局更加合理

进一步加强科研平台（机构）的标准化管理，为确保各科研平台（机构）各项工作有力有序开展，按照年初计划—年底总结的模式，对各级科研平台（机构）进行规范化管理。开展了校属独立科研机构现场办公会，校领导和相关职能部门负责人就各机构的条件建设、队伍建设、人才培养、经费保障等问题进行了沟通；相关工作第一时间得到了落实。

"机器视觉与智能信息系统重点实验室"等2个科研平台和"风景园林规划设计研究所"等3个科研机构经过一年的整改建设，在研究水平、学术贡献、队伍建设与人才培养、开放交流与运行管理等方面取得了较大进步，通过了学校复评，准予继续建设。

"机器人与智能装备研究所"在研究水平、学术贡献、队伍建设与人才培养、开放交流与运行管理等方面取得了较好成绩，根据学校建设和发展需要，升级"机器人与智能装备研究院"为校属独立科研机构。

新增两个校级科研机构——"培训发展研究所"和"服务外包研究所"。

2. 加强平台规范化建设，平台立项再取新成绩

获得1 000万"2016年创新驱动专项补助资金投资计划"资助——光电材料与器件产学研协同创新联盟建设项目。根据重庆市创新驱动发展建设要求，我校新材料技术研究院报送的"光电材料与器件产学研协同创新联盟建设项目"获得重庆市永川区发展和改革委员会"2016年创新驱动专项补助资金投资计划"1 000万的专项资助，主要用于有关的项目建设，并支持以项目促进关键技术研发和产业化开发应用。

再添重庆市级博士后科研工作站——创新靶向药物国际研究院。经过几年的建设，我校创新靶向药物国际研究院科研成效显著，根据渝人社办〔2016〕127号文件，创新靶向药物国际研究院成功获批重庆市级博士后科研工作站。这是我校继新材料技术研究院博士后科研工作站之后成功获批的第二个市级

博士后科研工作站。创新靶向药物国际研究院博士后科研工作站的成功设立，将在科研平台的人才聚集和培养、学科建设、社会服务等方面发挥重要作用，助推学科发展、校企合作和科技成果转化。

再添重庆市重点实验室——经济植物生物技术重庆市重点实验室。特色植物研究院以特色植物产业协同创新中心建设为重点，积极推进研究院和各项建设工作，加强人才队伍建设，新引进"黄山青年学者"刘嘉教授和留美博士隋媛；同时，加强特色植物领域的基础研究，培育建设了"经济植物生物技术重点实验室"。经过近年的建设，"经济植物生物技术重点实验室"于2016年11月通过专家现场验收，目前已经通过重庆市科委的立项建设公示。

再增市级协同创新团队两个——"靶向小分子药物研发创新团队""环境材料与修复技术创新团队"。由创新靶向药物国际研究院唐典勇教授领衔的"靶向小分子药物研发创新团队"和材料与化工学院李强教授领衔的"环境材料与修复技术创新团队"获得市级创新团队称号，获得立项"重庆市2016年度高校创新团队建设计划"获得立项建设。

另外，我校认知神经科学与心理健康重点实验室成为重庆市脑科学协同创新中心协同单位，该协同创新中心是首个由政府主导对接国家重大科技专项的2011协同创新中心。本中心由第三军医大学牵头，我校是唯一一所以学院命名参与的高校，充分展示了我校认知神经科学的研究能力与水平，也为我校科学研究的发展搭建了坚实的平台。

非物质文化遗产研究中心成立了重庆文理学院—协信文化产业研究院，填补了永川文化产业研究专业机构的空白，形成了产学研一体化协同创新的新格局，将推动永川区域性文化创意产业健康发展。

3．加强立项评审，项目数量和质量持续攀升

为保证项目申报质量，切实提高项目立项率，我校积极开展项目申报专家评审工作。2016年，学校各级各类项目立项数持续攀升，先后获得各级纵向科研项目总计140项。其中，国家自科基金项目立项8项；国家社科基金项目立项5项，立项数较去年有所提升；教育部人文社科立项7项，立项数在重庆高校中排名第5；另外，还获得民政部等15项其他部委项目，获得市科委社

会事业与民生保障项目立项 8 项，立项数在重庆高校中排名第 4；获得基础科学与前沿技术研究项目立项 20 项；首次获得市科委决策咨询与管理创新重点项目 1 项，另外，获得市教委、市教科规划等其他市级科研项目 76 项，永川区科技项目等其他项目 14 项。共获得各级各类科研经费 2 800 余万元，比上年增长 23.1%。其中纵向项目经费 1 200 余万元，平台建设费 1 600 余万元。

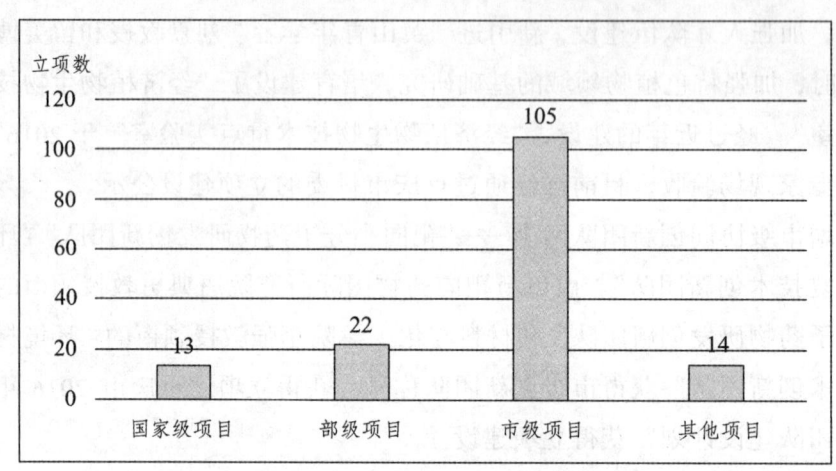

图 1　2016 年科研项目立项分类图

4．加强科研经费管理，完善相关管理办法

根据《国务院关于改进加强中央财政科研项目和资金管理的若干意见》，进一步加强科研项目管理和科研经费管理。一是在满足项目研究的情况下，改革科研项目配套经费的使用和管理办法，制定并出台了《重庆文理学院科研项目经费管理补充规定》，对符合经费配套条件的项目，在保证原有经费配套比例和额度不变的前提下，实行按需配套；配套经费单独建账，按批准的额度和预算建立经费明细。同时，进一步明确和规范了结题结账和结余经费的管理。二是强化科研项目的绩效管理，出台了《重庆文理学院科研项目绩效管理暂行办法》。三是完善科研经费管理，出台了《重庆文理学院科研和学科类经费使用报销办法（修订）》。

5．加强过程监控，确保科研项目的结题率

为进一步加强我校科研管理工作，提高课题承担者按计划高质量完成研究任务的责任感和紧迫感，严格执行重大项目开题评审制度，积极参与项目中期检查，加强项目结题管理。对各级各类在研项目进行过程监控，及时清理结题情况，对于应结题项目提前预警，每年年初清理当年应结题项目，并按应结题项目清单通知项目负责人做好结题准备工作，切实提高项目结题率，出台了《关于严格执行各级各类科研项目按期结题的通知》；同时，对逾期未结题的科研项目采取一系列严格处理措施，如将科研项目的结题率纳入二级学院目标指标，适当限制项目负责人后期项目的申报，同时对到期申请结题的项目进行了严格审核和把关，以确保项目完成质量。

6．加强知识产权管理，主动开展专利分析

进一步加强知识产权管理和宣传，进一步提升广大师生对知识产权的认知度，强化教师和学生的知识产权保护意识，邀请重庆市知识产权局曾学东副局长开展了"发挥专利作用，提升高校科技创新能力"的知识产权培训，邀请北京元本知识产权代理事务所专利代理人开展了"专利代理知识"的专题讲座。

6月13日，我校应邀参加由重庆市委组织部、重庆市教委、重庆市知识产权局组织举办的"重庆高校知识产权管理体系研讨暨工作座谈会"，我校作为重庆市知识产权示范典型高校，兰刚副校长代表我校在会上作了发言，得到与会者的认可。

主动开展现有专利的比较分析研究，完成《柔性触摸屏国内专利预警分析》，提交校长决策咨询；同时，还撰写完成《重庆文理学院专利分析报告》。

7．修订成果管理办法，调整激励政策导向

为激励、引导广大教职工积极投身科研，提升我校科学研究水平，增强学科竞争力，结合学校实际，重新修订了《重庆文理学院重大科研成果奖励办法》《重庆文理学院科研成果奖励办法》和《重庆文理学院科研成果量化计分办法》等管理办法；本次调整将 $nature$、$science$ 主刊的计分提高到5万分，奖励额度提高到100万元；增设了 $cell$ 杂志的计分与奖励，计分为2.5万分，奖励为50万元；增设了进入ESI前1%高被引论文的奖励与计分，计分与奖励分别为2 500分和5万元；另外，新办法着重提升了社会科学科研成果的计分与奖励额度。

8．注重成果质量，论文质量和数量都取得新突破

2015年B类及以上论文211余篇。其中被SCI、SSCI收录148余篇，比

2014年增加约64%；在SCI、SSCI一区期刊上发表论文17篇，是2014年的1.8倍；在SCI、SSCI二区期刊上发表论文30篇，是2014年的2倍；2016年获得授权专利（含软件著作权）144项，其中发明专利26项（较去年增加30%）。

9．加强成果管理，成果获得再创新高

李璐博士领衔的大尺寸柔性触控项目荣获2016—首届全国智能制造（中国制造2025）创新创业大赛总决赛第一名和第五届创新创业大赛智能装备行业全国总决赛第三名，李璐博士领衔的3D喷墨印刷电子创新团队、王锦标博士领衔的超硬涂层技术创新团队分别荣获第五届创新创业大赛先进制造行业全国总决赛第三名与优秀奖，这是我校继2015年新药创新团队获得中国创新创业大赛生物医药行业第一名后，再一次高水平获奖。

10．积极开展国内外学术交流，营造良好的学术氛围

2016年，我们以校庆四十周年、举办学术会议等活动以及"巴渝海外引智计划"为契机，诚挚邀请美国、英国、德国、意大利、俄罗斯的著名科学家以及哈尔滨工业大学、华南理工大学、中国人民大学、北京大学、复旦大学与中国科学院、中国工程院等高校以及科研院所的知名专家、学者500余人来我校开展学术交流、规划学科建设、洽谈项目合作、指导战略规划等，先后主办了"2016非遗与中国文化学术研讨会""代数图论及相关课题学术论坛""特色植物产业技术高层论坛""第一届靶向治疗与分子药物国际研讨会""2016年微纳米光电材料与器件国际高层论坛"等学术会议，邀请了中国工程院院士、哈尔滨工业大学教授赵连城，中国科学院院士、华南理工大学教授曹镛，中国科学院院士、中国科学院化学所研究员李永舫，国际矿产资源科学院院士、乌兹别克共和国自然科学院院士何知礼，国家重点实验室主任、长江学者夏庆友教授等知名学者和专家来校作报告，营造了浓厚的学术氛围。

11．加强学术组织建设，推进学术风气建设

根据《重庆文理学院学术委员会章程》，对学校各个方面重大学术事务提请审议决策安排，及时召开学术委员全体会议，本年度先后召开了五次学术委员全体会议。审议关于学校应用型深度转型发展方案、"十三五"市级重点学科拟申报推荐、特聘教授评定、校级科研项目评审、学术专著出版资助审定和

科研成果奖励相关办法调整等重大事务，在科研和学术事务管理中发挥主体作用，行使职能，决策重大事项，促进学校科学发展。

同时，学校还邀请校外专家曾照芳教授来校举办学术道德宣讲会，推进我校学术道德规范建设。强调在科研事业强劲发展的形势下，学校及广大科研工作者更应重视学术风气与学术道德建设，才能促进我校学科、科研事业的健康发展。要求各级参会人员要认真领会宣讲会精神，遵守学术规范，强化学术道德宣传，推动良好学术风气的形成。

12．认真谋划，精心组织，做好市级重点学科申报工作

结合国家"双一流战略"和《重庆市统筹推进一流大学和一流学科建设的实施方案》，修订《重庆文理学院重点学科建设管理办法》，编制《重庆文理学院第四轮重点学科建设方案》。明确目标，理清思路，为我校学科建设向"一流"层面迈进提供有力制度保障。

全面沟通，研读政策文件，认真组织材料科学与工程、社会学、园艺学等6个拟申报学科，梳理学科现有资源的优势、特色、短板，并与其他高校的相关学科进行横向、纵向比较，就学科方向凝练、汇聚科研攻关团队、科研反哺教学等要素进行调查研讨，并撰写《"十三五"市级重点学科拟申报学科分析》，向6个学科提出参考建议，聘请相关学科领域高级专家指导这6个学科完成申报书的填报和完善，为我校学科建设向一流学科层次迈进打下坚实基础。

13．汇聚队伍，优化结构，完成学科团队结构调整

为保证学科建设工作持续健康发展，进一步提升学校学科建设水平，使各学科汇聚一支引领有力、结构稳定、更加优化的学科团队，结合学校第五次中层干部调整和学科发展实际，科技部组织各重点（培育）学科对学科带头人、学科负责人的中期调整进行研讨并完成1个学科的学科带头人调整、5个学科的学科负责人调整工作；以此为基础，科技部进一步组织并完成了各学科学术带头人及学术骨干的调整工作，使学科团队汇聚更加有力，结构更加优化，使我校学科建设具备更优秀的人才队伍支撑。

14．严谨认真，客观公正，完成第三轮校级重点学科终期验收

科技部预先组织，提前规划，在验收前2周，组织各学科报送数据材料，

并对全部材料一一审核查验，确保材料数据的真实性和关联性。12月中旬，组织3个专家组，对4个校级重点学科、5个校级重点建设学科、1个培育学科和5个硕士专业学位培育点进行了现场终期验收，并向全校公示了验收结果。经过三年建设，校级重点学科和学位培育点均较好地完成建设任务，团队结构更加优化，高级别项目、高层次论文等方面较第二轮建设提升明显，并有三个学科进入中国高校学科排名"区域一流"行列，凸显学科建设取得的显著成果。

15．宏观把握，切实推进，夯实硕士专业学位点建设

科技部通过多途径广泛筹措信息资源，分析政策导向和学位点建设背景，剖析硕士专业学位点内涵，下发《关于开展专业硕士学位培育点建设调研的通知》，深入工程硕士（材料工程）、工程硕士（环境工程）、农业硕士（园艺领域）、文物与博物馆硕士、工程管理硕士等6个立项建设学位点进行调研，完成学位点要素建设的第一手数据收集工作，与各学位点一起明确了自身优势特色和努力的方向，并撰写《重庆文理学院硕士专业学位点建设调研报告》，为学校提供决策参考。

同时，通过夯实学位点要素建设，把学位点建设落到实处，在应用型培养方向初步凝练、双师型队伍建设推进（与红江机械厂成功签署田亮亮、彭玲玲两位教师的挂职协议，并聘任成都成量集团技术部部长等近10名教授级高工为我校兼职教师）、大型基地建设（与红江机械厂、招商铝重庆公司、成都成量集团等大型企业成功续签合作协议）等方面取得阶段性、实质性成果。

16．狠抓教学，强化应用，有力提升教育质量

学校与兄弟高校联合培养的2016届研究生，均完成学业按期毕业，其中，1人获得国家奖学金、1人获得优秀硕士毕业论文荣誉、1人获优秀毕业生称号，12人发表高水平学术论文20余篇，其中SCI二区论文5篇。新材料技术研究院与重庆理工大学联合培养的研究生陈源，被苏州大学免试录取为博士研究生；胡忠利考入哈尔滨工程大学攻读博士研究生。学校联合培养研究生的科研能力、创新能力已远超协议高校研究生平均科研创新水平。由于研究生人才培养质量过硬，陕西师范大学、辽宁师范大学、海南师范大学拟相继与我校达

成研究生培养协议，研究生培养的渠道进一步拓展。

17.《重庆高教研究》质量稳步提升，发展势头喜人

《重庆高教研究》创刊三年来，影响因子持续提升。《中国学术期刊影响因子年报》显示：2014、2015、2016年刊物的复合影响因子分别为0.314、0.324、0.677，2016年是2014年的2.16倍，3年增长了116%；综合影响因子分别为0.177、0.212、0.510，2016年是2014年的2.88倍，3年增长了188%。据《2016年版中国科技期刊引证报告》显示，《重庆高教研究》扩展影响因子已达0.996。

截至2016年11月，《重庆高教研究》已有80余篇文章被重要网络媒体全文转载，13篇文章被《新华文摘》、"人大复印报刊资料"、《高等学校文科学术文摘》等重要文摘转载，其中1篇文章被《新华文摘》全文转载。

在《重庆市教育委员会关于公布重庆市第三届优秀高教研究机构评选结果的通知》（渝教高发〔2016〕61号）中，单独用一段话给予了《重庆高教研究》高度评价，授予《重庆高教研究》编辑部"重庆市高教研究特别贡献奖"。

18.《重庆文理学院学报》编校质量大幅提升，特色栏目建设显成效

本年度通过加强执行编辑、执行副主编和出版前审读工作，切实提高了刊物编校质量。在重庆市第九届期刊综合质量考核中，《重庆文理学院学报》编校差错仅为万分之0.48，达到优秀等级。期刊综合质量评估取得了总分88.11分的好成绩，排在二级期刊的第一位。"非遗"特色栏目建设影响进一步扩大。2016年，重庆市文化委员会与重庆文理学院联合主办的"非物质文化遗产研究"栏目发文量增加到25篇，稿件质量不断提升，该栏目已连续9年荣获重庆市"好栏目"称号。

非物质文化遗产研究中心

1. 科研工作与学科建设

完成学校第三轮校级重点学科社会学终期检查准备工作并接受学校现场验收评审。完成市级重点学科社会学申报材料准备工作。完成重庆市第四轮2011协同创新中心——西部文化遗产与文化安全协同创新中心申报工作。重庆市非物质文化遗产研究中心开放课题结题工作在持续推进中。

积极推进项目申报工作，抓好在研项目研究管理，做好项目结项工作。本年度中心多人次积极申报2016年度国家级和省部级等重大项目，共完成国家社科重点项目子项目立项1项、省部项目立项2项、校级项目立项2项。市级以上项目结题2项，校级项目结题2项。

持续推动成果发表和出版。本学年中心人员出版专著2部。中心副研究员王先胜所著《中国上古纹饰初读》由学苑出版社出版；向轼博士所著《族群性的承变：苗疆边缘秀山苗族的生活》由人民出版社出版。本年度中心研究人员发表期刊论文20篇，其中SCI期刊论文2篇、A类期刊1篇、CSSCI期刊论文2篇、人大复印资料全文转载2篇。

在决策建议方面，非物质文化遗产研究中心主动作为、积极思考，中心刘壮副教授撰写的2篇决策建议，被中国社会科学院采纳，分别发表在2016年第18期和2016年第45期，为国家决策和社会治理提供了理论服务和对策参考。

承办高水平学术会议和举办多场学术讲座，促进了学术交流。2016年3月，由中国文学人类学研究会主办、重庆文理学院非遗中心承办的中国文学人类学学科建设高峰论坛在我校成功举办，中国文学人类学研究会各分中心负责人参加了此次学术会议。中心今年共举办高水平学术讲座9场，先后邀请了中国社会科学院文学研究所叶舒宪教授、台湾中央研究院王明珂院士、厦门大学彭兆荣教授、中国人民大学赵旭东教授、意大利佩鲁贾大学Daniele Parbuono教授等来中心讲学。本年度组织读书会活动7次。

2. 人才培养与专业建设

5月，我校与川美联合培养的艺术学理论专业（文化遗产研究方向）的2014级4名研究生毕业论文顺利开题。6月初，2013级2名研究生参加了毕业论文答辩并以全票通过，顺利毕业。完成文化遗产新专业申报工作，通过学校和重庆市教委评审，待2017年教育部审核备案，我校有望成为全国第二个开设文化遗产专业的高校。大力加强人才队伍建设力度，本年度引进清华大学人类学专业博士1名。

3. 国际交流与合作

5月，Daniele Parbuono教授同中心老师和研究生就科研项目"中欧生态博物馆发展比较研究"进行了合作研究，并为中心研究生进行授课和举办学术讲座。9月，我校首批3名本科生成功赴意攻读佩鲁贾大学人类学硕士学位。同时，中心接收1名意大利佩鲁贾大学研究生，进行为期半年的研究学习。10月，本年度第二期赴意留学语言培训班顺利开班，授课老师由意大利佩鲁贾大学选派。10月初，任杰慧博士赴美国丹佛参加了为期3天的国际会议ACPSS, the 22nd International Conference 并在会议上作了题为 *Language and Culture: Which One Should Be Taught in Teaching Chinese as a Foreign Language* 的报告发言。

10月中旬，非遗中心接待联合国教科文组织前人类学顾问Heather A Peters博士和联合国教科文组织曼谷办公室David Feingold博士来中心就非物质文化遗产保护等相关领域进行了学术交流。同时被中心聘为名誉教授。11月意大利佩鲁贾大学Daniele Parbuono教授来中心开展了为期1个月的研究工作。

4. 非遗陈列馆建设

6月，非遗陈列馆举办了创新创业专题展，全国创新创业50强评审专家组到陈列馆实地调研。本年度完成200余件文物编目工作。

5. 社会服务工作

非遗中心本年度新增校地合作基地1个，签订横向项目2项。3月，经非遗中心前期准备，重庆文理学院-协信文化产业研究院授牌仪式在我校举行，填补了永川文化产业研究专业机构的空白。4月，重庆市巴南区文化委与非遗中心就巴南区戏曲普查项目合作签订协议，委托中心就巴南地区现存戏曲曲种、数量、形成历史等方面进行信息采集等相关工作。沙坪坝区川剧艺术促进中心与中心签订沙坪坝区非遗保护"十三五"规划项目。

新材料技术研究院

1. 成果转化及创新创业

建成银纳米线材料-薄膜-器件及其后端系统应用的中试系统。共同设计完成卷对卷柔性薄膜精密涂布系统，实现了新一代柔性透明导电薄膜的试制。成功试制了柔性触摸屏并顺利装配到手机及平板电脑，并进一步开发出32英寸、65英寸等中大尺寸柔性银纳米线触摸屏。

研究院的技术孵化总公司A公司年底前将完成注册，并通过A公司把重庆文理学院中的知识产权有偿转让到下游技术孵化B公司进行技术成熟度和可行性的孵化，从而打通了学校中的技术向市场化和资本市场的转移转化的环节，为进一步的技术成熟和投融资市场的扩大化做出支撑。

我院"大尺寸柔性触控项目"在工信部组织的首届全国智能制造（中国制造2025）创新创业大赛总决赛中获得全国总决赛创新赛第一名；"3D喷墨印刷电子创新团队""超硬涂层技术创新团队"在科技部组织的第五届中国创新创业大赛先进制造行业全国总决赛中分获（团队组）第三名与优秀奖，"柔性触控创新团队"在电子信息行业总决赛中获得（团队组）第三名；我院应邀参加第七届中意创新合作周及首届中意创新创业大赛，"柔性触控显示项目"被评为"最受欢迎项目"。

2. 机制体制建设

结合实际情况和工作需要，经过广泛调研、反复论证、讨论研究，完成了研究院"十三五"发展规划编制。

完成《新材料技术研究院人事、薪酬工资改革方案》初稿，力争在"十三五"期间完成"一个转变"，突出"两个意识"，实现"三个目标"。

3. 人才队伍建设

高级职称人员已达23人，送培博士姜中涛完成学业。柔性引进国家杰出青年基金获得者1人，实现协同单位之间人员双聘、互聘11人。鼓励教师进入科技管理单位进行挂职锻炼，现有教师1人在重庆市科委成果处挂职，1人到中国科技部国际中心挂职。加强"双师型"队伍建设,新增"双师型"教师2人。

4. 人才培养

继续探索"3+1"人才培养模式。第二届"光电材料与器件卓越工程师实验班"顺利开班,增加光电类专业课程、实践课程的学习,提升学生工程实践能力,为光电行业输送优秀技术人才。探索"2+2"模式。与俄罗斯托木斯克理工大学联合培养办学,首届"金属材料工程(国际班)"顺利开班,推进了光电材料与器件优秀工程师的国际联合培养工作。

支撑重点学科和硕士点建设,已申报材料科学与工程本科专业;与中电科技集团重庆声光电有限公司、重庆材料研究院有限公司共建大型联合培养基地。教研教改项目取得进展。今年共立项5项,获得重庆市重大项目1项、校级教学改革研究重点项目立项3项;一般项目立项1项。获批重庆市高级研修班项目2项,130多位材料、光电领域的中高级专业技术人才和管理人员参与培训。

5. 学科发展

圆满完成第三轮校级重点学科"材料科学与工程"终期考核工作,为市级重点学科和硕士专业学位点的建设起到支撑作用。

6. 科研二级管理

形成《实验室开放运行细则及实施方案(试行)》《实验室安全消防事故处理办法》《新材料技术研究院设备采购管理办法》《新材料技术研究院耗材采购管理办法》等规章制度,规范了实验室管理工作。做好科研实验室的开放运行管理工作,通过挂网公开招聘科研助理提高资源共享率。

7. 科研平台

依托"重庆微纳米光电材料与器件协同创新中心"等平台添置了1 200余万元的科研设备。新增科研用地约2 000平方米,建成微纳米光电材料与器件超净间实验室。获得市发改委协同创新战略联盟1 000万资助。

8. 科学研究

成功立项国家自然科学基金青年项目1项,参与国家自然科学基金重点项目1项；重庆市科委项目10项；重庆市教委一般项目10项，到账总经费200余万。发表科研论文90余篇，其中SCI收录论文75篇（二区以上26篇）。申请专利35项，授权专利21项。成功申报重庆市自然科学三等奖1项；联合申报重庆市自然科学二等奖1项。新增横向项目6项，横向经费约78万元。

9．学术交流

参加各级各类学术会议及研讨会100余人次，先后邀请中科院长春应化所国家杰青刘俊研究员等10余名专家到研究院作学术报告。成功主办"2016年微纳米光电材料与器件国际高层论坛"国际性学术会议。成功承办"第十七届全国基础光学与光物理学术研讨会"。

创新靶向药物国际研究院

一、基本情况

创新靶向药物国际研究院（International Academy of Targeted Therapeutics and Innovation，IATTI）成立于2013年7月，是一所由国内外生物、化学、药学界高级研究人员组建而成、共同致力于探索开发全新药物的研究机构，涵盖了癌症生物学、分子生物学和药物化学等高精领域。研究范围涵盖了从药物靶标发现、药物设计与合成、药物评价及临床等新药研发的全过程。现有在编科研人员10人，其中行政人员2人；外聘科研人员7人；与中国科学院成都有机所联合培养在读博士研究生3名、硕士研究生1名；团队中高级职称3人、博士7人、硕士7人、具有国外留学经历的科研人员3人、"重庆市百人计划"获得者1人、重庆市先进工作者1人，另以首席科学家方式聘有海外药物研发知名专家6人。拥有激酶类创新药物重庆市重点实验室和创新靶向药物重庆市工程实验室两个市级重点科研平台，2016年6月成功获批重庆市博士后科研工作站，2016年8月获批重庆市高校创新团队。

二、工作概述

1. 国际合作协同创新，建设成一支国际化研究团队

创新靶向药物国际研究院先后聘请美国阿肯色大学教授Hong-Yu Li，美国维克森林大学教授Hui-Kuan Lin，意大利那不勒斯费德里克二世大学分子医学和医药生物技术教授Massimo Santoro，意大利那不勒斯费德里克二世大学生物学教授Francesca Carlomagno，伦敦癌症研究基金会终身教授、伦敦癌症研究室高级研究员、伦敦大学结构性肿瘤生物学教授Neil Q. McDonald和美国加州大学旧金山分校教授Neil P. Shah为研究院首席科学家。与意大利那不勒斯费德里克二世大学签订教师访问、攻读学位、联合招收研究生、科技项目合作等全方位合作协议，研究院杨东林博士在2017年年底将前往意大利那不勒斯费德里克二世大学进行访学。

2. 平台建设取得突破性进展，市级科研平台提升科研实力

创新靶向药物国际研究院现有科研实验室面积 5 000 平方米，科研仪器价值 2 000 余万，拥有激酶类创新药物重庆市重点实验室和创新靶向药物重庆市工程实验室两个市级重点科研平台。近三年来发表 SCI 论文 30 余篇，申请专利 10 余项，获得国家自科基金、教育部留学基金、重庆市科委基础与前沿计划等项目 20 余项，项目总经费达 3 000 万元。

2016 年 6 月成功获批重庆市博士后科研工作站，这是对创新靶向药物国际研究院近年来新药研发服务地方经济和高水平人才培养的充分肯定；将对研究院进行新药研发高端人才培养、新药成果转化、科研实力提升以及平台建设服务地方经济起到巨大推动作用。创新靶向药物国际研究院将以此为契机，大力培养高技术应用型新药研发人才，为我校深入实施"顶天立地"发展战略和应用型大学建设做贡献。

3. 新药研发取得突破性进展，抗 ED 新药市场前景良好

创新靶向药物国际研究院现拥有国际自主知识产权的"抗 ED 一类新药"，已拿到中国 CFDA 临床申请受理通知书（受理号：CXHL1700073 渝、CXHL1700074 渝、CXHL1700075 渝），美国 FDA 临床申请正在提交中，预计 2017 年年底可进入临床研究。与美国合作研发的 1 个治疗甲状腺癌、乳腺癌的 RET 抑制剂，与临床药物相比，其体外活性增加了 1 000 倍以上，目前已进入临床前评价工作。

4. 持续推进药学学科建设，加强药物研发人才培养

2016 年度以来，创新靶向药物国际研究院积极响应学校发展规划需求，完成了"药学"重庆市"十三五"重点学科申报书的撰写与修改。完成并制定了"药物研发精英班"人才培养方案。与中科院成都有机化学研究所联合培养硕士和博士研究生，目前在读博士研究生 3 人、硕士研究生 3 人、本科毕业 12 人。

与美国阿肯色大学药学院签订了药学学科博士研究生联合培养协议。按照协议约定，创新靶向药物国际研究院负责组织选拔申请人参加美国阿肯色大学（UMAS）博士生联合培养项目选拔考试，学生将由中美双方导师联合指导，完成相应的课程学习、学术研究、考核和论文答辩后，授予美国阿肯色大学博士学位。据悉，学校将优先从创新靶向药物国际研究院开设的"药物研发精英班"选拔学生，与美国阿肯色大学联合培养，完成硕士和博士阶段的培养。

2016年12月27日，创新靶向药物国际研究院邀请中国科学院院士、北京大学席振峰教授来校指导工作，并作了题为"双金属有机合成试剂化学：协同效应与深新信"的学术报告，我校120余名师生员工聆听了报告会。席院士还参观了创新靶向药物国际研究院实验室，并与相关人员进行了座谈，对研究院新药研发、人才培养和实验室建设提出了宝贵性意见。

三、获奖情况

创新靶向药物国际研究院在各级政府的领导下，取得了一系列骄人成绩，新药研发成果得到社会各界的高度认可，重庆文理新药创新团队在全国具有较强影响力。陈中祝博士作为全国高校唯一代表，受邀参加由科学技术部主办的"科技引领创新创业座谈会"，受到中央政治局委员、国务院副总理刘延东的亲切接见。全国政协副主席、科技部部长万钢和教育部副部长杜占元分别肯定了创新靶向药物国际研究院在新药研发和成果转化等方面取得的成绩。

主要获奖及成就如下：

（1）2016年5月，创新靶向药物国际研究院被重庆市总工会授予"重庆市工人先锋号"称号；

（2）2016年8月，靶向小分子药物研发创新团队被重庆市教育委员会授予"重庆高校创新团队"称号；

（3）2016年9月，重庆文理新药创新团队荣获"第六届中国侨界贡献奖"；

（4）2016年12月，创新靶向药物国际研究院副院长陈中祝博士荣获重庆市"百人计划"。

特色植物研究院

1．建立健全党支部组织机构

2016年1月特色植物研究院独立建制运行后，研究院按照学校党委的要求和党的组织程序，召开全院党员大会，通过民主选举，建立健全党支部组织机构。

2．扎实开展"两学一做"教育活动

研究院认真组织学习学校党委关于"两学一做"活动的要求和安排，部署院"两学一做"活动，成立了"两学一做"活动领导小组，制订了"两学一做"活动计划和推进表，并召开6次全院党员大会。

3．认真做好民主评议党员工作

研究院党支部开展党员民主评议，进行严肃的批评与自我批评，通过支部讨论投票表决，2名党员被评为优秀党员，鼓励全院职工向他们学习。

4．建章立制

组织办公室制定院党政联席会规则、院例会制度、上班制度、经费使用审批条例、学科科研经费使用规定等规章制度25项，规范保障了研究院学科、科研、申硕、服务等各工作的顺利推进。

5．文化建设

全院职工献计献策，推进研究院文化上墙，确立"农耕魂，兴农梦"院训，收集名人名言、制作展板等；研究讨论特色研究院网站开设研究院概况、科研平台、转化服务、党建工作、人才招聘等栏目内容，现已制作完成并成为研究院内部通知和对外展示的一张名片。

6．人才引进

聘任美国康奈尔大学终身教授甘苏生先生，美国农业部水果研究院Michael Wisniewski教授、John Norelli教授，国家万人计划科技创业领军人才李洪海校友等知名学者为研究院兼职教授；引进黄山青年学者刘嘉教授、海外博士隋媛、中国农业大学吴林博士、重庆大学唐宁博士入职研究院工作。编制2016—2017年人才引进计划，制定研究院人才引进考核办法，从学缘、科研能力、综合素质等多方面考察多名前来应聘的博士。

7．平台建设

2016年是特色植物研究院开局之年，研究院申报了重庆市教育委员会和重庆市科学技术委员会的重点实验室，其中，重庆市科委重点实验室已于2016年11月进行了实验室场地验收，相关后续工作正在有条不紊地推进，已公示；特色植物产业重庆市2011协同创新中心于2016年11月举行了特色植物产业技术高层论坛，与多家国内外知名高校和科研机构建立了广泛的合作战略关系。

8．科研成果

2016年，研究院科研成果有了极大的提高和新的突破。"猕猴桃果实采后应答灰霉病发生的关键基因筛选和功能解析"获国家自然科学基金面上项目资助，实现了研究院国家自大科基金面上项目零的突破；发表SCI收录论文5篇，其中 *Chitosan and oligochitosan enhance ginger（Zingiberofficinale Roscoe）resistance to rhizome rot caused by Fusariumoxysporum in storage* 在国际知名期刊 *Carbohydrate Polymers* 上发表，五年影响因子4.2，为目前生姜领域影响因子最高的论文；出版《植物组织培养与种苗产化研究专著》专著一部；申报受理或授权"生蓝莓组培种苗工厂化繁育方法""一种用于油用牡丹提取油的油水分离器"等国家发明专利7项。

9．对外合作

2016年6月和8月，美国康奈尔大学甘苏生教授、美国水果研究院Michael Wisniewski教授和John Norelli教授应邀来访，双方结合生姜、猕猴桃等重要经济植物的产业技术需求和前沿技术进行了交流互动，达成双方共建"中美特色植物科技合作研究中心"和互访、互派科技人员开展科技合作研究工作。与重庆市天沛农业科技有限公司合作共建"种苗云港星创天地"科技部农业众创空间，于2016年6月应邀参加国家"十二五"科技创新成就展。

10．产业服务

我院7名教师以科技特派员身份，分赴开县、云阳、彭水、万州、巫溪、黔江等地开展点对点贫困村的科技服务帮扶工作。充分发挥人才、项目、成果等优势，引领和支撑当地高效生态农业发展和新农村建设，加快科技成果转化。

环境材料与修复技术重庆市重点实验室

一、概况

环境材料与修复技术重庆市重点实验室（以下简称重点实验室）经过三年的建设已取得了显著的成绩，学校高度重视重点实验室的建设与发展，在2016年3月研究决定将重点实验室计划单列为校属独立科研机构，为重点实验室的建设与发展注入了新的动力。2016年，重点实验室在实验室领导班子的带领下，以创新驱动发展，助力各项工作持续前行。重点实验室研究方向进一步优化，高级别科研立项率持续提升，科研成果更加突出，社会影响力进一步扩大。

二、研发能力

环境材料与修复技术重庆市重点实验室自获批建设以来，始终坚持鼓励实验室成员大胆创新，勇于突破自身的研究领域，实现多学科交叉，同时积极创造条件促进重点实验室与国内学术机构的交流与合作。对基础性、前沿性项目进行前期培育，为实验室成员立项高级别科研项目奠定坚实的实验基础。目前，重点实验室在环境检测分析技术研究与应用、环境修复材料研究与应用、环境友好型高分子材料研究与应用、环境修复技术研究与应用等4个方向上已逐渐形成自身的研究特色，同时重点实验室正逐步将上述4个研究方向有机结合起来，实现从源头到后期治理的全覆盖式研究体系。2016年，重点实验室共获批立项省部级及以上科研项目20项，其中国家自然科学基金青年科学基金项目2项、重庆市基础科学与前沿技术研究重点专项2项、重庆市社会事业与民生保障专项2项、重庆市重点产业共性关键技术创新专项1项、重庆市高等学校青年骨干教师资助计划1项、重庆市基础科学与前沿技术一般项目5项、重庆教委科学技术研究项目7项。同时，在2016年，重点实验室成员发表科研论文30余篇，其中SCI收录15篇，另EI收录3篇，授权发明专利8项。

三、工作概述

1．队伍建设与人才培养

人才队伍建设依旧是重点实验室建设发展的关键和核心，2016年重点实验室继续通过"内培外引"加强队伍建设，从西南大学引进专职科研人员（博士）1人，另正与四川大学、重庆大学、福州大学洽谈引进博士3人。同时在已有科研队伍中选派优秀科研骨干到国内外知名科研院所进修学习，2016年公派出国（新西兰）留学访问1人、出站博士后（中科院北京生态环境研究中心）1人、博士毕业回校2人。另外，重点实验室与西南大学联合培养硕士研究生4人，在重点实验室开展短期科研工作的博士研究生、硕士研究生5人。

2．实验室场地、设备配置，条件改善等情况

通过2014年和2015年的建设，目前重点实验室拥有近3 000平方米的实验场地，已完全满足相关科研和办公用房要求。而在设备配置这部分，通过2014年和2015年共计370万的专项经费以及中地共建项目的支持，重点实验室的仪器设备得到较大的改善，但仍需进一步加强建设。

3．运行管理和开放服务

良好的运行管理模式是提升工作效率的重要支撑。重点实验室2016年依托"宽松、强制、提效"的管理方式，在追求科研工作宽松的条件下，进一步完善重点实验室的各项规章制度，以保障科研工作效率的提升。通过近一年的实施，实验室科研氛围和团队意识进一步强化，管理和科研业绩成效突出。重点实验室以4个研究方向为小组，定期组织各个小组开展学术沙龙活动，研讨科研工作中存在的各种问题，并及时采取相关措施给予解决。为扩大交流与合作，重点实验室坚持"走出去，请进来"的工作方式，在走出去方面，明确规定实验室成员每年至少参加一次国际国内会议，并作口头报告一次；或到国内外著名科研机构短期交流访问一次。2016年重点实验室组织举办了2016年科技活动周暨实验室开放活动，实验室成员先后参加了2016年国际城市低影响开发学术大会、第一届靶向治疗与分子药物国际研讨会、第十七届全国基础光学与光物理学术研讨会等学术会议，以及受邀赴重庆高新区、重庆优合新材料有限公司、成都绿林科技有限公司、重庆三峡环保有限公司、重庆九龙坡工业园区污水处理厂等单位考察洽谈成果转化。同时重点实验室通过设立开放课题继续吸引一批国内外相关领域的科研人员来重点实验室从事科学研究，以及邀请国内外相关领域的专家学者来重点实验室开展交流讲学，以此不断提升重点实验室的社会影响力。2016 年重点实验室邀请了包括国家优秀青年基金获得者、中科院武汉物理与数学研究所博士生导师郑安民研究员，西南大学博士生导师袁若教授，中国工程物理研究院楚士晋研究员，西南大学博士生导师魏士强教授，重庆工商大学傅敏教授等来知名专家学者来重点实验室讲学。此外，随着重点实验室社会影响力的提升，西华师范大学、贵州师范学院等科研院所来重点实验室参观交流。

管理出效益，管理出成绩。在管理过程中严格按照学校和重庆市科委科研管理文件要求对科研经费的使用、项目的评审均做到有章可循，做到公开、公平、公正。同时，有针对性地进行制度建设，科研管理工作规范、有序。

品牌科学研究所

1．持续开展品牌科学研究工作

张锐主持的教育部人文社科项目"国内大众传媒对本土品牌偏见形成的启动效应及干预对策研究"与周丽永主持的民政部项目"社科类社团竞争力评价与提升策略研究"结题，王红君成功立项国家社科基金项目"同质化背景下人文社会科学学术期刊品牌建设水平诊断及提升路径研究"，刘菲菲成功立项教育部人文社科项目，周丽永立项重庆市教育科学规划重点项目。高度重视重庆市第九次社会科学评奖工作，积极申报《中国品牌科学发展报告（1998—2012年）》等著作成果。完成重庆市社科普及规划项目"品牌基本知识简明读本"等课题，开展2015年重庆市研究生教育教学改革研究重点项目"推动中国产品向中国品牌转变背景下MBA品牌管理课程模块化教改研究"（批准号：YJG152034）等课题研究工作。积极启动品牌管理全国团体标准（T/TBM）制定工作，已得到来自全国20余家品牌社团组织的积极响应和联合起草支持。

2．开展品牌咨询服务工作

全年共承担咨询服务项目1项，即：贵州铜仁多兰特现代农业开发有限公司《贵州沿河玫兰图斯玫瑰小镇总体规划》服务项目。5月3日上午，廖成林、张锐等与中山大帝公司刘富银总经理及团队成员探讨企业经营管理有关哲学和实践问题。5月10日，廖成林、张锐、吴传奎等，应邀考察合川区云门现代农业园及有关农业项目。5月21—22日，廖成林、宾春余、张锐、王红君、吴传奎等，应邀考察四川省资中县国有林场及文庙、武庙和摩崖石刻等旅游景区。6月24日，张锐、王红君应邀参加重庆驰骋体育发展有限公司服务品牌建设座谈会。6月28日，廖成林、张锐、程谦应邀到铜梁区重庆新陆农业开发有限公司有机农业基地考察交流品牌建设事宜。7月15—18日，张锐应邀到郑州胜坪农业园区洽谈项目品牌建设服务事宜。9月19日晚，张锐秘书长、黄英副秘书长应邀与中颐控股（集团）发展有限公司董事长郑国彬举行座谈，商议农业旅游策划规划运营项目。10月27日，张锐、吴传奎、陈珂、黄英、李鹏、程谦等一行7人到泸州考察中颐农业园区项目。10月29—31日，张锐、陈珂等应邀考察贵州沿河县多兰特农业公司项目。11月7日，张锐、黄英、李鹏、程谦等到海来汇景度假酒店与易鸿董事长开展项目合作运营咨询服务工作。

3．品牌教育培训工作

5月14日，张锐、王红君参加在重庆工商大学举行的2016重庆市创新创业教育与竞赛研讨会，并作主题发言。9月17日，全面品牌管理体系与品牌设计服务成功案例公益培训学习会在重庆大学柏树林一品客厅隆重举行。重庆品牌服务联盟发起人单位——重庆市品牌学会、西里标识机构、向上品牌形象整合设计机构、已见品牌整合机构、卓标人居环境艺术设计机构等专家，来自重庆百强企业的人力资源总监和品牌建设负责人40余人出席活动。11月，联合撰写完成"品牌管理与创新创业实验班"校级项目申请书。

4．品牌交流合作工作

先后与中关村双创大学、中控大通投资集团、西里标识设计制作机构、向上品牌形象整合设计机构、意境旅游规划设计中心、卓标人居环境艺术设计机构、已见品牌整合机构、创影传媒文化机构等单位商讨产学研用暨品牌服务联盟共建合作事宜。

5．积极开展和参加品牌会展活动

3月28日，召开一品百业企业家俱乐部嘉年华活动。学会负责人廖成林、宾春余以及秘书处张锐、王红君、吴传奎、程谦等参加。4月8日，支持并在郑州召开第九届中国全面品牌管理论坛。学会负责人徐浩然、吴传奎等参会并作主题演讲。5月29日，在重庆大学柏树林一品客厅组织举行国家实施质量品牌提升行动（重庆）研讨会暨重庆市品牌学会第二次会员代表大会。6月14日，杨芝虎、张锐出席重庆市社科界深入学习习近平总书记讲话精神暨第四届学术年活动总结大会。7月9日下午，重庆傅筹者联盟、香港大学SPACE中国商学院、重庆市品牌学会联合主办了"新时代下品牌营销策略与中国式变革创新管理"论坛活动，张锐、程谦出席，并担任对话嘉宾。2016年8月31日下午，"重庆品牌服务联盟筹备暨发起人第一次会议"在重庆大学柏树林一品客厅召开。9月23—25日，谭宏、宾春余、张锐、黄先友、王红君、吴传奎、刘菲菲及企业家代表陈华武、谢培学一行 9 人出席由全国品牌社团组织联席会、呼和浩特市工商联主办的"中国品牌人 2016 草原品牌建设行动暨全品联第二届（内蒙古）年会"活动。年会由全品联主席徐浩然和秘书长张锐主持。谭宏、张锐被聘请为"中国品牌人草原智库联盟副主席"，并与全品联其他成员单位一起共同发布了《中国品牌人草原宣言》。张锐代表全品联发布了《促进品牌管理标准化建设倡议书》。副会长宾春余代表市品牌学会作商务部投资促进事务局重点项目主题报告。谭宏在全品联年会上发表重要讲话，并确定首先启动"品牌管理（T/TBM99000 族）全国团体标准"的制定工作，这将填补国内和国际品牌管理标准化建设的空白。11 月 11—14 日，张锐、王红君、刘菲菲一行出席在连云港举行的第十届中国全面品牌管理论坛活动。11 月 21 日—12 月 6 日，由《重庆晚报》主办、重庆市品牌学会协办的"首届'渝知鱼味'美食风云榜评选大赛"活动启幕。

6．强化品牌专家队伍建设

9 月，徐浩然、张燚、张锐应邀担任品牌中国战略规划院、中国品牌百人论坛暨中国品牌智库联盟专家顾问。11 月，张锐应邀担任重庆市非公有制企业信用促进会发起人。新增重庆品牌服务联盟各类应用型专家 20 余名。

7．成绩分析或创新经验

牵头启动品牌管理全国团体标准（T/TBM）制定工作，得到来自全国 20 余家品牌社团组织的联合起草响应。实现全所及品牌管理学科全体成员均立项省部级及以上课题。既注重基础理论研究，又重视应用发展研究，全年承担社会服务项目 1 项，并组织专家老师考察和诊断公司和项目若干，进一步增加了研究中的问题导向意识和社会服务能力。积极推荐专家担任社会职务，不断扩大专家的资源配置能力。

成果统计

市级重点实验室

实验室名称	负责人	所在单位	主管部门	立项年度
经济植物生物技术重庆市重点实验室	刘嘉	特色植物研究院	市科委	2016

市级创新团队

创新团队名称	团队带头人	所在单位	主管部门	立项年度
靶向小分子药物研发创新团队	陈中祝	创新靶向药物国际研究院	市教委	2016
环境材料与修复技术创新团队	李强	材料与化工学院	市教委	2016

国家级项目

序号	批准单位	项目名称	主持人	年度	类别	承担单位
1	国家自科基金委	线性群扰群结构与有限群的算术性质	杨勇	2016	面上项目	数财学院
2	国家自科基金委	猕猴桃果实采后应答灰霉病发生的关键基因筛选和功能解析	刘奕清	2016	面上项目	特色植物研究院
3	国家自科基金委	基于模糊集理论的离散系统动力学研究	兰尧尧	2016	青年项目	数财学院

续表

序号	批准单位	项目名称	主持人	年度	类别	承担单位
4	国家自科基金委	聚合物光伏器件中电荷高效传输通道的构筑与机理研究	胡荣	2016	青年项目	新材料技术研究院
5	国家自科基金委	执行功能在社会排斥引发攻击行为中的作用机制研究	王婷	2016	青年项目	教育学院
6	国家自科基金委	梯度纳米金属Ni的组织稳定性及其内在机理研究	倪海涛	2016	青年项目	材料与化工学院
7	国家自科基金委	Pd修饰g-C3N4阴极光电催化还原水中次磷酸盐回收单质磷的机制研究	关伟	2016	青年项目	材料与化工学院
8	国家自科基金委	基于MOCVD技术的自装绿光InGaN量子点发光机理研究	刘烨	2016	青年项目	电子电气工程学院
9	国家自科基金委	参数优化问题解映射的Lipschitz性质和广义可微性研究	李明华	2016	青年项目	数财学院
10	国家社科规划办	非利他性慈善捐赠的立法支持与限制研究	李喜燕	2016	一般项目	旅游学院
11	国家社科规划办	长江经济带新型农业经营主体引导农业供给侧结构性调整研究	彭万勇	2016	青年项目	经管学院
12	国家社科规划办	四类集中连片特困地区农村人口空心化治理体系研究	王东强	2016	青年项目	教学部
13	国家社科规划办	少数民族武术文化影像志	徐泉森	2016	青年项目	体育学院
14	国家社科规划办	同质化背景下人文社会科学学术期刊品牌建设水平诊断及提升路径研究	王红君	2016	西部项目	经管学院

部级项目

序号	批准单位	项目名称	主持人	年度	类别	承担单位
1	教育部	数学文化对小学生数学核心素养的影响研究	付天贵	2016	规划项目	数学与财经学院
2	教育部	旅游扶贫视域下四川少数民族村寨社区获益研究	王进	2016	青年项目	旅游学院
3	教育部	消费者生成品牌故事对品牌绩效的影响及调节机制研究	刘菲菲	2016	青年项目	品牌科学研究所
4	教育部	大学生柔性管理"六步进阶"运行机制构建研究	胡在东	2016	青年项目	经济管理学院
5	教育部	基于歆集合理论的二维不确定语言信息多属性决策方法研究及其应用	徐新瑞	2016	青年项目	经济管理学院
6	教育部	专题式教学背景下高校思想政治理论课教学效果提升研究	余孝军	2016	示范优秀教学科研团队建设项目	马克思主义学院
7	教育部	社会主义核心价值观分段教育认同研究——基于青少年成长过程视域	杨启莲	2016	高校思想政治工作专项	马克思主义学院
8	国家艺术基金	妹儿要出嫁	颜聪	2016	青年艺术创作人才资助项目	音乐学院
9	全国教科规划办	从教育生态学理论视角审视中国校园足球的改革与发展	刘年伟	2016	全国教科规划教育部青年项目	体育学院
10	全国学校共青团	创新驱动发展战略视域下"挑战杯"全国大学生课外学术科技作品竞赛改革研究	胡守敏	2016	重点项目	公共管理学院
11	民政部	社科类社团竞争力评价与提升策略研究	周丽水	2016	中国社会组织建设与管理	品牌科学研究所
12	民政部	慈善信托受托人管理费和监察人报酬研究	卢登琴	2016		数学与财经学院

续表

序号	批准单位	项目名称	主持人	年度	类别	承担单位
13	国家社科规划办	社会主义核心价值体系引领下大学生思想政治教育的可视化机制研究	李能全	2016	西部项目	校领导
14	国家级	群的数量性质国际研讨会	施武杰	2016	国际（地区）合作与交流项目	数学与财经学院
15	民政部	集中连片特困地区农村留守妇女关爱服务模式及实现机制研究	田书芹	2016	中国社会组织建设与管理	经济管理学院

学术专著

序号	完成人	著作名称	出版社	出版时间
1	王大平，徐敏明	园林植物病虫害防治实训指导	上海交通大学出版社	2015-12-31
2	沈中友，祝亚辉（外）	工程量清单计价实务	中国电力出版社	2015-12-30
3	吕尚斌，唐筱童，潘丽娜（外）	新媒体概论	北京邮电大学出版社	2015-12-01
4	刘友缘，马新强，黄羿，刘小琴（外）	企业网络组建与维护	清华大学出版社	2015-12-01
5	孔庆波	学校体育场馆资源失衡与非均衡管理	北京体育大学出版社	2015-12-01
6	汪维华，汪维清（外），胡章平	C#程序设计实用教程（第2版）	清华大学出版社	2015-11-30
7	谷继建	民族地区习惯法与产权制度发展	新华出版社	2015-11-29
8	沈中友	建筑与装饰工程工程量清单项目特征描述指南	中国建筑工业出版社	2015-11-01

续表

序号	完成人	著作名称	出版社	出版时间
9	蒋颐（外），王志华，曹晓慧	旅游资源与旅游环境的系统性研究	中国书籍出版社	2015-10-16
10	江净帆（外），袁丹	文向综合：小学全科教师培养的现状与未来	重庆出版社	2015-10-01
11	杨魏	璺珠子	江苏凤凰文艺出版社	2015-10-01
12	吴安新，杨颖（外）	柯勒律治与现代国家理念	华东师范大学出版社	2015-09-10
13	汪维清（外）	ASP.NET Web程序设计与应用（第2版）	清华大学出版社	2015-09-01
14	张慧（外），谭佳（外），梁钊华（外），王来平	幼儿园组织与管理	现代教育出版社	2015-08-30
15	谭佳	学前儿童健康教育	南开大学出版社	2015-08-30
16	裴跃进	教师品质概论	北京师范大学出版社	2015-08-15
17	王玉英，李慧娜（外）	高校美操创编与科学训练研究	吉林大学出版社	2015-08-03
18	王先胜	中国远古纹饰初读	学苑出版社	2015-08-01
19	陈一君（外），周丽永，尹文专（外），黄娟（外）	市场研究	西南交通大学出版社	2015-07-01
20	黄艺，温耀光	会展设计的规划与表现	中国水利水电出版社	2015-06-01
21	王鸿雁（外），郑小芳，黄秋凤（外）	俄罗斯历史文化研究	新华出版社	2015-05-17
22	孔庆乐波	体育赛事产品消费与运营	北京体育大学出版社	2015-05-01
23	齐效成，高魏（外），张陶海（外）	足球	清华大学出版社	2015-04-24

续表

序号	完成人	著作名称	出版社	出版时间
24	丁智鹏，刘延军（外），邓洪波（外）	大学体育与健康教程	吉林大学出版社	2015-04-01
25	孔庆波，唐建忠	农村体育发展与管理	人民体育出版社	2015-04-01
26	张建军（外），李世春（外），胡旭，张毅（外）	机械工程材料	西南大学出版社	2015-03-18
27	曾祥禄	风影梦飞花	中国文联出版社	2015-03-08
28	胡继慧（外），邹盛瑜，王致宁（外）	新时期大学生思想政治教育模式分析与效果评价	光明日报出版社	2015-01-23
29	苟双晓	CorelDraw X6在视觉设计中的应用研究	哈尔滨工程大学	2015-01-15
30	张咏清	毕业创作，2014毕业设计作品选	西南大学出版社	2015-01-11
31	李坤栋（外）	红河诗选	白云出版社	2015-01-01
32	田琮（外），刘丽丽，童怡（外），童敏	童装设计	中国纺织出版社	2015-01-01
33	余平（外），周丽永，梁华（外）	市场调查与预测	北京师范大学出版社	2015-01-01
34	李林容（外），赵红勖（外），米丽娟	新媒体概论	法律出版社	2015-01-01

学生教育

XUESHENG JIAOYU

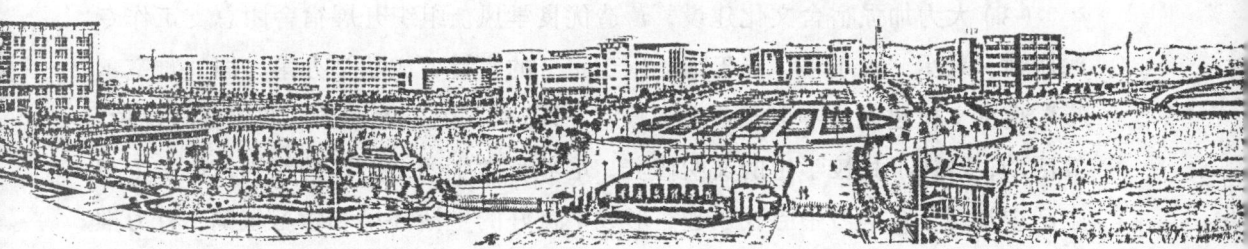

教育管理

1. 夯实学生日常管理

（1）学生日常管理制度健全，管理规范，措施到位，教育教学秩序良好。协调教学部等相关职能部门，进一步修订完善了学生学籍管理、学士学位授予、综合素质测评、学生奖励及违纪处分等规定或办法，编印了2016版《学生手册》，确保了学生教育管理工作制度健全、管理规范、有法可依，维护了学校正常的教育教学和生活秩序。实践育人纳入人才培养方案，并达到规定学分，实施效果较好。

（2）坚持开展学生早操、早晚自习，狠抓常规管理。狠抓学生日常管理，坚持开展学生早操、早晚自习，严格学生考勤和纪律管理，引导学生增强纪律观念，专心致志学习。2016年学生早操、早晚自习平均出勤率均达到了95%以上，学生主动参与学习的积极性较高。

（3）大力加强宿舍文化建设，营造优良学风。组织开展宿舍团总支工作专题研讨，秉承"雅于寝、善于情、乐于室"的宗旨，成功举办第一届"雅室善寝"寝室文化建设大赛以及"学霸寝室"评选、"柏苑大歌神"、"松苑微视频"等活动，增强了我校学生的文明修养，培养了学生团结协作的精神，让学生在生活中学习、在学习中寻找乐趣，形成了良好的生活环境和学习氛围，有力推动了学风建设。

（4）开展满意调查，关注学生成长。为充分了解我校学生自我学习与成长的满意度状态，准确把握学生在校的学习与成长效果，本年度有10 000余名学生通过"学在重文理"微信公众平台参与了学生学习与成长满意度调查，通过调查深入引导了学生对自我学习开展规划、对学习与成长效果进行评估，更好地助推学生实现自我完善、全面发展，促进学生工作有针对性地开展。

（5）搭建微信平台，助推学生成长。本年度学工部打造了"学在重文理"微信公众平台，平台现有官网通道、多彩校园和青春引领三个栏目，内部设置认识文理、学工在线、重要资讯、服务指南、学生资助、社会实践、成长故事、心灵驿站等十余个板块内容,平台建设四个月已拥有粉丝 13 000 余人。平台多条推文点击率上千次,个别推文点击率超万次。通过平台展示学生工作、分享学生成长故事、提供资助和实践资讯、开展心理测试及自助调试,更好地帮助学生了认识文理,了解了学生工作的咨询,为学生打造了寝室之外的"网络家园",更好地推动了学生成长成才。

2. 开展评奖评优,挖掘先进典型

通过开展国家奖学金、国家励志奖学金、"五四"表彰以及优秀毕业生等先进集体和优秀个人的评选表彰活动,积极培育、深入挖掘和广泛宣传学生先进典型,充分发挥先进典型学生在学风建设中的示范引领作用,有效增强了学生自我教育、自我管理、自我服务的能力。全年有 38 人获得国家奖学金、654 人获得国家励志奖学金;学校"五四"评优表彰了各类先进个人 1 237 人、先进集体 202 个;评选出 64 名市级优秀毕业生、568 名校级优秀毕业生、539 名优良毕业生。一批批优秀个人和集体的先进事迹极大地对其他同学产生了良好影响,极大地鼓励了学生向先进学习,有效推动了我校的学风建设。

3. 尊重保障学生权益

尊重学生受教育权,学生参加教育教学计划安排的各项活动及其他权益得到有效维护。学校深入贯彻"教育即服务、学生即顾客、质量即生命"的办学理念,坚持"以人为本",新修订《重庆文理学院 2015 版人才培养方案》,方案明确指出了各专业学生的培养目标、培养要求、学位课程等。此外,根据《重庆文理学院章程》内容,修订了《重庆文理学院学生学籍管理规定》和《重庆文理学院学生违纪处分规定》,明确学生的权利与义务,充分保障和实现了学生受教育的权利。

4. 学生处分制度健全,程序符合法规,处理得当

结合新形势和新政策,在新修订的《重庆文理学院学生违纪处分规定》中进一步明确了严格按照调查取证、听取陈述和申辩、处分报批、下发处分决定书和送达处分决定书的违纪处分程序对违纪违规学生进行处理。坚持教育与处罚相结合,程序规范,处理得当,较好地维护了学校正常教育教学和生活秩序。

5. 建立学生申诉制度,依法妥善处理申诉案件

根据教育部《普通高等学校学生管理规定》和《重庆文理学院学生管理规定》及有关法律法规,制定了《重庆文理学院学生校内申诉管理规定》,明确了申诉的受理与处理程序、听证的规定和程序等内容,坚持公开、公正、实事求是和有错必纠的原则处理学生申诉。2016年未发生学生违纪处理不当的申诉情况。

6. 建立常态化领导体制与工作机制

(1)建立大学生思想政治教育工作领导小组。学校高度重视大学生思想政治教育工作和意识形态把控工作,成立了由党委书记任组长,党委副书记、分管学生工作和教学的校领导任副组长,学工部、党群部、校务部、教工部、教学部、马克思主义学院、现代教育技术中心等单位负责人为成员的大学生思想政治教育工作领导小组,负责学校大学生思想政治教育工作的总体策划、组织协调、工作部署。

(2)健全大学生思政工作常态化工作机制。学校将大学生思想政治教育工作纳入全年工作计划,统一部署、统一落实。在学校层面上,有针对性地召开党委常委会、校长办公会和大学生思想政治教育工作领导小组工作会,定期专题研究大学生思想政治教育工作,加强意识形态工作把控。在部门层面上,学工部通过专题研讨会、部门例会、学工例会等方式,研究并厘清工作思路、创新工作方法。

(3)完善"大学生周末思想政治教育"教学内容,加强"大学生周末思想政治教育"课程督导。2016年在课程中加入了高校学生廉政教育、反恐教育以及就业创业教育内容。为了确保"大学生周末思想政治教育"课有序开展,严格课程教学规范,开展了"大学生周末思想政治教育"课教学巡查工作,对课堂秩序、授课主题等做好记录。

7. 开展志愿者服务活动

为落实我校"顶天立地"发展战略,为学生搭建交流、学习、实践的平台,我校启动对巫溪县文峰职业中学的结对帮扶工作。活动以"大手牵小手"为主题,由学工部牵头,在全校召集对口专业志愿者,深入文峰职中,开展团体辅

导和朋辈教育活动,受到了文峰职中师生以及志愿者的广泛好评。

8．强化学工队伍建设

加大学工人员培训力度,利用学工例会、组织学工人员参加校内外专题培训等途径加强对学工人员的业务指导,提高其业务能力。2016年共组织7名辅导员参加了三级心理咨询师考试培训,推荐1名辅导员参加教育部组织的在北京师范大学召开的第149期全国高校辅导员骨干培训,推荐1名辅导员参加了由教育部主办的辅导员高级研修班,推荐1名辅导员到由共青团重庆市委员会开展的青年骨干教师培训,组织10余名辅导员参加心理咨询技术在辅导员工作中的应用等培训,近60名辅导员参加职业导师中级认证培训,近50名辅导员参加重庆职教城就业联盟2016年高校就业指导师资培训,9名新聘学工人员分别参加了市教委和学校组织的岗前培训。邀请重庆专家到校为全体辅导员开展专业知识讲座2次,开展学生工作交流会2次,培训累计达200余人次。

9．严把招聘程序,配齐辅导员队伍

在教工部的配合下,学工部牵头组织开展了2016年度辅导员招聘工作,招聘过程中坚持公开、公平、公正的原则,通过资格审查、笔试（综合基础知识考试和辅导员职业能力测试）、面试等三个程序,最终从300余名报名者中录用10名辅导员,较好地充实了一线辅导员队伍,将进一步降低辅导员队伍的师生比,更好地满足学生工作的需要。

10．规范开展评优推优工作

严格按照《重庆文理学院优秀辅导员评选办法》,组织开展2016年度校级优秀辅导员评选、市级优秀辅导员推荐工作。经学院考评推荐、学生满意度测评、学校满意度测评,评选出校级优秀辅导员4名,另推荐出4名辅导员参加市级优秀辅导员、年度人物、优秀思政工作者和全国高校辅导员年度人物评选。

11．开展辅导员评奖评优活动

2016年组织开展了第四届辅导员博客大赛、第三届大学生周末思想教育课讲课比赛和优秀辅导员评比活动。在辅导员博客大赛中,共收到作品51篇,其中评出优秀博文13篇、优秀博客3个。在第三届大学生周末思想教育课讲课比赛中,15名辅导员以大学生理想信念教育、大学生诚信教育、大学生感恩教育、大学生就业教育为主题参加讲课比赛，共评选出一等奖1名、二等奖2名、三等奖3名。在辅导员推优工作中，开展了2015年度校级优秀辅导员评选、市级优秀辅导员、优秀思想政治教育工作者和全国高校辅导员年度人物推荐工作，张铁红、周曦、夏赟、陈媛4人获2015年校级优秀辅导员，牟芷获2015年重庆市优秀辅导员，夏赟获2015年重庆市优秀思政工作者。

12．创新思想政治教育方式

为深入贯彻落实中央和重庆市委加强和改进新形势下高校宣传思想工作有关文件精神，认真贯彻中宣部、教育部《关于加强和改进高校宣传思想工作队伍建设的意见》（教党〔2015〕31号），进一步加强我校辅导员队伍建设，我校开展了"辅导员名师工作室"的建设工作。通过评审，最终立项"皮锋工作室"等2个名师工作室，"李才俊工作室"等3个工作室纳入培育计划。通过名师工作室的建立和培育，充分发挥了名师辅导员的模范带头作用，提升了辅导员的理论水平，推动了辅导员队伍专家化的建设。

13．创建"一院一品"

（1）为进一步推动我校学生工作的项目化管理和品牌化建设力度，组织开展学生工作"一院一品"创建活动，通过校内外专家评审，最终文化与传媒学院"大手拉小手志愿者实践平台""沐浴书香——让学生回归读书本源"等品牌活动获得立项。通过此活动，引导各二级学院在学生工作思路、机制、内容及载体上寻求突破点和创新点，创建有影响力和长效性的品牌项目，有效推动学生工作，不断提升学生工作内涵。

（2）大力支持《重庆大学生手机报》和重庆大学生在线建设。我校现有学生20 000余人，为更好地支持《重庆大学生手机报》建设，学校从学生综合服务管理系统平台对全校学生的手机号码进行了收集，现已在学生中实现大学生手机报的全覆盖。此外，基于重庆大学生在线建设实际，学工部要求辅导员在中国大学生在线平台进行注册，并发布辅导员工作心得和理论研究文章等博文，同时在博文博客大赛中加入学生投票环节，使更多学生参与到中国大学生在线和重庆大学生在线网络中，加强网络思政建设工作。

14. 关注学生心理健康

（1）健全心理危机干预制度。修订《重庆文理学院大学生心理危机预防与干预方案》，为保证方案的实效性，开展心理危机排查结果专题会议2次。

（2）心理健康教育人员专业化。学校利用心理学专业的教师资源，组建了一支14人的专职大学生心理健康教育工作团队，其中拥有博士学位的4人，硕士学位的10人。现团队成员中持有二级心理咨询师证书的有8人，持有三级心理咨询师证书的有9人。

15. 举办丰富多彩的心理健康活动

（1）一是承办重庆市第七届大学生成长论坛永川片区论坛，获得了青爱微课堂三等奖、大学生成长沙盘竞赛三等奖、优秀指导教师1名等3个市级奖项，较往年成绩有所提高。二是组织开展大学生心理健康教育活动。2016年"5·25"大学生心理健康主题活动包括了三级心理之家、大学生青春微课堂比赛、沙盘竞赛和社会实践调研报告四个子活动，收到作品共计近70份，讲课比赛报名团队20余支，全校共计1000余人次参与了此次活动。三是继续打造心理健康时空车广播栏目，本年度至今已共开播31期，五年累计播出211期。

（2）推进"青爱小屋"建设。"青爱小屋"主要是针对大学生进校性健康教育、心理健康教育、艾滋病防治教育和慈善活动的一个场所。根据学校实际情况，学校今年主要通过"一支团队、两个阵地、三项活动"来推进"青爱小屋"建设，重点开展性健康教育、心理健康教育、艾滋病防治教育三项工作。

16. 学生资助管理

（1）简化新生入学"绿色通道"程序，提供困难新生便捷服务。今年继续使用网上迎新服务系统，实行网上报到和现场报到相结合，为广大新生入学报到提供了极大便利。2016年我校通过"绿色通道"入学的新生数达到889人，占今年入学新生总数的18.5%，缓交学费金额约762余万元，确保了家庭经济困难学生的顺利入学，实现了绝不因家庭经济困难而辍学的目标。

（2）严格国家奖助学金评定，落实国家教育惠民政策。我校高度重视国家奖助学金评选工作，按规定执行国家奖学金、国家励志奖学金、国家助学金政策，要求各二级学院根据学生的家庭经济贫困状况进行贫困生认定，建立学校贫困生数据库,为资助工作的开展和国家奖助学金的评定做好准备。在奖助学金评定过程中,严格按照实施办法要求的程序,完成了初评、公示和材料上报工作,评定工作中无学生有效投诉。全年有38人获得国家奖学金共计30.4万元、654人获得国家励志奖学金共计327万元。

（3）多渠道开展经济资助,保障学生顺利完成学业。继续强化以国家助学贷款为主渠道,以国家奖助学金、学生勤工助学、临时困难补助等资助手段为辅的学生资助体系,全面保障困难学生顺利完成学业。2016年共办理学生助学贷款2 159.98万元,发放国家助学金1 822.75万元,发放学生校内勤工助学工资近50万元。发放学生临时困难补助近161.5万元（含建卡贫困户学生的临时困难补助）,发放毕业生求职补助80万元。

（4）积极响应上级号召,做好建卡贫困户学生帮扶工作。为切实做好重庆籍建卡贫困户学生的资助工作,制定了《重庆文理学院重庆籍建卡贫困学生资助管理办法》。以国家助学贷款和国家助学金为主,以学费住宿费减免、从学费等事业收入提取资助金等为辅助,解决好建卡户学费、住宿费和生活费等问题。同时,为建卡贫困户学生提供勤工助学岗位,引导学生通过劳动实现自立。2016年认定贫困建卡户学生1 150人,得到各种途径资助的学生达到867人,283名学生放弃贫困建卡资助。

（5）接受重庆市教委关于学生资助工作的专项检查工作。为准确了解高校本专科学生资助政策落实及建档立卡贫困家庭学生资助情况,市教委、市财政局于2016年10月份联合对我校2013—2016学年各项学生资助政策执行情况,特别是建档立卡贫困家庭学生资助政策落实情况进行了专项检查。我校从材料准备、专题汇报等方面得到检查组一行的肯定。同时,我校涉及勤工助学、奖学金、助学金、临时困难补助、学生科研奖励、教师科研助管等方面发放的学生资助经费远超过上级部门规定的从事业收入中提取4%~6%的比例。

招生工作

1．合理编制招生计划，超额完成招生任务

完成 27 个省市分省、分专业、分科类招生计划编制，对报考率较低的物理学（师范）、生物科学（师范）、经济统计学、林学等专业暂停招生。2016 年学校原始计划 4 274 名，实际录取新生 4 800 名。学校总录取率达到原计划的 112.3%。

2．本科调档线持续稳定，生源质量不断提升

2016 年招收普通文史和理工类本科的共 25 个省市一志愿录取满额，最低录取分数线较去年大幅上扬，生源质量进一步提升。普通文史理工类将原来的本科二批和三批合并划线的省份有 15 个，重庆市属首次本科二批三批合并划线，统一为本科二批。重庆市普通文史理工类录取分数较往年略有提高，文科超二本线 68 分，距一本线 24 分；理科超二本线 78 分，距一本线 31 分。

3．报到率位居同类高校前列，巩固率保持稳定

全校本科新生报到总人数为 4 600 人，总报到率为 95.83%。其中，普通文史理工类（含高水平运动员）报到率为 94.65%，艺术本科报到率为 98.63%，体育本科报到率为 99.17%，对口高职本科报到率为 98.46%。报到率为 100% 的省区有 7 个，分别是黑龙江、浙江、山东、海南、贵州、西藏、宁夏，其中北京连续五年报到率为 100%。全校本科新生巩固率保持稳定，2016 年本科入学巩固率为 99.85%。

4．完成入学考试相关工作

完成 2017 年硕士研究生入学考试的报名及考试的组织实施工作，参考人数 1 559 人。工作零投诉、零事故。

就业工作

1. 加强组织领导，量化工作考核，协同推进就业

学校就业工作秉承"创业至上，就业为本"的理念，把毕业生就业工作作为学校的"一把手"工程来抓。成立了以党委书记和校长为组长，分管教学和就业的校领导为副组长，招生就业处牵头，教务处、创新创业办公室、计财处、武装部等职能部门负责人和二级学院党政领导为成员的校级就业工作领导小组。二级学院设立由院长为组长，分管学生工作书记和教学工作副院长、学生工作办公室主任、毕业班辅导员组成的就业工作小组，负责毕业生就业工作。学校将二级学院就业工作纳入年度工作目标指标考核，校长和二级学院院长签订《就业工作目标责任书》，并于2016年对量化指标及奖惩措施进行进一步修订；出台《重庆文理学院毕业生就业工作管理规定》，对完成年度就业工作目标的先进集体和先进个人予以表彰。

2 积极拓宽就业渠道，搭建就业平台，提高就业质量

（1）从源头抓起，设立单独招生代码，举办"信息与计算科学（金融软件）""国际海员海乘"校企合作"订单班"。与洲际酒店集团签署合作协议，共同订单培养酒店行业精英人才；与凤凰卫视集团·凤凰数媒共建数字媒体产学研基地，组建"数字媒体实验班"。加强与地方园区合作，批量输送毕业生。学校与璧山国家高新技术产业开发区共建"大学生实训就业基地"，璧山高新区已组织园区企业70余家到校举办专场招聘会。

（2）对接行业协会，组团进校选拔毕业生。学校主动加强与行业协会对接，先后与重庆园林协会、重庆市职业教育学会健康养老服务业专委会、机械制造业协会合作，由协会组织行业内优质企业到校举行招聘会。加强与重点企业合作，提高毕业生就业质量。为充分拓展就业渠道，为学生提供更优质的实习就业岗位，学校与厦门航空、中铁隧道股份、中冶建工、重庆机场集团、富士康、华为、中国平安、民生银行等国企、上市公司及大型民营企业建立合作关系，提高毕业生就业质量。

（3）搭建就业平台，提供充足的就业岗位。学校现与 1 600 多家企业建立校企间长期稳固的人才供需合作关系。积极组织举办各种规模不同类型的校园宣讲招聘活动，全年学校及各二级学院先后共举办宣讲会及专场招聘会达 305 场，参与企业 735 家，提供 13 000 余个岗位。

（4）强化就业指导，提升就业教育质量，探索就业课程改革。为使大学生能够充分了解就业政策、关注就业形势、正确评估自身就业能力，开通北森职业生涯规划测评系统，举办大学生职业生涯规划大赛。2016 年为全校 1~3 年级学生开展了包含就业政策、就业形势、求职技巧、面试礼仪的就业专题巡讲活动 30 余场。继续开展就业分类指导，举办公益培训班，2016 年共举办考研公益培训班、公务员公益培训班、事业单位招聘公益培训班各一期，700 余名毕业生参与。改革就业指导课程教学方式，实施课程外包，采取线上线下相结合的方式。

3．深化信息化建设，广泛收集就业岗位，提升服务水平

以"一站式就业服务平台"为依托，不断完善软硬件功能，2016 年新建两间多媒体教室，可分别容纳 50 人、80 人，供企业招聘和宣讲。完善了就业咨询、手续办理、户档托管等就业指导与服务体系，提高了服务水平。2016 年办理毕业生就业改派、档案查询及提取等 700 余人次，完成 6 300 余名毕业生档案寄送、派送。成功开通就业微信公众号，建立分布到学院、专业、班级的就业信息发布 QQ 群，为所有毕业生订阅中国移动就业短信及彩信平台，定期发布招聘信息、就业政策及求职指导等信息。截至目前已收集 1 193 条有用信息。

4．建立台账、购买服务，实施就业精准帮扶

学校始终将就业困难及特殊群体帮扶援助工作摆在重要位置并长期抓好抓实。一是建立就业困难毕业生台账；二是对困难学生开展"一对一"帮扶活动；三是对困难学生进行心理辅导，解决就业困难群体的心理问题；四是向困难学生推荐就业岗位。2016 年共为 1 102 人发放家庭困难毕业生及残疾毕业生求职创业补贴，共 88.16 万元，对参加考研、公务员及事业单位招考的就业困难毕业生，学校支出 12 余万元用于购买培训课程。

5. 就业率维持高位，用人单位满意度逐年上升

截至 2016 年 12 月 25 日，学校 2016 届毕业生初次就业率为 91.27%，较 2015 届的 88.52% 高近 3 个百分点。年底就业率为 95.85%，较 2014 年与 2015 年均有所提升。通过就业教育的强化、开展毕业生分类就业指导，2016 届毕业生考取研究生、公务员、教师公招及出国留学人数较去年有所增加，电气工程与自动化、工程管理（工程造价）、财务管理等专业毕业生进入国企及大型公司人数较去年增加较多。学校委托第三方机构对用人单位进行了调查，调查显示用人单位对学校毕业生"总体表现的满意度"为 86.7%，对"学校毕业生就业服务工作的满意度"为 87.9%，对"专业设置适应产业发展需求的满意度"为 85.2%。

共青团工作

1. 切实加强学生思想引领

开展"网上团支部""团支部书记述职""团支部书记'背靠背'测评""爱国情、文理梦"主题活动月路讲活动,深化了"团校""青马"培训形式,邀请了永川道德模范"新乡贤"走进校园,带领"青马班"骨干到江津聂荣臻纪念馆参观学习,成立大学生思想引领中心、大学生网络宣传中心、大学生写作培训中心,让学生从多角度、多维度受教育、长才干。

2. 切实加强学生素质拓展

(1)周末文化广场有新态势。将我校的"周末文化广场"活动做得更"实",至今已经举办了591期,创新了"周末文化广场考核制度",在这个舞台上培养了大量的学生干部,让更多的同学有了展示自我、锻炼自我的平台。

(2)"畅想文理"文化艺术节有新成效。第十五届"畅想文理"文化艺术节结合我校40周年校庆的主题,开展了"喜迎校庆·奔跑青春"校园彩跑活动、"喜迎校庆·筑梦青春"金话筒主持人大赛、"喜迎校庆·思辨青春"辩论赛、"喜迎校庆·唱响青春"十佳歌手赛、"喜迎校庆·魅力青春"模特大赛等师生喜闻乐见的活动。

(3)"科技文化月"活动有新提升。第十六届"科技文化月"系列活动以"星湖拾忆——二维码揭开尘封历史"重庆文理学院老照片展拉开帷幕,以二级学院为平台,大力开展"挑战杯"校级预赛、"科普知识竞赛""社会实践汇报大会""班服设计暨班风展示大赛"等活动,提高学生的科学认知水平。

(4)"社团之光"社团文化艺术节有新进展。第十五届"社团之光"社团文化艺术节,充分吸收了各学生社团的力量,共开展了25项子活动,同时通过"社团骨干培训班""社团茶话会""社长沙龙"等形式让学生社团"活"起来、"动"起来。

(5)"学生科研立项"有新突破。2016年学生科研立项共184项,数量和质量较以前均有所提高。通过学生科研立项,极大地提高了我校大学生的创新创业能力。

（6）青年志愿服务有新气象。2016年，我校青年志愿服务工作结合暑期"三下乡"，分别到宜宾、遵义、丰都三元镇等开展了社会实践工作。定期到永川十三人民医院、永川敬老院、卧龙凼社区、朱沱镇等23所市民学校开展志愿服务活动，得到了广大市民的好评。学校青协荣获"永川区十佳志愿服务队"称号。

3．切实加强学生宣传意识

2016年，我校积极加强新媒体建设，微信群总数量达到300余个、微博500余个。广泛建设"网上团支部"，培养了一批"网络评论员""网络宣传员""网络文明志愿者"，有效加强了对大学生的思想引领。团委微信公众平台——"重文理团委"共发表文章302篇，在重庆高校团委新媒体每月的排行榜上跃居第六名。同时，开通了"渝西青年社""青年志愿者协会"等社团的微信公众号，并组织学生在"暖青汇""青年之声"公众平台上发声。

安稳工作

1. 新生军训工作

做好两校区新生军训服装的发放工作,配合相关部门做好军训动员大会及汇报总结大会的工作。军训期间,安管处同志每天到运动场进行观训,全力做好2016年学生军事训练的组织领导工作,及时协调、处理军训期间的各种突发事件,有序推进学生军事训练进度,确保了学生军训工作的顺利完成。

2. 安全稳定工作

将安全稳定工作计划纳入学校工作规划,并成立学校、二级单位安全稳定工作领导小组,设专人负责安全稳定工作,安全稳定各方面经费均得到充分保障。认真贯彻"安全第一、预防为主"的方针,坚持以确保校园安全稳定为重点,创建良好育人环境为目标,积极排查各类安全隐患并及时整改,做到网格化、精细化;实行安全稳定工作一票否决制;人防、物防、技防"三防"体系健全;有完善的安全管理和安全预案制度,有应急管理制度及应急处突措施;配备专兼职工作队伍齐抓共管,重点要害部位、校舍场馆有专人值班、巡逻。维护了学校正常的教育教学秩序。全年度无政治稳定事件发生,无安全责任事故、无大的刑事案件和治安事件发生,无自然灾害事故发生。

3. 安全教育工作

加强对师生的安全教育,全年安全管理处面向全校师生直接开展的安全、法制教育如交通安全知识专题、消防安全教育专题、防诈骗安全教育专题及其他安全、法制教育专题就近10场(次),另外还对学校重点部门开展专题培训,培训对象达到上1 000人(次)。同时,组织员工积极参加各级安全管理部门组织的相关培训,全年送出去培训和参加校内相关培训人员近20人(次)。

4. 消防工作

围绕消防活动主题,利用消防安全知识讲座、宣传横幅、展板、有线电视、应急疏散演练等形式推动"119"消防安全宣传月活动,分别在两校区组织开展2016年消防讲座及灭火实战演练。本年度未发生重大消防意外事故,共开展隐患排查 30 余次，发放消防知识手册 5 000 余本，对重点单位（图书馆、档案馆）开展专项消防知识讲座和实战演练 2 次，对今年全部新上任各二级单位责任人以"落实消防安全主体责任，提升消防安全管理水平"为主题进行消防专项培训；制作悬挂消防宣传条幅 56 条；两校区更换 4 kg 干粉灭火器 2 430 具；两校区对消防重点单位（食堂、现技中心主机房等）更换 2 具装灭火器箱 150 个、疏散指示牌 520 块；两校区增加二氧化碳灭火器 40 具、新增 35kg 推车式干粉灭火器 20 具。

5．交通工作

严控外来车辆，确保车辆通行顺畅。两校区不定期、不定点共开展了 31 次交通整治，重点治理机动车无牌无证驾驶、电动车搭人等违章行为，劝导学生不骑无资质的摩托车上学，电动车在校内行驶不准搭人，并要求行驶中戴安全头盔。查处校内无证摩托车 35 台，纠正电动车搭人 80 余人次，对校内损坏的 73 米减速带进行补修；完成对红河两校区废旧自行车、摩托车的处置；开展交通安全知识讲座。

6．户政工作

本年度协调完成将学校户籍集体户户籍从南大街迁移到中山路的工作，现学校集体户和两校区户籍统一划归中山路凤凰湖派出所管辖。办理新生户籍 38 份，集中代办毕业生户口迁移手续 97 份。

7．平安校园指挥中心工作

本年度"平安校园"指挥中心接到各类报警、求助、咨询电话共 930 多起，其中报警电话 141 起、求助电话 101 次。完成学校的 A 区北门清水池、新材料研究院、百川兴邦众创空间及新药创制中心的新增监控的验收工作，完成全校监控维护工作和 2017 年视频监控升级扩容的准备工作。

2016年分专业录取情况

专业		招生类别	公布计划	报1专业	1专业率	录取	录取率	校1志愿	校1志愿率
本科	原始计划 4 800		4 720	2 488	53%	4 800	102%	4 754	99%
	汉语言文学（师范）	文	120	243	203%	120	100%	120	100%
	广播电视编导	不分文理	120	120	100%	120	100%	117	98%
	广播电视学	文	60	35	58%	65	108%	65	100%
	汉语言文学	文	60	61	102%	62	103%	62	100%
	信息与计算科学	理	120	114	95%	119	99%	119	100%
	数学与应用数学（师范）	理	60	250	417%	60	100%	60	100%
	财务管理	文理	120	388	323%	121	101%	120	99%
	金融数学	理	60	66	110%	61	102%	61	100%
	商务英语	文理	100	110	110%	107	107%	107	100%
	英语（师范）	文理	100	281	281%	99	99%	99	100%
	环境科学	理	80	39	49%	80	100%	80	100%
	化学工程与工艺	理	50	16	32%	50	100%	50	100%

续表

专业	招生类别	公布计划	报1专业	1专业率	录取	录取率	校1志愿	校1志愿率
金属材料工程	理	50	18	36%	50	100%	50	100%
高分子材料与工程	理	50	28	56%	50	100%	50	100%
化学（师范）	理	50	114	228%	55	110%	55	100%
制药工程	理	60	52	87%	58	97%	58	100%
运动康复	不分文理	60	51	85%	60	100%	56	93%
体育教育（师范）	不分文理	120	124	103%	114	95%	109	96%
社会体育指导与管理	不分文理	60	66	110%	67	112%	63	94%
生物技术	理	60	16	27%	60	100%	60	100%
园林	文理	100	59	59%	107	107%	107	100%
风景园林	理	60	28	47%	62	103%	62	100%
食品科学与工程	理	60	15	25%	60	100%	60	100%
思想政治教育（师范）	文	60	40	67%	67	112%	67	100%
法学	文	70	102	146%	78	111%	78	100%
行政管理	文	60	26	43%	65	108%	63	97%
电气工程及其自动化	理	150	141	94%	160	107%	160	100%

续表

专业	招生类别	公布计划	报1专业	1专业率	录取	录取率	校1志愿	校1志愿率
电子信息科学与技术	理	60	143	238%	61	102%	61	100%
微电子科学与工程	理	50	9	18%	39	78%	38	97%
电子信息科学与技术[对口]	电子技术类	100	100	100%	100	100%	100	100%
音乐学	不分文理	50	58	116%	58	116%	58	100%
音乐学（师范）	不分文理	120	120	100%	120	100%	118	98%
舞蹈学（师范）	不分文理	80	80	100%	80	100%	78	98%
美术学	不分文理	60	57	95%	58	97%	58	100%
视觉传达设计	不分文理	60	59	98%	61	102%	61	100%
环境设计	不分文理	100	115	115%	104	104%	103	99%
动画	不分文理	50	43	86%	52	104%	52	100%
服装设计与工程[对口]	服装设计与工艺类	50	50	100%	50	100%	50	100%
应用心理学	文理	40	31	78%	44	110%	44	100%
小学教育（师范）	文理	60	174	290%	61	102%	61	100%
小学教育（全科教师）	文理	150	150	100%	150	100%	150	100%
学前教育（师范）	文理	60	33	55%	65	108%	65	100%
学前教育（师范）[对口]	教育类	60	60	100%	60	100%	60	100%

续表

专业	招生类别	公布计划	报1专业	1专业率	录取	录取率	校1志愿	校1志愿率
物流工程	文理	100	31	31%	100	100%	100	100%
工商管理	理	120	87	73%	127	106%	127	100%
机械工程	理	120	59	49%	119	99%	119	100%
机械电子工程	理	60	37	62%	61	102%	61	100%
材料成型及控制工程	理	50	3	6%	48	96%	47	98%
机械电子工程[对口]	机械类	60	60	100%	60	100%	54	90%
土木工程	理	120	92	77%	122	102%	122	100%
工程造价	文理	100	144	144%	100	100%	100	100%
工程管理	理	60	30	50%	61	102%	61	100%
软件工程	理	150	167	111%	152	101%	152	100%
信息工程	理	60	20	33%	62	103%	62	100%
网络工程	理	60	26	43%	62	103%	62	100%
计算机科学与技术[对口]	计算机类	100	100	100%	100	100%	100	100%
会展经济与管理	文	100	29	29%	100	100%	100	100%
旅游管理与服务教育	文	40	4	10%	36	90%	36	100%
旅游管理与服务教育[对口]	旅游类	50	90	180%	50	100%	50	100%
旅游管理与服务教育[对口-长航]	旅游类	60	39	65%	60	100%	50	83%
旅游管理与服务教育[对口-洲际]	旅游类	40	21	53%	40	100%	36	90%

管理与服务

GUANLI YU FUWU

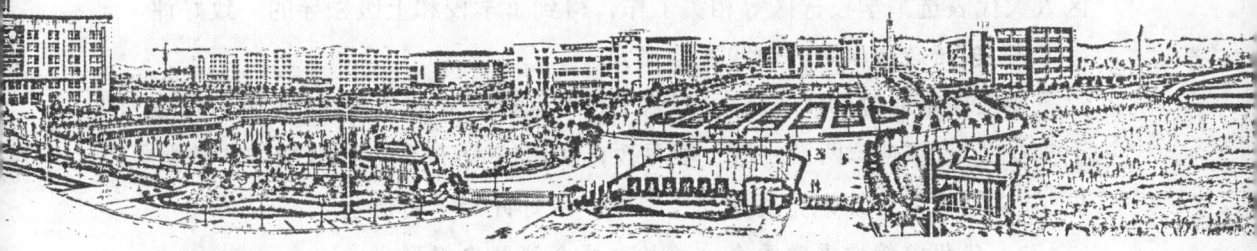

校务部

1. 打造敢打硬仗、善打硬仗的精干队伍

结合"两学一做"学习教育，明确班子成员责任和分工，积极开展部门工作研讨，理顺机构职能职责，增强部门班子对全局工作的驾驭力和把控力；深入开展"两学一做"学习教育，拟定"两学一做"突出问题整改台账并按时整改落实，着力提高党员党性修养和理论水平；贯彻落实民主生活会和组织生活制度，分管校领导以普通党员身份参加支部组织生活会累计8次，提高组织的凝聚力和战斗力；通过党员组织关系集中排查，党总支、支部换届选举，党费收缴等相关工作，不断强化党员身份体认和模范带头意识；积极组织教职工开展工会活动，促进部门新老人员思想的交流、情感的融合，增强教职工的向心力。

一年来，部门领导班子团结带领全体员工克服困难、共同奋战、任劳任怨、敢打硬仗，保质保量完成了所承担的学校40周年校庆、创新创业50强、永川区人大代表选举学校选区等相关工作，得到了学校和上级领导的一致好评。

2. 创新政治学习和组织生活形式

积极探索通过QQ、微信等网络平台和新媒介开展学习讨论，努力打造"网上党支部"；结合"两学一做"学习教育和建校40周年组织开展的"学党史校史 知党情校情"知识竞赛活动，得到一致好评与学习借鉴。

3. 优化学校党委常委会、校长办公会议题申报形式

重新设计了学校党政会议议题申报表，严格相关议题申报流程，加强会前论证研究力度和相关协办单位会商沟通，切实提高学校办公会效率和质量。

4. 完善目标考核评价机制

首次将科研院所单列一组纳入目标指标考核中，探索实施科研机构的工作质量考核机制；为推动学校从严治党要求，加大了党建工作考核力度，将原来的分值100分调整到200分。

5. 校庆工作实现预期成效

牵头做好组织策划与协调，完成了校庆各类文稿撰写、活动安排、会务接

待等工作，督促相关职能部门按时推进校庆各项准备工作，确保校庆工作取得圆满成功，实现了"传承文理精神、展示发展成就、谋求未来发展"的预期目的。

6. 以文辅政工作高质高效

紧贴领导思路，牵头完成了54份重要文稿以及其他日常文字材料撰写工作，其中，校庆动员报告等材料受到学校领导的充分肯定。围绕学校特色亮点及师生关注热点，开展政务信息编报工作，进一步加大经验举措类信息的采写力度，共报送经验举措类信息8条（数量是2014年与2015年的总和）。无差错制发学校公文340余份，处理外来文件约1 600份、机要文件约550份、校内请示约140份。

7. 国际合作与交流工作成效明显

首次正式启动国际联合办学项目申报工作，并确定了合作办学的学校与专业；组织开展了国家留金委"西部项目"申报工作，有8名教师申报成功，数量上较之前有重大突破。

8. 协调解决星湖校区历史遗留问题

牵头开展星湖校区校界勘测与确认工作，促使4万余平方米土地重新回归学校；协调完成了星湖校区临时建筑清查、养猪场搬迁。

9. 公务接待和会议活动管控效果良好

严格接待审批制度，制定公务接待审批表、登记表。完善了《重庆文理学院会议（活动）管理办法》，大力控制临时性会议活动。2016年学校层面会议活动共计252次，较2015年减少43次，同比减少14.58%。

10. 稳步推进办公信息化建设工作

牵头组织召开学校会议室改造专题会议，制定改造方案；协调现技中心开展了OA系统功能需求调研，并及时反馈相关改进意见建议。

11. 持续推进质量评价与督查工作

及时制发学校党委会、办公会纪要，累计发放相关纪要110份次；围绕2016年学校年度重点工作、党政办公会决议以及开学工作检查、外审内审发现的问题，开展督查督办和跟踪验证，编印《工作质量简报》13期；处理、回复校领导留言板留言约700条，重点督办事项58项。

12．扎实开展法律事务服务工作

修改出台《合同管理办法》，加强合同审签管理力度和合同履行情况的检查指导，做好了410余份合同的审签以及2015年合同归档工作。

13．定期开展部际联动工作

及时召开部际联动会，加强各职能部门的沟通协调；与资产部、总务部、纪检部联合开展《重庆文理学院"三重一大"决策制度实施办法》《合同管理办法》等文件制定；与安管处、总务部联合开展星湖校区防火隐患排查，成效明显。

14．顺利完成监督审核和内部审核

配合审核专家完成10个二级单位的监督审核工作，现场审核顺利通过；牵头做好了16个二级学院内部审核工作，并及时开具整改项。

15．有序开展在线交流工作

及时制定本年度在线交流总体安排方案，共组织开展交流活动24期；引导二级学院结合"两学一做"学习教育以沙龙形式开展面对面交流；结合40周年校庆邀请校友代表与大学生进行面对面交流，进一步丰富了交流形式。

教工部

1. 深入开展"两学一做"学习教育

将"两学一做"学习教育纳入2016年度党政重点工作,通过出台"1+N"方案加强谋划部署;党委书记及领导班子全体成员带头抓学习、讲党课、查问题、抓整改;坚持问题导向,建立121个台账,实行挂单整改;党组织和党员作用发挥更加充分,涌现出一批先进典型,1个党总支被评为2016年度"重庆市先进基层党组织"。

2. 干部队伍建设更加规范

规范干部选拔任用工作。完成了148名第五届科岗人员选拔任用工作,落实了轮岗交流制度,优化了干部队伍结构;积极支持、配合市委组织部完成了1名党外市管干部的推荐、考察、选任工作;根据工作需要,提任了2名正处级干部、1名副处级干部。推荐了3名同志到市教委、永川区发改委挂职锻炼,做好了六盘水师范学院2名同志来校挂职工作。

3. 切实抓好干部教育培训

(1)共组织9名校领导参加了暑期读书班学习活动和2016年全市干部网络在线学习培训;组织推荐1名校级副职参加了市委组织部组织的第三期市属高校领导干部培训;分别选送市委教育工委组织的高校处级干部任职培训10名、高校党员示范培训2名、全国第四十九期高校中青年干部培训1名、高校党务干部骨干研修培训4名、教师党支部书记参加"两学一做"专题网络培训18名。

(2)全面加强干部管理监督考核。完成了148名处级领导干部、五六级职员个人有关事项集中报告、信息录入和汇总分析及16名人员随机抽查和比对核实工作;确定专人对因私出国(境)证件的管理。

4. 高质量完成基层党建重点任务

(1)积极稳妥做好党费收缴专项检查工作。严格执行标准,精准比对党费数据,克服工作困难,顺利完成2008年4月以来补交党费的收缴和上报工作。

按期开展基层党组织换届选举工作。依据《高校基层组织工作条例》等有关精神，完成了 27 个党总支、93 个党支部（含 4 个直属党支部）的换届工作。进一步完善党内关怀、激励和帮扶机制。走访慰问了老党员、生活困难党员 45 人次，按规定为 5 名生活困难党员减免了党费，让广大党员真切感受到党组织的关怀和温暖。

（2）加强党员队伍建设。本年度共举办两期入党积极分子培训班，培训学员 1 848 人，评选表彰了 4 个先进集体、22 名优秀学生干部、128 名优秀学员；共发展 525 名预备党员，批准 477 名预备党员转正。全面完成组织关系集中排查工作。组织完成全校 2007 年以来 8 000 多名党员组织关系集中排查工作。

5．人才队伍建设取得新突破

（1）强化人才保障。修改了《重庆文理学院高层次人才引进办法》《重庆文理学院博士研究生培养规定》，出台了《重庆文理学院特聘教授聘任实施办法》《重庆文理学院关于加强教师队伍国际化建设的实施办法》；投入人才专项经费 650 万元。

（2）人才引进和培养工作推动有力。一是高层次人才引进和培养成效明显。引进博士 24 人、正高职称和副高职称的双师型教师各 1 人、国外知名专家学者 3 人，柔性引进国内外专家学者 10 人；委托培养博士 6 人。二是公开招聘顺利完成。录用硕士研究生 89 人。三是师资培训有序开展。全年共完成"双师型"教师培训 74 人，高校教师岗前培训 72 人，新进教师素质拓展培训 72 人，转课程培训 2 人，职称晋升人员岗前培训 52 人，专业培训 3 人，精品课程培训 4 人，特色专业骨干教师海外研修培训 3 人，海外访问学习 5 人，国内访问学习 2 人，会计青年英才培训 2 人。四是继续推进国际化人才培养计划，以西部项目、特色专业骨干教师等项目为依托，送培出国访学人员 14 人；分两批送培 26 名一线教师到四川外国语大学参加公派出国留学预备人员高级英语培训，部分教师参加了四川外国语大学出国英语业余培训。

（3）人才项目取得新成效。新增一级特聘研究员 1 人，认定 171 位教师为"双师型"教师，引进 70 余位企业、行业专家和机关事业单位管理人员到课堂；刘嘉、杨勇成功获得"巴渝学者"称号，陈中祝博士入选重庆"百人计划"，陈蕾、韩涛、孔庆波获重庆市高校中青年骨干教师称号。

（4）全面完成第三轮岗位设置与聘任工作。专业技术岗晋升223人，管理岗晋升32人，工勤技术人员晋升5人，完成了岗位聘任合同的签订工作。

6．扎实做好离退休工作

获得两项荣誉称号。我校关工委被评为全国教育系统关心下一代工作先进集体；离退休党总支被评为"2014—2016年度先进基层党组织"。送展作品获佳绩，我校老干部李云松同志的绘画作品，参加中共重庆市委老干局主办的庆祝中国共产党成立95周年暨纪念红军长征胜利80周年书画、摄影大赛获一等奖，成为唯一一个高校获奖作品，也是我校离退休党总支长期鼓励老同志积极展示阳光心态取得的积极成果之一。

党群部

1. 做好了校庆相关工作

精心设计,声、光、电立体展现,建成具有现代化气息的校史馆,开馆一个多月来,参观人数达 6 000 余人次,得到校内外人士的好评;完成专题片《逐梦文理》的摄制,从脚本的撰写到制作完成,前后经历了 12 次修改;完成宣传画册《印象文理》的制作,画册思路清晰、特色鲜明,集中反映了建校 40 年来的办学思想和办学成就;编辑《媒体文理》,汇编了近 10 年来市级以上各大媒体对学校报道的文章;完成了全校楼宇名和双语牌的更新、星湖校区 39 处重点楼宇名的保护性恢复;AB 地下通道设计汇集了"中国梦""文理梦"的多种文化、科技元素,成为学校校园文化建设中一道风景线;营造校内宣传氛围,包括校庆标识的征集,校庆宣传标语、横幅、电梯宣传栏、校门校庆标识的策划布置,以及二级学院宣传橱窗、网站专栏、展板制作布置。

2. 推进"三化",抓实抓好支部党建工作

根据专题化、片区化、全员化三个层次的理论学习要求,2016 年校级中心组共开展了 8 次专题学习研讨;二级中心组开展了 7 次专题学习;教职工开展了 11 余个专题的学习。学校"三化"学习制度坚持了多年,报送的简报受到了重庆市教委宣教处领导的好评。对支部工作与年度工作目标进行了统一策划,开展了 3 个专题学习研讨;广泛征求意见,制定整改台账,全部整改事项已完成;认真落实"三会一课"制度;顺利完成了党员组织关系集中排查、党费收缴专项检查等重点任务;开展了党的十八届六中全会精神及"两学一做"知识竞赛;高标准召开了领导班子专题民主生活会,以及党员专题组织生活会、民主评议党员等活动;支部把"两学一做"学习教育与党群部业务工作紧密结合,在校庆、意识形态管理、舆情监控等方面,党员干部率先垂范,发挥先锋模范作用,有力推动了部门各项工作。

3. 从严从实,加强学校意识形态管控

加强意识形态领域工作统领,出台了《中共重庆文理学院委员会关于贯彻落实高校意识形态工作有关要求的通知》;建立宣传思想政治工作联席会制度,制定了《重庆文理学院宣传思想政治工作联席会议实施方案》;开展教职工思想动态调研,把握教职工思想动态;坚持师生思想动态月报制度,及时向市教委报送我校师生的思想动态情况;坚决贯彻实施《重庆文理学院哲学、社会科学类讲座管理办法》,并将离退休合唱团演唱曲目、各类培训班授课内容纳入审批范围,做到了意识形态工作全覆盖;不定期对全校所有二级单位网站的栏目设置、信息更新等进行了拉网式检查。

4．多方协调,利用各类媒体传播文理好声音

本年度,经过多方的协调、策划,《中国教育报》将在头版头条专题报道我校转型发展取得的成绩,将在全国高校中独领风骚。在国家级、市级媒体上发表外宣文章30余篇。《重庆文理学院报》全年共出版17期,36万余字,全面报道了学校教育教学工作。在中国高校校报好新闻评比中,名列全市高校第四;在重庆新闻奖评选中名列全市高校第二。全年共发布校园网主页新闻840余条,向重庆市教委新闻中心报送新闻信息35条。对我校获得全国首批创新创业典型经验高校50强、创新创业大赛一等奖、重庆市大学生师范技能大赛一等奖、40周年校庆等进行了精心策划和重点宣传报道。做好了日常的摄影和摄像工作,全年完成了新闻拍摄任务300余次。

5．加强建设,以同心文化为载体推进统战工作

设立统战科,配备了专职人员。出台了《中共重庆文理学院委员会关于进一步加强统一战线工作的实施意见》,学校党外代表人士提出了近200件提案(议案)。其中,民进支部主委冯利朋博士提出的《应让马克思主义经济学回归为高校经济学教学与科研的主流》决策建议得到刘延东副总理的重要批示。新成立侨台留联谊会,侨台留联谊会副会长陈中祝博士负责的新药创新团队荣获第六届"中国侨界贡献(创新团队)奖"。

6．多措并举,不断夯实学校工会工作

成功召开第四次教职工代表大会暨工会会员代表大会,完成了校院两级教代会换届选举工作。慰问职工25人次;给13名患病的教职工给予帮扶补助;开展教职工生日慰问活动,组织全校1 200名在编在岗教职工在重庆医科大学

附属永川医院进行健康体检,为全校在职职工办理了为期一年的"重大疾病互助保障"活动入会手续。积极开展群众性文化体育活动,在市高校专家教授运动会上获得团体总分第一名。校工会获市高校工会工作综合竞赛特等奖;音乐学院获得"重庆市教科文卫体工会五一巾帼标兵岗";1名同志获得"重庆市教科文卫体系统先进女职工工作者"称号;创新靶向药物国际研究院获重庆市工人先锋号光荣称号。在重庆市2016年高校青年教师教学竞赛中,校工会获得"优秀组织奖"。

纪检部

在上级纪委（纪检组）和学校党委的正确领导下，纪检部认真贯彻落实党的十八届五中、六中全会和中纪委十八届六中全会精神，坚持"标本兼治、综合治理、惩防并举、注重预防"的工作方针，广泛开展党风廉政教育、健全责任体系、加强制度建设、强化过程监督、狠抓作风建设，有力推进了学校党风廉政建设和反腐败工作，为学校改革发展稳定提供了有力的政治保证和纪律保障。2016年度，学校纪委被驻教委纪检组推荐为"重庆市纪检监察系统先进集体"，是全市教育系统唯一的受表彰单位。

1. 广泛开展党风廉洁宣传教育，深入推进校园廉洁文化建设

通过召开专门会议，开展党风廉洁宣传教育。组织参加重庆市教委党风廉洁建设电视网络视频会议；组织召开学校党风廉洁建设暨纪检监察工作大会；召开全面从严治党工作推进会；分别邀请驻市教委纪检组和市审计处领导作党风廉洁建设辅导报告。坚持开展校园廉洁文化宣传教育，继续在大学生课堂中开展反腐倡廉专题教育；组织参加第五届全国高校廉洁文化作品征集暨廉洁教育系列活动。利用各种宣传平台，进行廉洁教育和反腐宣传；实地开展警示教育，分别组织新上任领导干部、纪检委员到重庆市九龙监狱、渝西预防职务犯罪警示教育基地开展廉洁警示教育。

2. 健全并落实党风廉洁建设责任制，不断强化反腐倡廉责任

全年召开5次纪委全委会，统筹谋划纪检工作任务；向党委常委会及时汇报学校党风廉洁建设工作。组织制定校、处（院）两级2016年党风廉洁建设和反腐败工作分工包项责任制，进一步健全了党风廉洁建设责任体系。开展党风廉洁建设落实情况专项督促检查。11—12月，对全校各二级单位党风廉洁建设落实情况进行专项督促检查。落实党风廉洁建设监督责任报告制度。12月，学校纪委委员和二级单位纪检委员向学校纪委书面报告监督责任落实情况。

3. 不断加强制度建设，进一步深化廉政风险防控工作

进一步健全工作制度。制定并发布《关于落实从严治党责任加强二级单位

监管工作的实施意见》以及谈话、函询、党员处分权限等5个纪检工作制度，修改完善3个内部工作流程。协同职能部门修订完善经费审批、招投标管理、公务接待等10余个内部控制制度。修订完善二级单位职权目录和廉政风险点。出台了2016版《重庆文理学院职权目录与廉洁风险点防控责任清单》，制定了防控措施，明确了责任领导和责任科室。

4．以重点领域和关键环节为重点，进一步强化过程监督

专门走访重点单位，重点对总务部、博达公司等单位进行了监督检查，提出廉洁要求；加强对招生工作的监督，对招收高水平运动员（篮球）、体育特长生的专业测试和研究生入学考试以及专升本录取和普通本科招生过程进行了监督；强化干部人事工作监督，制发了《关于严肃学校干部换届工作纪律的通知》，及时受理教职工的意见反映，为每一名被考察干部出具廉洁意见；参与干部人事档案、个人报告事项核查和学校人事招聘工作的监督工作；强化工程建设全过程监督，本年度，共对30个工程建设项目的招投标、10余处工程量收验方进行了监督，完成结算审计45项，审减经费271.54万元，审减率达12%；加强物资设备采购监督，本年度，共对49余批次物资设备采购进行了监督，审签各类经济合同344份。

5．狠抓作风建设，努力营造风清气正的廉洁校园

坚持巡视巡查制度，本年度共开展60余次常规和专项巡视；狠抓关键节点作风建设，在重要节假日通过各种方式，对全校党员领导干部进行作风提醒；开展公车管理、公务接待、公款使用和师资培训专项检查。

6．积极开展审计审签，严格执行审计监督

完成中层干部经济责任审计，对上一届24个单位负责财经工作的中干进行了任期届满经济责任审计；完成申请结题科研项目审签，共完成4项申请结题科研项目的审签工作；完成对学校2015年度财务报告的审计。

7．严明党的纪律，运用好监督执纪"四种形态"

及时受理信访举报，坚持抓早抓小，用好谈话函询制度。对新一届中层干部131人、科岗142人进行了廉政谈话。对党员领导干部存在的苗头性、倾向性问题谈话提醒。

8．坚持改革创新，加强纪检监察队伍建设

厘清职能定位，按照"收缩战线，聚焦主业"和"转职能、转方式、转作风"要求，进一步明确职能定位，理清承担和主业工作14项，退出事项9项。优化内设机构，新组建两个专门执纪审查的纪检室，进一步优化了内设机构，增强了执纪审查力量。强化队伍和条件建设，与永川区纪律、监察局建立协调机制，争取专业技术支持；专职纪检工作人员转岗1人、新进2人，人员总数达到5人；配备审计工作需要的"图形工作站"，新建配有同步录音录像的纪检谈话室1间，较好地满足了工作需要。

合作发展部

1. 高质量完成规划及综改方案

高质量编制并下发《重庆文理学院"十三五"事业发展规划》，出台《重庆文理学院深化教育综合改革实施方案》，为全面深入推进学校综合改革，建设高水平应用型大学提供了依据。按照上级要求，形成了《重庆文理学院应用型深度转型发展行动方案》并上报市教委。最终，我校获批成为第二批应用型转型高校。为加强智库建设，本年度已完成《决策参考》7期编制和印刷工作，完成了院校项目办法的出台、立项和结题等一系列工作。

2. 深层次开展校地校企合作

与65家（不含实习实训基地）企业、地方政府等开展校地校企合作。与永川区全面推进"1+5"政校企战略合作；与九龙坡区和重庆高新区签订了"1+N"政校战略合作协议；与安博教育集团共同筹建"互联网创新学院"；与万学教育集团共建创新创业孵化平台；与凤凰卫视集团·凤凰数媒签约共建"凤凰数字媒体实验班"等。通过全方位构建校地合作平台，为校企合作人才培养奠定了坚实基础。实施向巫溪县教育基金会捐赠扶贫金45万元的对口扶贫工作。并通过爱心捐助、"大手牵小手"、专业帮扶、学生支教等形式向结对帮扶对象提供支援。

3. 全方位推进科技成果转化

加入重庆市技术转移战略联盟；高要求参展重庆市各类成果交易与博览会；高质量汇编学校可转化成果项目；"纳米银线柔性触摸屏技术"项目超净间验收顺利通过，中试车间建设顺利完成，中试生产正式启动。同时，A公司已顺利落地永川凤凰湖工业园区，并同深圳凯成科技公司签订实质性转化协议。B公司正在筹建过程中；"抗ED和肺动脉高压国际一类新药"项目得到九龙坡区政府和重庆高新区共计500万元的资金支持，并获得2 000万元意向投资。目前，已通过国家安全评价，达到了新药标准，正向美国FDA和中国CFDA提交临床申请，有望于2017年进入临床试验阶段；其他科技成果包括新材料技术研究院的纳米涂料、LED 灯等科技成果，全年实现经济效益上千万元。

4．进一步凸显创新创业教育特色

成功申报创新创业 50 强。经学校申报、市级推荐、社会调研、专家组进校实地走访，学校顺利通过评审，荣获"2016 年全国创新创业典型示范高校"。举办"大学生 GYB 创业培训"11 期，培训学生 550 人；开展校级创新创业讲座 12 场，参与学生 3 000 余人。牵头组织参与"第五届中国创新创业大赛""第二届中国'互联网+'大学生创新创业大赛"等 8 类赛事共计 14 场，参与团队 150 余个，参与师生 1 000 余人，获奖团队数量和奖次创历史新高。召开 2 次大学生微型企业申报评审会，49 个微企参与申报，34 个项目通过评审，19 个项目已取得工商执照，15 个项目正在办理工商执照。

5．大幅度提升校友爱校奉献热情

做好建校 40 周年系列纪念活动，圆满完成校庆 40 周年的工作任务。成功召开第六届校友会年会，完成校友会换届选举。制作校友会专题片《情暖校文理魂》和校友会会歌《校友之歌》MV。精心策划"40 周年校庆征文大赛"，开展"魅力校友会、温馨校友会、奉献母校校友奖、感动母校校友奖"的评选表彰、"校园之星、创业之星、创新之星"的评选表彰。开通校友会微信公众号以来，共推送信息 50 余条。目前，用户总数达 3 千余人，阅读数达 6.8 万余次，转载 1.5 万余次。举办校友论坛 38 场。组织 2 000 余名校友返校聚会。前往攀枝花等 10 余地采访 30 余名杰出校友，撰写 30 余篇专访文章。中文系 1982 级艾中华校友、生物系 1986 级黄治刚校友捐资 100 万设立"金果源教师奖励基金"，企业家校友会捐资 100 万设立"大学生创业奖励基金"。汇聚校友力量，发挥桥梁纽带作用，促进学校发展。

资产部

1. 财务管理

（1）根据学校事业发展规划、三年滚动预算，结合学校2016年工作要点、2015年预算执行情况和2016年预算申报情况，以及走访9位校领导、十大部、现技中心、新叶公司、博达公司、继培学院等部门情况，按照科学、合理、收支平衡、滚动发展等原则编制了学校2016年度财务预算。

根据市财政、市教委统一安排，于2016年7月开始着手2017年预算编制工作，按照"先有计划，钱随事走"的工作导向，充实了"三年滚动预算项目库"，改进了预算审核体制机制，建立了由党委常委会审定年度预算基本原则、经费切块等重大事项，由校长办公会审定年度预算具体安排制度，截至目前，2017年度预算编制工作已经部门多次研讨，并通过了分管校领导审核，正等待常委会研究。

（2）合理理财、开源节流，积极争取上级支助。提前归还农业银行贷款2 890万元，提前完成学校2013—2017年学校化债任务，为学校节约了利息支出。合理调度资金，一方面坚决保障学校各项事业发展对财务的需求，另一方面坚持科学理财，为学校新增利息收入。积极联系市财政，汇报学校改革发展情况，以及学校在发展中遇到的经费困难，争取市财政的支持和帮助，今年共争取专项资金350万元。

（3）申报中央财政支持地方高校建设专项资金工作创历史最好水平。资产部积极协调市财政和市教委，配合教学部精心组织项目筛选、申报书撰写、专家预审和材料修改，多次在学校相关部门与市财政和市教委之间来回穿梭、联络沟通、交换信息，只是报送申报材料，就曾经在一天之内跑了三趟市财政。功夫不负有心人，2016年，市财政下达给学校的中央支持地方高校发展专项资金额度是1 900万元，创历史最好水平，位居同类高校前列。

（4）坚持预算控制为导向，提高资金使用效率。坚持以预算控制为基础，严格执行财务管理内控制度，确保各项资金按既定用途、既定进度安全、有序使用。坚持现金管理日清日结、银行支付多环节复核、暂存暂付往来款项按月清理等，有效防范坏账风险，降低往来款项账面金额，提高学校资金使用效率。

（5）完善报账系统，提高服务水平。进一步完善投递式报账系统，不断完善公务卡结算系统和银校互联系统，持续推进无现金报销业务，开通实时短信平台监控，使我校财务管理进入信息化时代。投递式报账系统的运用，优化了报账流程，减少了教职工的等待时间，但报账大厅工作人员的工作量一点也没有减轻，反而更重，是报账大厅工作人员用自己"五加二、白加黑"的工作换取了师生员工报账的快捷与便利。

（6）不断完善与优化缴费平台，各类收费工作有条不紊。与现代教育技术中心联合研发的我校学生缴费平台已将教务系统、学工系统、迎新系统、收费系统打通，数据实时共享，资产部不断完善系统功能，竭力保障系统稳定运行，目前，通过缴费平台缴费的学生数量已超过90%。

（7）收费工作和校园卡办理直接面对两万多师生，我部想师生之所想、急师生之所急，通过认真分析往年收费工作和校园卡办理情况，总结了收费工作和校园卡办理规律，比如，每周星期一和每天课间时间是师生缴费、办卡比较集中的时候，我部工作人员主动调整自己的工作时间和工作状态，尽可能满足师生需求。

2．资产管理

（1）摸清家底促发展，清产核资优化资源配置。按国家和重庆市相关规定和要求，从今年5月开始，对学校国有资产进行全面清查盘点。此项工作涉及面广、数据量大、时间紧、任务重，资产部高度重视，积极协调市财政、市教委和各二级单位，组织动员各方面力量，抽调精兵强将，精心策划、合理安排、加班加点、……，走基层、查数据、验实物、调系统、统结果、送审计、写报告、送材料、……，按时保质保量完成清产核资工作。本次清查以2015年12月31日为清查基准日，盘点账面价值182 678万元，152 565台件。按部门上报统计情况，盘亏数3 118台件，共310万元，待报废6 919台件，共1 720万元。

（2）上级机关对资产报废管理日益规范，要求日益提高，程序多、手续繁、周期长，工作难度大。2016年，完成星湖校区撷英楼和畅远楼两栋危房的资产报废处置。通过多次论证和清理，最终确认对5 973台件资产进行报废处理，已向重庆市教委行文报批。盘活资产创效益，积极推进资产出租出借。在满足行政办公、教学和科研的前提下，对暂时闲置的资产面向社会出租出借，增加学校收益。

3．物资采购

（1）科学采购，积极探索采购工作新渠道。为最大限度地满足使用单位需求，在进一步完善原有的公开招标、竞争性谈判、询价采购、竞争性磋商、电子交易平台询价、委托招标等采购方式的同时，今年，我们又开通了重庆市政府网上询价采购平台和竞价采购网平台，不仅拓宽和优化了采购渠道和方式，提高了采购工作效率，还提高了采购产品的性能，降低了采购成本，推动采购工作再上新台阶。

（2）规范管理，严格执行政府采购相关制度。按政府采购工作要求，进一步完善了政府采购流程化管理模式，各个环节专人负责，分项落实，分段完成，确保程序合法、过程规范、管理到位，对采购工作中的中高等级廉政风险点进行了有效防控，防止发生违规违纪行为。统筹管理，提高资金使用效益。积极探索提高采购工作效率的方法和途径，建立健全了采购定期申报制度，组织各二级单位定期申报采购事项，对一些急需的货物与服务，特事特办，对采购事项进行分类汇总，形成批量集中采购，这样既能吸引更多的供应商参与竞争，又能减少采购工作量，同时可以获得量大从优的直接经济效益。主动联系使用单位，进一步建立健全了标书等采购文件的编制、修改、审核机制，努力提高标书等采购文件的编写质量和水平。

总务部

1. 基建工作

（1）进一步规范基本建设程序、岗位设置和工作流程，持续加强校园维修改造，重点强化基建过程、节点管理和廉政建设。全年共完成200余项维修改造工程项目，完成基建投资4 000万元，各项目均顺利通过验收，未出现重大质量安全事故；全年共支付工程款4 500万元，预算执行率为70%，未发生恶意拖欠工程款及农民工工资等情况。

（2）基本建设程序更加规范。转变意识和规范是2016年总务部的工作主题，结合基建专项审计及整改成果，在部门进行了专题学习和培训，部门职工依法依规开展工作的意识已得到极大的增强。今年开工建设的人和居3号楼教工住宅和综合实训楼项目，严格执行基建程序，坚决按工作流程开展工作。

（3）全面完成基建领域的历史遗留工作。一是校舍建筑全部取得房屋不动产权证。总务部组建了房产证办理的专项工作组，从2015年7月至2016年6月，对所有校舍展开清理，积极联系协调永川区建委、规划局、国土房管局、消防等7个职能部门，多方联动，多措并举，共完成了学校69幢房屋不动产权证的办理工作。二是星湖校区边界问题得到妥善解决。这一边界争议存在了40年左右，一直未从法律角度得到确认，总务部通过查阅历史资源、实地勘测校园边界等有效手段，积极协调永川区国土资源和房屋管理局、规划局等单位，彻底解决了星湖校区边界权属遗留问题。

（4）规范开展招投标工作。招标工作经过前期精心准备及积累，实现了3个突破。一是出台了既依法依规，又具有很强操作性的《重庆文理学院基建工程招标投标管理办法》，进一步规范了学校基建工程招投标活动。二是学校历史上首次建立了校内基建工程招投标的评标专家库。三是首次初步建立并启用了重庆文理学院招投标管理系统。

（5）稳步推进工程项目的开展。实施人和居3号楼教工住宅、综合实训楼项目2个基建项目和200余项维修改造项目，校园基本条件得到进一步改善和提升，功能进一步优化。主要涉及学生宿舍提档升级、教学科研和实习实训条件改善、安全隐患整改、校园环境整治与美化、路灯更换、体育场地翻新、校庆保障项目等方面。截至12月30日，3号教工住宅已完成主体结构标准层第18层施工，综合实训楼项目已完成了基础施工。特别需要说明的是，为建好3号教工住宅这一民心工程，保证工程质量与效果，总务部与校工会高度重视，除了安排经验丰富的现场代表外，校工会还专门从建筑工程学院聘请了一位专职的专业代表；另外，还以公开征集的方式组建了专门的学校质量监督组，共有20名代表，全程参与项目管理、质量监督和安全防范等建设工作。

2．后勤服务质量监管

（1）狠抓校园食品安全工作。一是邀请永川区食品药品监督管理局的专家，给食品从业人员举办了一场食品卫生专题讲座，并实地开展了食堂专项指导工作，进一步强化食品安全意识，规范了操作流程。二是实施并开展了学校40周年校庆的环境政治和督查工作，高质量完成学校后勤保障工作。

（2）注重过程管理，抓好后勤服务质量常规监管工作。监管人员对每个校区全覆盖地进行了50余次常规检查、6次专项检查，及时有效地处理投诉300余条。不断强化安全工作督查，本年度实现食品、车辆安全零事故。通过多渠道加强师生对后勤服务工作的理解，切实保障了后勤服务质量。

3．医疗医保工作

（1）有效保障了全校的基本医疗医保服务。全面完成新生体检及复查工作。有序开展教职工和大学生的相关参保和理赔工作，并邀请专业人士开展了大学生医疗保险知识专题讲座。

（2）校医院改革初见成效。学校与重庆医科大学附属医院在红河校区合作创办的"兴龙湖社区卫生服务中心"已于2016年5月16日开始运行。经过半年的运行，在改善学校医疗保障条件，提高医疗服务质量和水平，满足广大师生员工多层次、多样性的医疗保健康复等方面发挥了积极作用，深得大家好评。星湖校区医院正在从硬件和软件两方面制定改革方案，有望明年开始实施。

4．节能减排

完成 2016 年度节能目标。完善了节能目标责任制,健全管理制度,合理使用节能专项资金,全年开展节能宣传、培训各一次。新建工程严格贯彻执行建筑节能规范和工艺。

图书馆

1．加强党的建设，营造图书馆和谐稳定局面

扎实开展"两学一做"学习教育活动，不断深化作风建设。召开专题会议制定"两学一做"活动方案，按要求开展"两学一做"学习教育活动。以"两学一做"教育实践活动为契机，夯实党建、工会等各项工作，做好总支和支部换届工作；做好党组织关系集中清理工作；做好党费收缴工作；做好专题民主生活会和组织生活会等各项党务工作。组织馆内民主党派、少数民族代表、高职称代表召开两次座谈会，广泛听取党外人士意见。认真落实党风廉政建设和反腐败工作分工包项责任制，把党风廉政建设责任落实到人。组织职工参与校教职工运动会、羽毛球比赛、乒乓球比赛、重庆图工委羽毛球比赛等一系列活动并取得了优异的成绩。

2．加强领导班子建设，不断推进民主科学管理

全面加强班子建设，严格遵守民主集中制原则，不断提高科学决策水平。涉及人、财、物等重要事项一律坚持党政联席会集体讨论决定。

3．加强内部管理，促进图书馆内涵式发展

（1）完成第五次图书馆科岗人员选拔任用和第三次图书馆岗位设置竞聘工作。通过各种方式调研，认真研究，提出了图书馆科级机构调整的方案，组织完成了科级岗位人员的竞聘、民主测评等系列工作。根据学校的第三轮岗位设置与聘任工作统一部署、认真研究、广泛调研，提出图书馆岗位设置方案，在公平、公正、公开中，顺利完成了图书馆教职工的岗位设置与聘任工作。

（2）根据学校要求对馆内图书资产、设备资产和家具资产进行了全面清查，并对清查过程中发现的资产管理问题进行了及时整改。提出建设图书馆学习考试中心初步方案，为空间改造奠定基础。

（3）对博文馆电子阅览室、光盘室、机房进行精心规划、设计，提出建设学习考试服务中心的初步方案。加强馆员学术交流，提升专业素养。图书馆积极鼓励馆员参加各种学术交流活动，2016年获3项校级课题，发表论文10余篇。

4. 加强文献资源建设，建设文献信息保障体系

开展"走进二级学院和科研机构"活动，进行文献资源需求调研。组织二级学院师生赴重庆进行图书现场采购。2016年图书馆新购图书3.1万册，目前全校纸质图书188万册，生均纸质图书85.5册；电子图书81万种（册），继续做好了与重庆市数字文献建设与利用中心、中国高校人文社会科学文献中心、中国高等教育文献保障系统、国家科技图书文献中心资源共享合作工作，文献保障率进一步提高。

5. 完善自动化与网络建设，提升信息化水平

完成图书馆网站站群升级，做好网站数据迁移，做好各类信息发布，全年网站访问21.9万人次。做好设备设施维护工作，加强图书馆微信平台建设和推广工作。

6. 增强服务意识，提高基础服务水平

2016年接待读者88万余人次，图书外借16.71万册，归还图书17.57万册。开展新生入馆培训和专题讲座培训，培训读者共计5 000余人。进一步强化参考咨询服务，开发了2个专题报告，受到校领导的好评。编印16期《高等教育动态》，积极开展课题检索、查收查引、文献传递等服务工作。

7. 创新宣传工作和读者互动形式，协助推进学风建设

4月，举办以"邀游书海 品味书香"为主题的读书文化月活动，先后开展了关注微信集赞有礼、征文比赛、微信"悦读"、演讲比赛、"书香学子"评选等活动。

11月，开展以"指尖上的图书馆"为活动主题的服务宣传月活动，先后开展了微信关注抽奖、校庆特别还书日、阅读推广金点子创意有奖征集、数字资源利用讲座、读者问卷调查、读者座谈会、十佳读者等多项活动。

8. 馆际协作积极推进，社会服务成果不断扩大

组织协作组成员开展4·23世界读书日、成语竞猜等活动，丰富了职教城校园文化氛围。办理社会人员借阅证229个，外借图书2 460册。做好两校区图书馆夜间值班工作，确保图书馆正常运行和财产安全，图书馆全年未出现安全责任事故。

现代教育技术中心

1. 扎实开展基层党建工作，全面落实从严治党

根据学校党委的统一部署，精心策划学习教育方案，扎实开展"两学一做"学习教育，支部书记讲党课2次，专题学习教育6次，与重庆广播电视信息网络有限公司永川分公司党总支联合开展了主题为"学党章党规，学系列讲话，做合格党员，话贴心服务"的专题组织生活会1次，开展专项党风廉政教育1次。开展"党员服务进社区"活动共4次，帮助用户解决网络故障、电脑故障等，并以此为契机，向用户宣传网络安全知识。开展"2016年国家网络安全宣传周"系列活动1次，增强广大师生的网络安全意识，提高网络安全防护技能，营造健康文明上网环境。保质保量完成组织关系清理、党费清查等工作。

2. 改进信息门户，建立服务化模式雏形

深入开展数据整合工作，初步建成了教职工基本信息、学生基本信息等标准数据源及核心数据库。完成了门户系统的改版，以应用服务化为目标，分角色和应用场景组织各类应用。新增微信门户，提供了如通知、财务、一卡通、图书借阅、留言板、查询成绩、一周会议、满意度测评、人才招聘等服务。完成了数据分析和可视化呈现平台的部署，为学校的数据分析和数据填报提供基础服务平台，为全校师生提供直观的报表和图表服务。将信息化建设模式从"以管理服务为主"调整为"以用户服务为主"，建立了信息服务模式雏形。

3. 完善学生综合管理系统，提供便捷的全方位服务

学生综合服务管理系统二期建设任务全面完成，新增了奖惩管理、评优评先、学生资助、就业创业和校友管理等功能。该系统的全面建成，为学生从新生入学到成为校友的全生命周期提供了便捷的全方位服务。

4. 上线多个IT资源服务平台，初步搭建学校的非结构化数据中心

新版网络教学平台正式上线，集课程建设、教学互动、教学分析、质量工程、教师教学发展中心等功能为一体，提供全国13个学科门类、1万多门课程资源库和含100万以上电子书、10万以上视频和200万以上文档资料的备

课资源库。完成邮件服务、数字教学资源录播平台、教师个人资源中心等基础服务平台的上线准备，初步建成了非结构化数据存取和服务体系。

5．奠定良好的智慧校园基础，成功获批重庆市智慧校园示范校试点建设单位

先进的校园网络架构、高速的接入服务、领先的系统建设理念，引起了来自全国包括"985""211"高校在内的四十余所高校信息化专家的极大兴趣并吸引他们到校交流考察，获得了同行专家的高度认同，在本年度获批了重庆市智慧校园示范校试点建设单位。

6．多举措并用，促进信息安全保障水平上台阶

部署具有自主知识产权的网站群管理系统，进一步提高学校网站群的安全性和稳定性。新增的安全设备全面投入使用，包括防火墙、IPS、WAF、防病毒监测、漏洞扫描等，为数据中心提供了安全保障。全面落实实名上网制度，严格执行网络准入准出，强化了信息安全责任的落实。有效控制信息发布，确保信息公开安全可靠。坚持特殊时期二十四小时值班，提供了较好的保障，本年度无重大网络安全事故。

7．逐步完善基础设施，稳步提升服务水平

新增 300 余无线接入点、800 余有线点，全校的网络出口已达 24G，全面启用了 802.1X 认证，开通了学生账户 1 号 2 终端同时使用的服务，协助机要室维护市委专网。保障全网 7 300 余套设备、9 条互联网出口链路、34 000 余个信息点、136 台物理服务器和 82 台虚拟服务器的稳定运行。新建与改版二级部门网站 11 个，更新和修改网页 68 个，维护学校主站信息 10 336 余项，保障了敏感信息清理工作顺利开展，保证了 2 118 181 余人次的正常访问。

档案馆

1. 完成"南大之星"档案管理系统升级改造和数据迁移

为确保顺利完成档案管理信息系统升级改造和数据迁移,我们进行了周密部署和细致安排,多次组织论证和调研,确保升级和数据迁移过程中档案资料的安全。完成系统升级改造和数据迁移后的"南大之星"档案管理系统存储功能更加强大,查询功能更加便捷,运行速度有了极大提升。

2. 完成实物档案数字化工作

为加快档案信息化建设进程,保护好实物档案,避免利用中对实物档案的损伤,我们启动并完成了实物档案数字化工作。通过对学校实物档案进行数字化加工,将更好地保护学校实物档案原件,同时将提供更加便捷的查询利用服务。

3. 完成2015届毕业生学籍档案数字化工作

2016年学籍档案数字化工作较往年有了创新和进步:每位毕业生的信息录入非常详细,姓名、性别、身份证号、毕业证号、学位证号、所在学院、专业、班级一应俱全,查询十分方便,输入任何一个信息都可以查询,避免了过去查询容易出现重名的现象。

4. 完成人事档案数据整理工作

根据国家标准,对全校所有干部人事档案盒进行了更换,及时将产生的人事档案资料装入卷盒。整理后的人事档案信息更加具体、数据更加清晰,实现了干部人事档案的微机动态管理。

5. 完成学校校志的编撰工作

全书时间跨度40年,共计32万字。从4月接受编撰任务到10月出刊,仅仅5个月的时间,档案馆全体人员以超常规的工作方式,整个暑假加班加点,基本没有休息,为学校40周年校庆做出了档案人应有的贡献。

6. 完成学校年鉴的编撰工作

在编写学校校志的同时,我们启动了2016年年鉴的编撰工作,本书共计35万字,已印刷成书。在传承学校历年年鉴编撰风格的基础上,将年鉴做了适当调整：大小由原来的 210×297 mm 调整为 175×245 mm，封面标题年份由原来年鉴内容年份调整为通用的出版年份。

7．实施归档方式的改革

根据国家档案局新颁布的文件精神，为方便操作、易于检索，从 2016 年开始，我校归档方式由过去"以卷归档"的方式调整为"以件归档，件卷结合"的方式，为了能够顺利实施，我们派出档案馆的同志对二级单位进行了一一指导。"以件归档，件卷结合"的方式便于查询和检索。

8．实施归档时间的改革

原来接收档案，一般是每年一次，现在我们改为随时接收档案。过去，时间久了，各部门由于人员变动或保管原因资料容易丢失。比如 2016 届毕业生照片，按惯例，应在 2017 年 4 月归档，现在我们在毕业生离校前就完成了归档工作，而且有了创新：照片上每位毕业生、每位老师的姓名都进行了标注，查询十分方便。

9．实施收集方式的改革

过去主要是二级单位将档案"送进来"，现在我们转变方式，主动出击，为"走出去"要，特别是针对重要活动、重大事项、重点工程，列出清单，超前服务，全程跟踪，走出办公室去催、去要，确保应收尽收。

10．做好规章制度的制定工作

作为新成立的部门，我们十分注重规范管理，先后制定出台了学校档案利用审批程序、二级部门归档范围及保管期限指导性意见、档案数字化管理办法、档案信息化管理等规章制度。特别是制定出台的二级部门归档范围，对全校每个单位应该归档的范围进行了一一界定，有了这个范围，就知道归什么、怎么归，十分方便。

11．做好 2016 年全校归档工作

在全校各单位的大力支持和配合下，我们圆满完成了 2016 年全校归档工作。2016 年档案馆共接收档案 3 523 件、1 366 卷，并已进库上架，实现了全文数字化管理。

12．做好档案查询服务工作

在严格标准的前提下，优质高效地提供了学籍、会计、科研、人事、党群等档案查询服务工作。全年提供档案查询 19 370 卷。由于全国都在开展人事档案审核，回母校查阅个人学籍档案的校友特别多。很多人因为查询档案，毕业后第一次回到母校。在提供查询服务的过程中，我们做到了热情服务、微笑服务，让他们感受到母校的热情，感受到母校的温暖。

13．创造性开展国际档案日宣传活动

联合文学与传媒学院文秘专业学生，通过档案知识展板、发放宣传资料、现场咨询等多种方式，开展了为期一周的"国际档案日"宣传系列活动。本次活动拉近了学校师生与档案的距离，进一步增强了学校师生重视档案、珍惜档案、保护档案、合理利用档案的意识。

博达公司

1．面对危难勇担当，党员干部冲在前

今年夏天暴雨多次袭击校园，其中 6 月 23 日晚 20 时左右，特大暴雨袭击学校，两校区几处学生宿舍发生渗水和雨水倒灌现象，人和居部分楼层停水停电、格物楼顶排水不畅、A 区地下车库大量积水、博文馆漏雨等，公司总经理何小兵当晚忙到深夜 3 点才回家，宿舍部主管程淤第一时间赶到李苑一楼渗水现场，公司副总经理李傲华、维修部主管邓旭东、餐饮部主管彭云、安保部主管张贵发等一直战斗在抢险一线，确保了校园安全。

2．平凡岗位显热情，服务师生添光彩

1 月 22 日大雪袭击校园，公司 12 名绿化员工连夜覆盖植物保护膜，保证了植物存活。除夕之夜因机电学院老师未关实验室水龙头，导致格术楼一楼被淹，公司及时组织 10 余名员工排水除污 5 小时，保证了学校财产不受损失。除夕夜至大年初一，公司及时组织员工从凌晨 5 时至 11 时全力清扫学海广场，用三轮车转运烟花碎屑垃圾 3 车，确保了师生员工节日出行不受影响。暑期高温酷暑天气，两校区校大门岗亭内酷热天中午接近 40 度高温，虽有空调、电扇但不起多大作用，每天 16 名安保员工人人坚守岗位，没有一人叫苦。保洁员工每天 5:00 到校，天黑才下班，每人每天汗透衣和鞋。

3．文明服务齐践行，学校华诞树新风

11 月 5 日，在重庆文理学院学海广场举办建校 40 周年纪念大会和师生艺术汇报展演，1 500 余名领导嘉宾和来自海内外的校友代表，与 4 000 多名师生代表把建校 40 周年纪念活动推向了高潮。大会当天，凌晨 3 点就到校的公司保洁人员对广场、道路进行了多次清洗，把主席台桌和广场坐椅、垃圾箱擦了几遍；大会中，负责周边厕所的保洁人员不停地处理地板和洗手台上的水渍，20 余名保洁人员列队待命，10 余名安保人员维持着秩序。晚上 22 点，一直等着所有学生都退场完毕后，保洁员工才开始迅速地打扫起来。纪念活动当日，公司的安保人员天不亮就到了校门，他们用笔直的身姿迎接着远道而来的嘉宾校友，一站就是整整一天，甚至在中途需要吃饭和上厕所时，都得跑着去跑着回，一点时间也不敢耽搁。不论庆祝大会还是文艺晚会现场，热闹的纪念活动就在眼前，可却很难看到公司员工站在人群中欣赏。负责接待的员工马不停蹄地联系住宿和用餐地点，热情似火地为来校嘉宾、校友指路和提拿物品，迎来送往间尽显文明礼仪和细致周到。两校区所有负责校大门安保、宿舍、餐饮、维修的员工和红河校区微型消防站、配电室、二次供水机房等值班员工全部坚守岗位，没有一人擅离职守去看热闹，他们只能在心里感受校园的欢声笑语，并严格认真地默默工作着。

4．常规工作

党的建设不断加强，"两学一做"扎实推进。公司开展了党员进社区慰问贫困户、参加伟人旧居、党员示范点等活动，坚持"学、改、做"一体，加强党的建设。综合管理规范严谨，服务水平有效提升。公司进一步完善了全覆盖联动机制和质量考核办法，服务进一步标准化、规范化。校园秩序群防群治，平安和谐得到保证。公司对"人和居"楼顶绿化整治得力，"微型消防站"运转规范，确保了校园平安。校园环境协作联动，保洁绿化提档升级。公司区域保洁、路面清洗形成常态，校园绿化景观得到维护。学校名誉校长涂铭旌院士2016年秋季开学之际在人和居对博达公司主管张贵发、谭世友等人说："我走了全国这么多高校，重庆文理学院是管得好的，特别是博达公司！"校园公寓管控得力，学生宿舍规范有序。宿舍服务是"站立式微笑"服务，违规电器查处、防盗禁噪巡查成为常态。校园维修及时主动，设备设施完好运行。坚持主动巡查维修与报修跟单维修相结合，应急抢修快速高效。校园餐饮严把关口，师生用餐安全正常。食品卫生安全严格控制，饭菜价格保持稳定。员工素质培练并举，服务师生热情高涨。本年度公司积极作为，通过各种渠道，主动争取政府政策支持，获得政府扶持基金220余万元，我校是全市唯一一家获得政府基金支持的高校。公司对外拓展的红江餐厅克服了成本增加、用餐人员减少等困难，较好地完成了经营任务，展示了公司员工对外优质服务的形象，受到中央军委巡视组的高度肯定。本年度公司巩固了物业服务在全国高校百强的成果。

新叶公司

1. 行政工作

进一步加强安全管理，不断完善内部控制，继续做好各项常规后勤服务管理工作。一是全面落实一岗双责，突出安全管理，做到了全年无安全事故发生。二是对公司水电收费人员、开票人员岗位和收费时间进行了调整，严格执行"不相容职务严格执行分离制度"。三是积极配合学校完成了第五次科岗人员选拔任用工作聘任和第三次岗位设置与聘任工作。四是对公司规章制度进行了修订，新增了《食堂库房物资管理办法》《食堂设施设备管理办法》《（房屋）门面租赁管理办法》《新叶公司生活物资采购验收储存质量控制办法》，进一步完善了公司内部控制制度。

2. 餐饮服务工作

落实党的民族政策，坚持做好常规餐饮服务，不断强化食品安全管理。一是通过向星湖校区回族学生发放生活补贴的方式落实少数民族学生政策，做好少数民族学生伙食保障工作。二是通过对清真食堂水电费进行减免50%的方式落实对学生食堂的优惠政策，确保了少数民族餐厅的正常运行。三是通过开早会、工作例会、邀请永川药监局专家讲课等方式继续做好了对餐饮服务人员和管理人员的培训工作，不断提高食品安全保障水平。四是联合永川区食品安全委员会开展突发食品安全事故演练，进一步提高餐饮服务队伍的食品安全意识。

3. 水电管理工作

确保常规供应，做好后勤能源保障。一是牵头与学校总务、星湖管委会、资产、纪检等部门一起顺利完成将星湖水厂停办、供水移交永川惠永水务公司等工作。二是及时、准确地完成了6 000余名毕业生水电气结算工作。三是每月按时完成了表记抄录、学生寝室的计划电和供热补助、费用结算等工作。四是协助热供公司完成了对星湖校区学生宿舍天然气热水器改为空气源热泵集中供热系统的建设安装工作。五是协助永川天然气公司完成了对学生宿舍的天然气管道拆除、食堂燃气表计更换等工作，彻底消除了供气安全隐患。六是积极为学校招生录取、建校40周年纪念大会、各项等级考试等重大节事活动做好了供电保障工作。七是为彻底解决星湖校区师生饮水安全问题,目前我公司正在牵头落实安装直饮水设备一事。

4. 维修服务工作

坚持高标准、严要求,不断提升维修品质。一是要求使用耐用、质量较好的维修材料,首先从感观上提高维修品质。二是注重维修人员技能水平的培训,从工艺上提高维修品质。三是从维修的"快"和"准"上下足功夫,从时效性上提高维修品质。一年来,我公司定期做好了对星湖片区各中心配电室、双凤主供电主线路和供水主管网的巡检和维保工作。完成常规小型维修10 000余件次,完成较大供水故障抢修50余次,更换路灯线路600余米、路灯节能灯800余个。协助总务部等单位,顺利完成星湖校区多个水电改造工程项目的实施。

5. 交通运输服务工作

加强安全管理,继续做好交通运输服务工作。一是继续做好对驾驶员的安全教育和培训工作。二是严格执行车辆日常保养维修管理规定和派车流程,按时按成了对车辆的年审和续保工作。三是加强了对驾驶员的服务意识教育,进一步提高公司运输服务水平。一学期来,公司的车辆安全准时准点地完成各项运输任务,安全行驶30余万千米,确保了学校各项教学活动的顺利开展。

6. 节能管理工作

承担的学校能源计量审查、节能目标考核等节能管理工作取得较好成绩。主要表现在:一是市质量技术监督局、市教委联合行文(渝质监发〔2016〕15号)将我校列为了市内能源计量工作成绩较为突出的4所高校之一。二是我校顺利通过了市教委、市机关事务管理局的节能目标评价考核。三是我公司负责管理的重庆文理学院校园节能监管平台运行正常,节能控制使用效果明显。四是采用BOT模式实施空气源热泵集中供热水改造已经基本上覆盖了全校学生宿舍(双竹公寓除外)。五是采用合同能源管理方式实施节能改造项目节能效果明显。

7. 积极推进信息化后勤建设

11月17日,与陕西师范大学后勤信息化建设合作协议签订后,由学校博达公司牵头，学校后勤信息化建设工作已全面开展。目前，我公司正在配合博达公司完成各项后勤服务信息化数字平台的基础数据的填报。学校后勤信息化平台建成投入使用后，全校师生将享受到更加便捷和令人满意的后勤服务。

二级学院

ERJI XUEYUAN

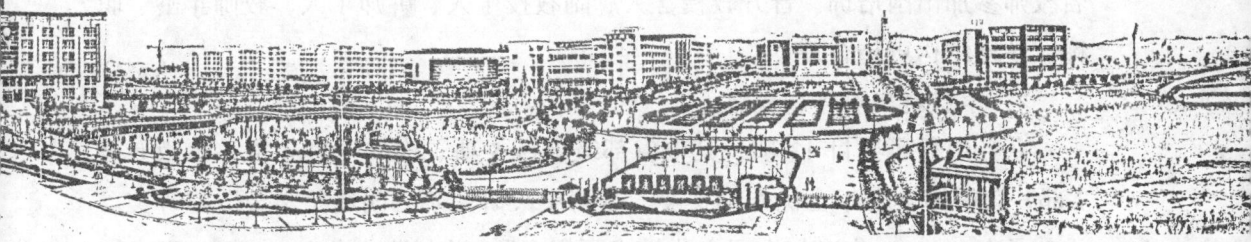

文学与传媒学院

1．基层党建有新起色

坚持党政联席会制度，按要求落实分工包项责任制，制定廉政风险目录及防控措施，务实加强党风廉政工作。认真组织教职工的政治理论学习，有序开展"两学一做"活动，规范开展党员组织生活会，讲专题党课6次，组织专题组织活动7次。加强基层组织建设，发展预备党员39人，转正27人，转接组织关系58人。获五好基层关工委、魅力校友会、先进基层党组织、"单位创新奖"、"烛光奖"等多项荣誉。

2．队伍建设取得新进展

注重职业发展整体引导，坚持以老带新个别指导，根据工作业绩多项激励，实行培引转改动态调整。新进硕士、博士3名，补充专任教师2名、实验技术教师1名，新考察教授1人、博士4人，选派4名教师脱产顶岗双师培训、3名教师参加出国培训。晋升教授2人、副教授1人、讲师1人，教师年龄、职称、学缘结构更趋合理。

3．学科科研取得新成效

获各级科研项目13项，其中省部级项目5项、横向项目4项。出版专著7部，获中国学会年会优秀论文奖、台湾中央研究院"胡适奖学金"二等奖。成功承办"2016非遗与中国文化学术研究会"，举办学术讲座15场、学术沙龙4次，教师外出参加学术交流20余人次。学院负责统筹重庆汉语方言调查管理与培训工作，独立申报文化典藏项目1项，承担语保工程项目子项目7项。第三轮校级重点学科终期检查评价良好。

4．教学教改出现新亮点

教研活动实现主题化、常态化、开放化，中文、传媒、文秘各系教研活动均实现了跨校、跨省交流，获得多重效益。广播电视编导专业内涵建设成效显著。专项资金使用成效良好，全媒体实验室建设进展顺利。"未来人文学者培育计划"在多元特色培养探索中得到学校的首肯。学院核心课程改革、课程大纲编写、人才培养方案修订、毕业设计标准制定等推进顺利。获第五届教师"说课程·教改课"比赛一等奖1人、三等奖2人，学院获集体三等奖。教学质量工程项目活动申报取得重大突破，获国家级产学合作专业综合改革试点项目1项、重庆市高等教育教学改革重大项目1项、重点项目1项。学生参加学科竞赛硕果累累：获重庆市首届大学生公文写作大赛团体赛一等奖及个人赛一等奖1项、二等奖3项、三等奖2项；获全国文秘·速录职业技能竞赛15个奖项，所获奖项涵盖了组委会设置的文秘综合技能全部奖项，令所有评委及全国众多参赛院校刮目相看；参加重庆市成语大赛蝉联唯一的特等奖；参加第八届全国大学生广告艺术大赛获国家级奖8项、省市级奖29项；参加第二届新丝路长安杯大学生国际微电影节获二等奖1项、三等奖3项；获第八届中国大学生DV艺术节"最佳剪辑奖"，2016海峡两岸大学生微电影大赛最佳女主角提名奖，永川区"我爱我家"主题微电影大赛二等奖；获全国、重庆市师范生教学技能大赛一等奖、二等奖各1项，获全国"真语文"系列活动语文教师教学基本功大赛一等奖5项、二等奖6项，得到全国同行专家的一致好评，《语言文字报》专文进行深度报道。

5．校地合作搭建新平台

以项目导向、行动驱动汇聚企业行业资源，积极开拓校地校企合作，与重庆皇加文化艺术传播有限公司、凤凰卫视集团·凤凰数媒、西南大学中国史博士后流动站、中国电子商务协会互联网金融旅游委员会、中共重庆市永川区何埂镇委员会、重庆市永川区中小企业担保有限责任公司、四川传创非遗文化产业管理有限公司、中国高校影视学会广播专业委员会等单位进行了深度洽谈，在专业共建、赛事共办、师资共享、学生共育、项目共攻等方面有了新的契机和平台。学院院史编撰、科研成果汇集出版、文化理念凝练、文化形象宣传、校友论坛工作等产生了较好的反响。

6．团学工作保持好势头

学生常规教育管理扎实深入，习惯养成、学风状况明显改善。"金话筒"十佳主持人大赛、室歌室名大赛及学生社团活动与专业结合紧密，品牌效益继续彰显。"大手拉小手"全方位定点帮扶继续在校内外发挥显著的社会效益。

暑期社会实践活动受到重庆市表彰。创新创业教育务实创新、形式多样，获教育部创新训练项目1项，1个团队进入重庆市挑战杯决赛，1个团队获重庆江北"三创之星"创新创业创优大赛三等奖，两位学生分获"创业之星""校园之星"称号。毕业生年底就业率为95.10%，考取研究生37人，公招考试成绩喜人，高质量就业比例明显增加。学工队伍建设取得显著成绩，1人被评为重庆市优秀辅导员，1人被纳入重庆市思想政治工作资助计划，1人获重庆市高校辅导员职业能力大赛优秀奖，获学校辅导员博文大赛一等奖、三等奖各1项。

数学与财经学院

1. 党建与思想政治工作

加强学院党政班子建设,健全民主决策机制。完善了党政联席会议制度和总支委员会议制度。抓实党支部建设,认真做好组织发展工作。充分利用"三会一课"制度,抓党员自身学习和师生政治思想工作。本年度严格按照党员发展标准,实行发展党员公示制和支部大会票决制,共发展党员46人,预备党员转正34人。扎实推进"两学一做"教育活动的开展。学院党总支荣获"2016年重庆市先进基层党组织"荣誉称号。党委孙泽平书记为学院全体党员讲党课1次,副书记余大鹏在教工支部、学生4个支部上党课5次,各支部书记上党课1次。

2. 专业内涵建设,提升教育教学质量

(1)完成2015版人才培养方案的制订。在凝炼专业特色和亮点基础上,对数学师范和财务管理两个专业,按照做精做强的思路,分别制订了相应的"合格+"人才培养计划;加强与安博的深度合作,信息与计算科学专业实施了专业俱乐部制,从原来单纯的课程合作向学生专业综合能力的培养进行深化。完成2015版人才培养方案配套课程大纲的制订和修订。以专业核心课程为着力点,组织教学团队,积极推进课程改革。目前学院专业核心课程改革,仅剩金融数学专业两门课程,其余专业均实现专业核心课程立项建设。

(2)全面统筹实践教学课程体系建设,将技能训练和实践环节课程化,配合暑期技能训练强化实践能力培养,同时,每个专业遴选出1~4个常规的国家级学科专业技能竞赛项目,将实验实训内容与学科专业技能竞赛完全对接。本年度,学院各专业在全国性的学科竞赛中均取得历史最好成绩。努力探索教师实践能力培养途径,与相关单位建立了教师进企业培训制度,双师型教师培训效果明显,个别专业的双师型教师比例近70%。对新进教师实行"1对1单独指导"+"教学督导集中指导"模式,较快地提高了新教师的课堂教学水平。

3. 学科建设，提升科研质量

（1）根据市级重点学科的建设标准，学科方向再凝炼，现已凝炼出群与图的理论及应用、图像处理建模理论与算法、金融建模理论及应用、优化与决策理论及应用4个稳定的学科研究方向，涵盖基础数学、应用数学、运筹学与控制论等3个二级学科。围绕上述4个研究方向，积极开展科学研究。本年度，发表学术论文16篇，其中SCI检索10篇（SCI II区论文1篇）；主编教材1部；主持省部级及以上科研项目10项，其中包括国家自科面上项目1项、青年基金1项，科研经费总计100余万元。

（2）学术交流积极务实，国际合作初见成效。现已举办"代数图论及相关课题学术论坛"国内学术会议1次，并邀请到如新西兰奥克兰大学、西澳大利亚大学、香港理工大学、南开大学、北京师范大学等国内外知名专家与学者来学院交流。本年度，团队成员共计参加各类国际、国内学术会议并作报告10余人次。学科平台着力搭建，科研环境稳步改善。完成重庆市高校创新团队"群与图的结构理论及其在信息与决策中的应用"的验收工作，完成重庆市"十三五"重点学科的申报和重庆市高校群与图的理论及应用重点实验室验收报告撰写工作。同时，为切实改善科研工作环境，已建立了专门的教授博士双高人才工作室，并积极推行学术休假制度。

4. 坚持以生为本，学团工作成效显著

本年度学院开展招聘会10余场。2012级就业率为92.44%。2012级学生考上研究生人数创学院人数新高，共34人；2013级学生考研近100人。开展大学生成长目标导航，实行"承诺、践诺"制度。开展"四困生"心理干预和帮扶。围绕专业设置技能比赛，建设"数之韵"学生活动品牌。大力开展团学活动，提升校园文化。组织"三下乡"社会实践活动、两次周末文化广场、2016届毕业晚会等活动。做好校友联络工作，成功举办40周年校庆系列活动。成功策划了我院40周年校庆系列活动，举办3个校友论坛，回校校友达150余人。

材料与化工学院

1. 教学工作

高分子材料与工程专业成功立项为市级特色专业，环境科学市级特色专业通过学校预验收。王维勋、李国强二位老师分别荣获学校第五届"说课程·教改课"比赛一、二等奖。推选环境与化工类专业建设五位一体改革与实践参加市级教学成果奖评选。立项市级教育教学改革研究项目1项——"创新创业导向下环境科学专业'源-迁-汇'应用型教学体系构建与实践"和校级教改项目4项。遴选申报"合格+考研类"多元化人才培养模式改革、合格+多维度环境科学专业卓越人才培养模式探索和新材料卓越工程师培养模式探索与实践 3项。推选"环境监测""化工原理"等6门核心课程进行改革建设。启动环境科学和制药工程专业工程认证教育工作。

建设"创造发明学导论""环境监测导论""水污染控制工程"和"环境科学专业导论"4门在线课程。完成化学、制药工程专业校内评估工作，完成审核评估数据填报工作。开展"新老教师结对子"活动，实施"青年教师成长帮扶工作"。与成都绿林科技有限公司、重庆市优合新型材料有限公司和重庆泰华环境监测公司等单位签订校企合作协议，实习基地的数量达到34个。与重庆市水环境监测中心永川分中心开办"重庆文理学院水环境监测特色班"。实验教学共承担8个专业43门课程；完成国家级实验教学示范中心23门课程的实验教学视频录制；承办重庆文理学院非师范生材料应用检测与加工技能大赛；承担400余项开放性实验项目任务，开放人时数达30 000人时数。

2. 科研工作

重庆文理学院环境材料与修复技术高校创新团队获得市教委立项建设。环境材料与修复技术创新团队成功立项并获2016年学校科研平台奖、2015年度学校科研一等奖。申报"十三五"重庆市高等学校市级重点学科。科研项目立项23项，其中省部级及以上科研项目11项（国家自然科学基金青年科学基金项目2项；重庆市自然科学基金3项，其中，社会民生项目1项、一般项目2

项；重庆市教委科学技术研究项目 8 项)、区科委 4 项、横向项目 4 项，科研总经费达 100 余万元。发表科研论文 40 余篇，其中 SCI 收录 24 篇，EI 收录 1 篇，A 类核心期刊 3 篇；授权发明专利共 5 项，教材 1 部。参加国内大型学术会议 5 次，学科团队组织学术沙龙 10 次；邀请国内外相关领域知名专家来校开展 32 次学术讲座。产学研项目共 5 项，产学研平台 1 个，产学研合作团队 1 个。

3．学生教育

早操、早晚自习出勤率≥95%；学工人员到场督查每周≥2 次。完成 418 人次国家助学金资助工作。2016 届毕业生初次就业率达 92%，年底就业率达到 99.1%；有 56 人被录取为研究生，有 4 人赴俄罗斯留学；参考、录取人数创新高。召开专场招聘会 7 场。学生科研立项 28 项，开展文体活动达 20 余项，其中举办大型团学活动 7 次。2013 级化学专业王梅同学获得第四届全国师范生技能竞赛化学组一等奖（第一名）、重庆市第三届高校师范生教学技能竞赛一等奖（第一名）；2013 级环境科学专业陈冬玲同学领衔的团队荣获"小平科技创新团队"，陈冬玲同学等 8 人参加 2016 年"创青春"创业大赛获得重庆市金奖，陈冬玲荣获 2 万元中国电信天翼奖学金；陆渭等 8 名同学在第十届全国大学生化工设计竞赛西南赛区决赛中获全国二等奖、三等奖。辅导员黄浩参加学校周末思想教育课教学比赛，唐晓雪和夏红霞参加学校组织的辅导员博文大赛。认真开展安全教育工作，与学校安管处联合举行消防实战演习。发展党员 35 名、转正党员 30 名、毕业生党员关系转出 44 人次，及时更新维护党建 12371 系统；学院在学校 66 期入党积极分子培训中表现突出，被评为学校先进集体。完成党员组织排查专项工作，完成党费清理补交工作，关心困难党员，积极申请减免困难党员党费。党总支书记、副书记、支部书记讲专题党课 6 次，开展特色党建活动 4 次，认真完成"两学一做"专题教育相关要求。

4．院务管理

组织硕士、博士生面试招聘 7 次。从清华大学和重庆大学引进博士后 1 人及博士 6 人，硕士 3 人，外聘教授 2 人，博士毕业回校 2 人，在读博士后 1 人，兼职硕士生导师 2 人，申请学校认定双师型教师 17 人。与四川大学等 17 所国内高校开展交流与互访。完成校庆 40 年庆祝工作,校友魏光扬捐赠价值 10 余万元的文化景观石,举办 3 次校友讲座,3 次嘉宾讲座,学院校友会被学校评为温馨校友会。关心、慰问离退休老职工。

机电工程学院/机器人工程学院

1. 专业建设取得突破性发展

经过深入扎实的前期调研、材料撰写、行业专家评审打磨，学院联合中国科学院重庆绿色智能技术研究院等五家校企合作单位共同开展了机器人工程新专业的申报工作，目前该专业已通过重庆市级评审并上报教育部审批。机械工程专业成功获批市级特色专业，我院机械工程专业重点培养重庆市急需的机械制造与工业机器人相关专业工程技术人才，该专业构建了"一基双能、校企协同"人才培养体系与"2+4"人才培养新模式，2016年9月该专业被批准为2016年本科高校"三特行动计划"特色专业；与此同时，该专业在本年度还成功获批为重庆市"3+4"人才培养改革试点专业。完成了材料成型及控制工程专业的学士学位授予权评估，接受了学校对材料成型及控制工程专业的评估，均以优异的成绩通过验收。

2. 教学改革凸显工程应用特性

我院教学改革，一是实施了实验实训课堂进企业，我院"机械制造工艺学""材料成型基础"等课程部分实验实训直接搬到企业现场进行，由企业技术指导教师进行现场讲解，学生现场动手操作；二是开展金工实训指导教师岗前考评，学院工程实训中心开展新担任金工实训项目指导教师的操作技能考评，进一步提升了金工实训教学质量；三是实施了驻厂教学模式，针对提前到企业实习的学生，为了完成学生相关课程学习，实施该模式：企业方指导教师在企业为学生开展集中教学；学校任课教师以网络方式和到企业现场教学相结合的形式达成教学目标，并通过多种形式的交流指导学生学习、交流重点及答疑，及时了解学生在厂实习的实际表现。另外本年度，我院获得校级教改课题2项；教师郭鹏远获得第五届教师"说课·教改课"三等奖；教师沈海鸣荣获"第二届全国高等院校工程应用技术教师大赛"三等奖。

3. 工程实训中心建设助力应用技能培养

学院工程实训中心积极优化管理，一是实施了实验室课表上墙、低值耐耗品清单上墙等常规管理制度,进一步规范和细化了实验室管理;二是实训中心的 6S 现场管理,即对实验室各类实施设备进行整理、整顿、清扫、清洁、素养、安全管理,有效靓化了实验室的整体形象,提升了实验室的管理水平;三是组建实训教学团队,充分发挥和挖掘专业教师和实训教师的特点,优化固化实验项目,针对实验室设备和教学培养目标编定特色教材;四是成立学生学科竞赛管理团队,将学生学科竞赛培训和准备纳入实验室开放管理之中,竞赛团队向实训中心申报竞赛项目、实验室用房需求、培训需求等,实训中心进行统一管理和督进;五是完成了中央财政专项奖金 460 万的申报和招标任务。

4．第二课堂强化工程人才培养功能

学院学生工作将第二、第三课堂与第一课堂的学生专业应用技能培养结合起来,认真梳理各类学科竞赛项目,将独具特色的四类比赛集成为学院学工品牌——"机电工程学院首届机器人文化节",文化节涵盖了"中国制造 2025"演讲比赛、铁人三项钳车工技能大赛、先进成图与产品信息建模大赛、机器人与智能装置设置大赛等多个项目比赛,活动历时四个月,无论从活动形式的创新性还是活动取得的成效来看,都可圈可点。丰富多彩的文化节促使学生走出寝室、走出游戏,形成了良好的自主学习训练氛围,同时还遴选出一批科研、动手能力强的学生,为今后的各类省部级学科竞赛储备了人才。2016 年我院学生获得全国机器人大赛一等奖 3 项、全国第九届先进成图技术暨产品信息建模创新大赛三个一等奖;获第二届中西部大学生先进成图技术与产品信息建模比赛一等奖 1 项、二等奖 3 项;获第七届全国大学生机械创新设计大赛(重庆赛区)二等奖 4 项、三等奖 1 项、团体二等奖 1 项。

5．机器人工程技术研究取得实质性进展

在系统集成方面,学院现已掌握了自动化生产线的相关技术,已经在 2013 级机械工程与机械电子工程专业开设了工业机器人自动化生产线的实训课程,深度剖析了自动化生产线的核心技术;在服务机器人方面,研究院正致力于开发一套高仿真度,具有云智能、语音交互、人脸识别、丰富面部表情等功能的迎宾机器人。目前技术储备已经完全成熟,作品基本完成;机器人与智能装备研究院九龙坡高新区办公点的装修即将完工,预计 2017 年上半年正式运行,机器人工程技术研发平台已基本搭建。教职工科研立项取得重大进步。本年度,我院教职工科学研究的氛围逐步形成,全年获得19项科研项目,其中省级科研项目5项、校级科研项目13项、横向科研项目1项。立项项目数量居历史之最。

6.学生教育管理工作成效突出

我院社会实践团队获得团市委暑期"三下乡"先进团队,团总支副书记、学生工作办公室副书记李兴成被评为先进个人。网易重庆、今日头条、中国网、重庆商报、搜狐等网站做了连续报道。在重庆市关工委举办的"中华魂"读书活动演讲比赛中我院学生获得2个一等奖,获得永川区关工委举办的"关爱明天,普法先行"青少年普法教育比赛亚军。辅导员彭瑶先后获得周末思想政治教育比赛三等奖、博客大赛二等奖、QQ空间比赛二等奖。2015级学生韦信获得校团委举办的社会实践成果汇报比赛二等奖。此外,我院获得学校第十六届田径运动会男子甲组第二名,总分第四名,打破2项校纪录(全校5项破纪录)。

林学与生命科学学院

1. 建章立制，和谐学院建设稳步推进

学院修订了各项管理制度，坚持定期召开院务工作会、党政联席会，集体决策、统筹部署、强调落实、及时改进，增强工作的实效性、针对性和规范性。班子团结协作，教师努力进取，突出教学中心地位，全院氛围和谐。

2. 创新模式，人才培养特色更加彰显

积极探索"合格+"人才培养模式改革，制定完善生物科学专业"合格+卓越教师"培养计划、园林专业"合格+卓越农林人才"培养计划、生物技术专业"合格+创新人才"培养计划，签订"园林优秀工程资料员订单培养协议"，充分体现"学生中心，能力本位，需求导向，分类探索，多元培养"的人才培养理念，专业特色日渐显现。加快园林特色专业建设，在认真开展自评的基础上，对照目标、查找差距，聚焦条件建设、队伍优化、课程建设、人才培养等短板，不断推进专业内涵建设，突出特色发展。

3. 聚焦课程，五大教学改革持续深化

以院长说专业为契机，查找问题，改进思路，明确目标，创新举措。以2015版课程大纲编写为抓手，将教学内容改革、教学方式改革、考核评价方式改革植入大纲，让五大教学改革接地生根、开花结果。

扎实推进教学改革，10门专业核心课程改革立项，8项校级教改项目立项，新建"园林建筑设计""园林树木栽培学"等网络课程4门，建成"园林规划设计""观赏植物学""园林施工图绘制"等3门在线开放课程，录制实验实训项目视频18项，撰写校本应用教材6部。积极组织参加"说课程·教改课"比赛，以赛促改。

4. 应用为本，实践教学体系不断丰富

（1）构建"734"实践教学体系。7是指"专业实习、课程实训（实验）、技能训练、暑期集训、学科竞赛、创新训练、毕业论文"七模块，3是指"基础实验平台、综合实验平台、创新实践平台"三平台，4是指"基础性、综合性、应用型、创新型"四层次。丰富的实践教学体系保证了学生专业基本技能、综合实践能力、创新精神的培养。积极改善实验条件，多渠道争取经费投入。本年度仪器设备总值增加340万元，中地共建项目高效完成，实验仪器数量大幅增加，档次显著提升。同时组织多方进行专题研讨，协调学校各部门，制定了食品、生物专业实验室改造方案，园林专业实训实验室文化建设方案，生物园、植物园路面修葺铺装施工方案等，为培养"下得去、上手快、留得住、后劲足"的人才提供条件保障。

（2）积极探索实验室开放模式，提升学生综合创新能力。建立以教师科研项目、学生技能培训、学科技能竞赛、毕业论文设计和学生自拟题目为主要内容的开放实验项目库，2016年度林学院共开设开放项目175个，参与学生共计845人，覆盖全院55%学生；开放人数达到27885，与2015年度相比增幅为72.5%。逐步形成了"强化基础、突出能力，注重个性"的理念，学生的综合创新应用能力显著提升。

5．校企互动，产教实质融合不断深入

抓住教学实践、双师型队伍建设、平台共享、学生就业等关键要素，积极拓展校企合作，推进产教融合，新签校外实践教学基地8个。与重庆澳龙生物制品有限公司、重庆九龙坡区疾病预防控制中心、重庆园博园和重庆金三维园林有限公司展开深度合作，与华宇园林公司联合举办2016年"华宇杯"校园景观设计大赛；与重庆园林行业协会联合开办优秀工程资料员订单班，提高了学生的实践能力和创新精神。

6．引培结合，师资队伍建设再上台阶

引进海外人才1人，培养学科带头人和学术领军人物。招聘博士2人，师资数量和结构更趋合理。加强青年教师队伍建设，实行"一对一"帮扶，组织课程团队和专家团队深入课堂诊断、把脉，分专业组建同行评教团队，开展同行评教工作，使青年教师在教学准备、教学设计、课堂组织等方面的能力稳步提升。派遣2位老师进入中冶建工进行双师型锻炼，从事施工项目管理的培训工作，提升专业实践技能。支持教师外出学习、参赛，加强业务交流，拓展专业视野。本年度共组织我院教师累计参加国内外教学研讨、学术交流、学科竞赛 40 人次。教师教学科研能力显著提升。在全国压花比赛、重庆组合盆栽花卉创意作品比赛、学校第五届教师"说课程·教改课"比赛中多名教师获奖。立项国家自然科学基金 2 项，获得市科委民生项目支助 5 项、市科委基础科学项目支助 3 项，见刊论文 24 篇，2016 年到账经费达 150 万元。

7．齐抓共管，人才培养质量不断攀升

通过狠抓学风建设，推动教学改革，强化实践教学，积极组织学生参加学科竞赛，深化校企合作等系列措施，提升人才培养质量。2016 届毕业生共 434 人，初次就业 414 人，就业率 95.3%；年底就业人数 423 人，就业率 97.4%。2016 年学生在各类学科竞赛中获奖 50 余人次，考上研究生 59 名，位居全校第一。

8．严防严控，一岗双责落实到位

坚持标本兼治、综合治理、惩防并举、注重预防的方针，根据学院实际情况制订了学院党风廉政建设和反腐败工作分工包项责任制，扎实推进惩治和预防腐败体系建设。进一步规范财务管理，健全财务内控机制和签字报账制度，规范预算管理，严控津贴发放。进一步加强科研经费、教学经费、学生活动经费等预算经费的支出管理，经费使用效益明显。

电子电气工程学院

1. 思想政治与党建

积极组织全院师生开展"两学一做"专题教育活动,以及学习贯彻党的十八届五中六中全会、2016年全国"两会"、习近平总书记系列讲话和市委四届七次、八次、九次、十次全会精神系列活动,积极参加校级和二级中心组学习,行动上狠抓落实,发挥一把手的关键作用,带头贯彻执行中央和市委的精神,深入调研、广泛听取群众意见,大力整改在群众路线教育实践活动及"两学一做"专题教育中查摆出来的突出问题,努力将活动成果体现在推动工作发展上,取得了较好的效果。认真组织和参加政治学习和组织生活,坚持党风廉政建设责任制,加强班子成员思想沟通,形成了一个更加团结和谐、积极进取、富有活力的领导集体。在廉洁自律方面起好了模范带头作用,坚持深入基层、深入师生,认认真真、踏踏实实地帮助师生解决一些实际困难和问题,努力为群众排忧解难,最大程度地让群众满意,遵守廉洁自律各项规定,时刻以《中国共产党章程》《关于新形势下党内政治生活的若干准则》和《中国共产党党内监督条例》严格要求和规范自身行为,营造风清气正环境。严格党员发展标准,把乐于奉献、勇于承担、作风正派、业务能力强的师生吸收到党的组织中来。

2. 专业建设

(1)按照学校要求认真组织完成了本年度物理学和电子信息科学与技术两个专业的校内专业评估工作,并顺利通过。组织做好两个市级特色专业"电子信息科学与技术""电气工程自动化"的建设工作。申报并立项校级项目5项,6门专业核心课程改革结项,新增申报2门核心课程改革。本年度我院教师发表教研教改论文10余篇。

(2)组织完成了实验室内外文化墙建设,完成了实验室守则、指导教师职责、安全卫生制度、实验室管理等制度上墙工作,效果良好,得到广大师生好评。新建的"基础实验室升级扩容"运行良好,"微电子实验室"验收完毕,下期投入使用。完成"电力系统动模实验室"申报和招标工作,设备陆续到货,安装调试工作正在进行中。本年度开放十余个实验室，学生人数400余人，学生人时数 30 000 余学时。开放实验室，为学生学习及比赛创造条件。组织学生参加了2016大学生创新创业、"互联网+"和电子设计大赛等项目。"国网考试培训"项目有条不紊地进行，电气工程及其自动化专业超过50%的毕业生进入国家电网等大型国营企业和央企，《重庆日报》2016年10月21日第5版对我院专业建设成效进行了报道。

3．师资队伍建设

柔性引进电子科技大学博士生导师徐建华教授作为"电子科学与技术"的学科顾问和超级电容器研发与应用平台的学术带头人，同时引进电子科大杨文耀博士、兰州大学陈文波博士充实科研团队。人才队伍的充实大大促进了研究所的科研水平。并以三位教授为核心，凝聚了一批积极向上、朝气蓬勃的热血青年。保障教学工作中心地位，狠抓教学质量提升，青年教师参加学校"说课程•教改课"比赛，获一等奖、三等奖各一项；积极参与教学改革，认真组织申报教育教学改革项目，获批市级项目1项、校级项目6项。派出7名教师到重庆航凌电路板有限公司、滨州市滨院网络科技有限公司等五个企业进行顶岗实习和施工现场培训，补充了我院个别专业"双师双能型"教师数量不足的状况。

4．科研、学科及平台建设

获批国家自然科学基金项目一项，实现了学院无国家级项目的突破，获批市级项目13项，获得横向项目2项；申报"重庆市高校新型储能器件及应用工程研究中心"，取得良好的阶段性进展，有望改变我院无市级科研平台的历史；带领学科组成员基本完成了"电子科学与技术"第三轮重点学科建设任务。

5．学生管理工作

结合学院实际，强化学生管理工作的有效性、时效性、针对性，加强学生日常学习及生活管理，重视平时和特殊时期学生安全稳定，对部分特殊学生关心到位；加强学生管理相关课题研究，初步打造出具有学院特色的学生工作品牌。以创新实验室为平台，安排专人负责指导，引导并鼓励学生参加各类各级学科竞赛，2016年我院学生共获国家级奖项4项，获国家级创新创业项目2项、市级奖项15项、实用新型专利1项，发表科研论文5篇。

6. 注重职业健康，保障师生安全稳定

深入贯彻执行学校的相关要求，组织实验室主任、办公室主任和实验管理人员等，定期和不定期对实验室的安全和水、电、危险品等情况进行检查，在长假、期末临近时，对实验室、办公区以及学生宿舍等区域进行了消防安全专项大检查，发现隐患及时进行整改。坚持不懈地抓好学生安全与稳定工作以及教师职业健康，采用多种形式开展宣传教育，全员关注安全问题，提高师生的安全意识。

重庆服务外包学院/软件工程学院

1. 党建工作扎实推进

由党总支牵头,学生支部、教工支部扎实开展了"两学一做"学习教育活动,党员师生在教学、科研、学习、创业就业等方面进一步发挥先锋模范作用。查找学院存在的问题和影响学院发展的因素,建立了整改台账,并逐步完成整改。学生支部创新性地制作了入党通知书,并在入党宣誓仪式上颁发,既规范了程序又加强了党员同志的责任感和使命感,效果较好。

2. 专业建设以工程为本

持续借助永川软件园、帮考教育集团与学校开办计算机科学与技术专业政校企合作班,深入推进工程化专业改革。成功申报教育部高教司产学合作专业综合改革项目1项和产学合作协同育人项目4项。以"回归工程"为主线的校企合作人才培养模式开办的软件工程专业成功列入重庆市特色专业,软件工程专业接受校内评估、计算机科学与技术专业接受重庆市属高校本科专业评估均获得好评。

3. 重构教学内容

以专业基础课、专业技术课和实训课的依赖关系为纽带构建了14个课程团队,课程团队研讨课程知识明细,解决课程间知识遗漏或重叠问题,高质量完成了2015版人才培养方案大纲编制和汇编工作。坚持融项目于课程,按知识点切分项目并有机串联,重组课程内容,代表性成果有清华大学出版社出版的编程基础课程团队主编的《案例式C语言程序设计》和路由交换课程团队主编的《企业网络组建与维护》两部教程。

4. 改革教与学模式

坚持转观念、搭平台、建资源、调课堂的改革思路,以课程团队为主体,派出47人次教师接受MOOC、翻转课堂、混合式教学等新型教学模式学习;借助获得的中国高校计算机教育MOOC联盟"计算机类专业MOOC教学试点高校"提供的中国大学MOOC平台、玩课网和UOOC联盟等慕课平台(自建前端技术课程在玩课网开放）；搭建学院 SPOC 平台在"数据库原理及应用""程序设计基础""计算机应用基础"等课程开展翻转课堂或混合式教学。计算机公共课程团队王宇老师作为改革代表，在学校第五届教师"说课程·教改课"活动中获得通识课程组第一名。

5. 创新创业以俱乐部为根

以"e 创星空"的七个俱乐部为主体，聚焦三个技术方向，通过承接商用项目、参加创新创业大赛、孵化创新创业公司，营造创新创业氛围，探索"课内"以课堂为载体+"课外"以俱乐部为载体相融合的多元化人才培养模式，该模式成功立项为教育部 2016 年产学合作协同育人创新创业改革项目。组织学生参加"互联网+"、创青春、ACM、中国大学生计算机设计等大赛，获省部级奖励 40 余项，其中在中国大学生计算机设计大赛中获重庆赛区第二名；组织学生开办企业 4 家，申请微企 5 个，承接渝西监狱"大安全"处理系统、江津区委宣传部舆情信息管理系统（二期）、重庆圣华曦药业有限公司尘埃粒子监测系统（二期）等横向科研项目。

6. 实践教学多元探索

2016 届替代学生达 62%，其中商业项目 143 人、学术论文 13 人、软件著作权 27 人、专业认证 98 人、专业竞赛 19 人；通过替代作品答辩质疑，提高了毕业设计替代作品质量。学生实习返校汇报实习成果，反省自身专业能力和职场素养的不足，不仅避免实习虚化，且有效提升了实习质量。本年度暑期"优秀工程师"训练引进了银河、成都天纵等两家企业开设"手机外卖 App""UI 前端开发技术""linux 系统架构"三个项目，由企业派资深工程师授课，部分专业教师全程参训，成效显著。

7. 师资队伍内培提升

组织近 70 余人次外出参加工程教育认证、MOOC 课程建设、MOOC 制作技术研修等教学模式培训和技术研修，获重庆市级青年骨干教师 1 人，晋升教授 1 人、副教授 2 人。

8. 科学研究稳步发展

成功立项省部级以上科研项目 6 项，发表 SCI 论文 5 篇、EI 论文 3 篇，编写著作2部，软件著作权47项，实用新型专利6项，发明专利2项。

9．学生工作特色鲜明

立项学生科研项目17项。持续举办"讲父母的故事"征文演讲比赛和"让歌声走进教室"歌咏比赛等特色活动，提高了学生的素养。与重庆文理学院老协共同举办了两期电脑培训班，开展"一帮一"活动，爱心中转站和电脑俱乐部在校内外开展志愿服务活动10余场次。

经济管理学院/建筑工程学院

1. 学科建设

每3个月找相关当事人督促一次，切实强化了学科建设工作力度，在中检不过关的较大压力下，终检最后超额完成任务。其中发表B类文章14篇、A类文章11篇，出版专著及教材13部，申请专利5项，成功立项市级以上项目29项、横向4项，到账经费214.5万元，获政府奖3项（其他各类奖项3项），获刘延东副总理等领导批示2项。

2. 以项目驱动促进科研氛围

全面组织申报各级各类项目累计76项（约占全校社科类项目的1/3），成功立项国家自然科学基金面上项目1项（约占全校自科基金项目的10%），国家社科基金项目2项（占全校社科基金项目的40%），教育部项目3项（约占全校教育部项目的43%），市级科研项目8项，永川区、校级及其他项目共计20余项。

3. 科研成果质量

全年发表论文30余篇，其中高级别论文8篇、核心期刊以上论文16篇；申请专利8项，获批专利5项。

4. 成果转化与社会服务

张锐的"社科类社团竞争力评价与提升策略研究"获得民政部社会组织理论研究成果奖，冯利朋的"应让马克思主义经济学回归高校经济学科研和教学"获得刘延东副总理批示，"建议改造旧集装箱紧急应对城市内涝"获得陈绿平副市长批示。

5. 四大措施夯实专业建设

工商管理完成校内专业评估，基本上具备了冲击市级特色专业申报及建设条件；物流工程专业开始招生，为拓展我院的专业厚度和做出专业特色奠定了基础；积极推动"合格+"工程，为工商类专业和工程类专业学生的个性发展提供了平台；积极申报工程管理专业认证，并聘请住建部专业认证的副主任委员任宏作为带头人推动该项工作。

6．五种方式推动师资队伍建设

送出去冯利朋、李坤、田书芹3人出国访学，另有2名拟出国访学；拟引进不少于2名博士，推动高职称合理化，今年有3人晋升高职称序列；双师型人才的比例保有量共计33人。

7．六大工程促进教学改革与课程建设

从任课教师、教学系、学院和校内专家四个层次完成了2015版人才培养方案课程大纲制定工作；构建了"三位一体"模式，"专业导论课"初见成效；教学改革持续深入，本学年新申报5门专业课程改革，工商管理专业核心课程第一轮改革基本完成，工程大类专业核心课程改革达到了60%；教学改革深入推进，申报教改课程5项，主编教材4部。其中，全国首本工程造价专业的《工程造价导论》发行20 000余册，《重庆晨报》专门做了报道；发表教改论文10余篇；教学比赛获得三等奖3个，学院第一次获得集体三等奖；启动松溉古镇特色研究，完成了"工程测量"实地项目制教学；2017届毕业设计选题已经完成，调研工作已经展开。

8．一周一次教研活动彰显特色

除学校统一安排外，要求每周进行教研活动，可自行确定教研室的教研内容，并先后邀请了12位校内外专家围绕2015版人才培养方案、教学大纲、教学比赛、教学成果奖的撰写与申报等进行打造，对教学质量的提升效果明显。

9．中央财政专项资金使用

2016年完成了2015年和2016年全部中央财政专项经费880万，90%以上的仪器已经到位，一次性解决了2015年积压问题和2016年新增项目。

10．四项举措推动党建工作

一是组织广大党员，尤其是班子成员学习了党章党规及系列讲话精神，武装师生头脑，强化了党性认知；二是组织党员同志参观了"816"地下核工程基地，让党员同志牢记革命的艰辛，懂得珍惜今天的幸福生活，保持党员干部的先进性；三是开展了"两学一做"专题教育，认真梳理出主动意识欠佳等多个内容，建立健全了台账和整改措施，深化了作风建设（邀请李德全副书记对教师的作风与道德进行了培训和指导）；四是通过党员教师指导学生积极创新创业，我院总共有微型企业 5 个，2016 年 7 月份刚毕业学生的微企一次营业额超过 200 万。

11．扎实抓好学生工作

完善招生就业、日常管理、校友会、关工委、学生党建等方面的学生工作体系；确立"四困学生"帮扶对象，并进行了一对一帮扶；通过严格早操检查制度、严格请销假制度、严格学生宿舍管理加强了学生日常管理力度；采取"三养""四进""五比"工作机制，强化了学生第二课堂教育；借助"博今"平台开展了职业生涯规划大赛、"创青春"、"学创杯"、"工程制图建模"、"市场营销"等系列活动；打造学院品牌特色，以现场招聘模拟为主线营造一院一品牌，邀请 10 多个企业人力资源部门负责人现场对三年级学生进行招聘模拟，不过关者还须再次进行模拟招聘。学生学科竞赛实现突破：获得国家级一等奖 2 项、二等奖 2 项、三等奖 1 项，省部级一等奖 1 项、二等奖 1 项、三等奖 3 项，特别是在河南举行的工程算量中获得 4 项冠军。

旅游学院

1．党务工作

全面落实五个"抓"：抓谋划启动、抓培训过程、抓组织建设、抓安全稳定、抓党风廉政。

2．教学工作

主要表现为三类课堂同时推进：在第一课堂，一是针对教学内容、教学方式和考核方式改革的精准性进行进一步关注；二是对教学过程的监督坚持常规化、制度化；三是老教师与青年教师一起分析教材、一起推敲教案的形式越来越成为传帮带的主要形式；四是在学校的教改比赛中，我们实行了院内初赛时全体教师都进入听课、评课环节，在对学校选手的打造上，我们对选手的5个教案进行了逐个多次打造，并让全体中干、以往全体获奖人员、旅游教研室、酒店教研室全体教师都切实参与了进来。在第二课堂，3D导游实训室和Opera酒店信息管理系统成功运行，学生练习热情之高，设备利用之频繁，大大超出预料。在第三课堂，学生在全国比赛中的高层次获奖，已经开始出现由过去的主要依靠会展专业逐渐向旅游专业逐渐联动。

3．学生工作

学工队伍建设成效明显：李杰老师获得学校第三届"大学生周末思想教育"课堂教学竞赛第一名。学风建设扎实开展：我院的"沐浴书香"、大学生成长目标导航工程持续推进。传统品牌项目——第八届旅游文化节（下设导游之星大赛、中餐宴会服务技能大赛、旅游形象大使比赛、会展方案策划大赛、学生用品展等）持续推进，学生覆盖面达90%以上；就业工作再度取得良好成绩，我院2016届本科生初次就业率为91.3%，年底就业率为98.57%；用人单位对毕业生满意度高，其中非常满意的占75.6%，满意的占14.3%，一般满意的占10.1%；2017届签约率目前已经超过98%。

4．科研工作

我院共有教职工29人，且绝大多数为青年讲师、助教，但我们申报市级以上项目 30 余项,并且立项率高,比如:国家社科基金,我们申报 2 项,立项 2 项;教育部人文社科申报 4 项,立项 1 项;全国教育科学规划申报 2 项,立项 2 项;全国学校共青团课题申报 2 项,立项 1 项;少数民族青年研究项目申报 1 项,立项 1 项,等等。2016 年,旅游学院获得学校科研进步奖。

5. 校企合作

校企合作订单班在原来的"长航"一个班的基础上,在 2016 年度又增加了"洲际班";企业家进课堂由原来的不定时,到现在的每两周星期三下午定期来校授课;校企合作内容由过去的人才培养方案制定,现在已经细化到教学大纲编写、期末试卷的命题等各个教学细节都进行共同协商。

6. 实习实训基地

过去作为实习基地的国际知名品牌主要是重庆的洲际集团,现在扩展到上海迪士尼世界乐园、北京香格里拉、杭州的万豪集团,以及重庆的希尔顿酒店集团等,使得我院的非师范生集中实习的范围和实习质量有了显著的提高。

7. 服务地方经济建设

过去基本上是个别教师针对短期项目进行指导、参与,2016 年度,旅游学院首次以学院名义承接了五间圣水湖桃花源景区的规划设计,获得横向经费 12 万元,并签订合作协议,对其经营管理进行长期指导、支持。旅游学院党总支工作以围绕运用教师专业技能服务地方经济建设为抓手,与行政工作紧密衔接,从河南的"栾川模式"学习借鉴,到綦江的乡村旅游资源调查分析,再到五间圣水湖项目的具体落地,党政领导都共同带队,一起发力,成效优良。

8. 全国本科专业排名

会展经济与管理专业继续保持在全国的第 5 位,位居许多"985""211"高校前列;旅游管理与服务教育专业由上一年的全国第 3 位上升为全国第 2 位。

马克思主义学院

1．独立运行总体平稳，社会反响度提升

在 2016 年机构设置中，学校独立设置了马克思主义学院，同时考虑到学校的实际情况，确立了与公共管理学院在师资资源、绩效分配和学科建设三个方面统筹。一年以来，在学校党政的正确领导下，在各部门的有力指导下，马克思主义学院总体运行趋于平稳，得到了全校师生的了解、认知与认同。在对外交往方面，重庆文理学院马克思主义学院的声誉进一步扩大，吉林师范大学、重庆第二师范学院、重庆工商大学、重庆科技学院、重庆大学城市科技学院、周口师范学院的马克思主义学院（思想政治理论课教学部）先后来校考察交流，对学校思想政治理论课教学改革提出的"一二三四"新思路、"六化一体"新机制、"三位一体"新体系、教学评价新标准、"五方认同"新成效给予高度评价，学校思想政治理论教学改革经验已经在部分高校得到推广。

2．开展主题教研活动，教学改革成效显现

主题教研活动是马克思主义学院推进教学改革的主要抓手和平台，其运作方式是：将需要破解的教改重点难点确定为研讨主题并提前一周公布，确立主题发言人并要求每位教师发言。2016 年以来，主题教研活动主要围绕打造精品专题教案、课件和参加重庆市思想政治理论课教师教学技能大赛、重庆文理学院"说课程·教改课"比赛进行。学院事前确定了教研活动的总体安排并予以实施。目前，第三版的精品专题教案、课件已经形成并在不断进行打磨。在 2016 年的重庆市思想政治理论课教学技能大赛中，钱莉老师获得综合排名第五名和二等奖，陈丽老师获得优秀奖。在 2016 年的学校"说课程·教改课"比赛中，郜战红老师获得第二名和二等奖。

3．激励机制健全，教师凝聚力增强

马克思主义学院老师怀有强烈的政治意识、大局意识、核心意识、看齐意识。一是在学院的工作中，具体表现为心往一处想、劲往一处使，比如在学校的教职工运动会上，在本来可以弃权的情况下，大家发扬拼搏精神，以优异的成绩完成了比赛。二是事业激励。在从事马克思主义教育科研事业中、在具体的事情或工作中凝聚人心。老师无论参加重庆市的比赛还是学校的教学比赛，都不是一个人在战斗，而是一个团队在打造。同样地，在申报国家的、教育部的项目中，申报的老师向大家汇报自己的申报书，然后由其他老师提出修改意见。老师们普遍反映，这次改革在教学组织上实现了从原来的"孤军奋战"到现在的"团队作战"；在教学内容上实现了从原来的"平均用力"到现在的"精耕细作"；在教师发展上实现了从原来的"教研分立"到现在的"教研统一"，形成了教学向科研转化、科研反哺教学的良性机制。三是分配激励。把专项补贴用于教师，激励老师们做好事情。建立外出培训的积分制度，把老师参加学院的重大活动转化为参加外出培训的机会，并根据活动的性质给予培训不同积分，从而凝聚人心，激励老师们为学院发展贡献智慧。

4. 教师培训有针对性，教师发展能力提升

针对老师们在制作PPT、MOOC课程、微课程方面对教育技术的需求，组织马克思主义学院的专职老师赴重庆参加教育技术专题培训，提升了大家的教育技术水平。组织老师参加学术会议培训，及时发布有关学术会议的信息，并根据相关规则组织老师参加学术会议，了解、跟踪思想政治理论课教学研究前沿，提升了大家的学术研究水平和课堂教学能力。项目打造培训主要是针对申报科研项目的老师，要求全体专兼职老师与申报的老师共同打造，必要时邀请院外专家、校外专家一同打造，不仅提升了申报老师的学术水平，同时也提升了其他老师的研究能力。专家定点培训主要是针对参加教学比赛的老师，除了共同打造培训外，学院邀请了往年的获奖选手、评审专家给予定点培训，有力地促进了参赛老师教学水平的提升。

公共管理学院

1．积极构建合格+多元人才培养体系

为进一步深化教育教学改革，创新多元人才培养模式，凝炼应用型人才培养特色，提高人才培养质量，我院成功申报"一带一路法律人护梦计划"和"高端商务人才谈判"培养计划。该计划分别依托法学专业、行政管理专业和思想政治教育专业，着力培养应用型、复合型人才，提升学生的综合实践能力。

2．以学科竞赛为先导，提升专业竞争力

2016年，我院思想政治教育、法学、行政管理三个专业学生在国家级学科竞赛中大获佳绩，思想政治教育专业袁源等四位学生在参加由全国教育技术协会主办的"华文杯"第六届全国师范生微格教学技能大赛中分别获得大赛的一、二等奖，参赛论文入选年会论文集。2014级法学专业刘扬等同学参加由湖南省法学会指导、湖南省程序法学研究会主办、湖南师范大学法学院承办的全国法律实务能力大赛中，荣获团体总分第一名，并捧得第三届"漾翅杯"。刘扬同学以总分第一名的成绩获得唯一一个杰出审判能力一等奖，唐振东同学以总分第一名的成绩获得唯一一个杰出书记员一等奖。2013级行政管理专业学生在参加由中山大学新华学院主办、公共管理学系承办的首届中国大学生公共管理案例大赛中凭借作品《我家大门常打开，你准备好了吗？——封闭小区与街区制》喜获二等奖，《善治视角下的农村违建拆迁纠纷例证》喜获三等奖。这些成绩的取得充分展现了我院学生的专业综合素养与综合实践能力。

3．以人才培养方案重构、完善为依托，凝炼专业方向

2016年，学院坚持以应用型人才培养为重心，凸显出学生复合型能力的总体特征，即"能说、会写、善沟通、强思辨、懂礼仪、会调研"。以此为出发点，思想政治教育专业做好了"三个衔接"：与高中课程的衔接，课程与课程之间的衔接，与研究生教育的衔接。法学专业以通过司法考试和法律实务能力培养为目标，加强学生的法律专业能力锻炼，形成以司法考试和法律实务为核心的专业课程体系；行政管理专业在夯实学生专业理论的基础上，更要注重文书写作、档案管理、人事管理、会务管理等专业训练,通过一系列技能竞赛,让学生能够展示学习效果并运用专业理论知识解决实际问题。

4.以教学改革为动力,推动学院稳步发展

学院五大教学改革持续推进,彰显了应用型人才培养特色。在教学内容方面,我院坚持"有用、可用、管用"的原则,采用"删、减、并、留、增"的方法,加大教学内容革新的力度。着力培养学生的基础能力、职业岗位能力、职业拓展三大职业能力。在教学方式改革方面,变灌输式教学方式为广泛采用任务驱动、项目导向、问题教学、案例教学、情景教学、分组教学、团队学习、专题研究、实训演练、社会调查等多样化的教学方式,课堂教学基本实现了从过去讲清楚为什么,到现在主要教会学生怎么做的转变,实现了让学生从被动接受向主动参与的转变。在考试评价方式改革方面,一是鼓励教师根据课程性质和特点采用口试面试、情景模式、项目设计、现场答辩、案例分析、团队合作等多元化考试方式;二是考试评价过程化,增加平时成绩占课程总成绩的比重,以动态化的过程考核为重点,做到随时考核,同时要做到考核结果科学化。

毕业论文改革的主要目的是培养学生综合运用所学知识和技能,理论联系实际,独立分析、解决实际问题的能力。在2016届毕业论文中,社会调查类论文占到71%,公开发表和应用类论文占到12%,83%以上的论文实现了多样化改革。

5.以学科与科研建设为龙头,引领专业健康发展

2016年,学院在科研工作方面取得了较为稳步的发展。积极申报各级各类项目共24项,成功申报的科研项目共计9项;到账经费共计60余万;发表论文共16篇,发表专著2部。此外,还从学术队伍建设及科研激励体制等方面调动教师的科研积极性。在依托学院进行的第三轮马克思主义理论重点建设学科验收检查中,三个方向得以通过。总体上,学院科研反哺教学效果突出、优势明显。

6.以学生能力提升为中心,凸显实践教学效果

2016年度,我院引领学生在实践中成长成才,鼓励学生举办学校学院大型文化活动,在市、校级各类竞赛性活动中频频获奖。张巧玲同学的《不能背

叛的爱》荣获全国大学生文学作品三等奖；刘扬同学在"学宪法讲宪法"演讲比赛中荣获重庆市一等奖；由田杨、藜黎组成的羽毛球双打队在重庆市羽毛球锦标赛中荣获第一名的好成绩。品牌活动——第七届案例分析大赛、第七届暑假学生的社会实践调查报告与案例分析报告持续进行，提高了学生的实践能力和创新精神。

教育学院

1. 加强学习,加强意识形态工作

一年来,班子成员以学习贯彻党的十八届六中全会和市委四届十次全会精神为主题,围绕"两学一做"学习教育要求,带头参加全院八个方面主题的政治理论学习。认真组织开展"两学一做"专题教育。注重多渠道传导正能量,通过学院网页、微信平台、宣传栏、文化墙、黑板报等加强了对信息的有效掌控,传播正声音,传导正能量。

2. 勤政务实,敢于担当主动作为

一年来,学校有关领导和职能部门负责人来教育学院调研和指导工作。在人才培养与学科建设、科研平台与实习基地建设、学生技能与特色专业建设等几个方面辨明了方向,得到了强有力的支持,树立了自强的信心。

3. 扎实工作,狠抓教学管理与改革

进一步规范了教师课堂教学行为,切实改进了艺术教学工作。高度重视教研室工作和专业核心课程改革,加强了专业及课程体系建设,鼓励教育学、教育心理学公共课程改革,艺术类毕业设计展演改革,普通话和三笔字的分层教学改革。特别是2016届毕业生独具特色的毕业设计改革,卓有成效。

4. 拓展视野,营造良好的学术氛围

2016年,先后邀请四川师范大学吴定初,人民教育出版社《课程·教材·教法》编辑部主任苏丹兰,人民教育出版社博士后余宏亮,北京师范大学教育经济研究所副所长、博士生导师胡咏梅,北京大学国家第十一批千人计划人才、我国工程心理学认知心理学知名学者何吉波等专家教授来校举办十余场讲座,营造了良好的学术氛围。

5. 未雨绸缪,推进心理学学科建设

心理学校级重点学科平台建设方面成效显著,认知神经科学与心理健康实验室成功获批2016年度重庆市2011重庆市脑科学协同创新中心核心单位,成为重庆市教育委员会、重庆市财政局择优支持实验室。现在,我们正在将该实验室申报为市级重点实验室。我院注重心理学优秀人才的凝聚,今年从重庆医科大学引进了认知神经科学方向博士潘伟刚。

6. 着眼未来,扶持教育学学科发展

2016年3月,我院以"教育学的任务与使命"为主题展开了大讨论,为教育学发展凝聚了共识,专业教师得到了鼓舞。在全市教育系统教育著述类最高奖项——市优秀基础教育著述评选中,我院教育学袁丹博士的学术论文获二等奖。贺能坤教授研究的成果被重庆市人民政府发展研究中心主办的《领导决策参考》(内部资料)刊发。曹照洁老师获重庆市2016年度高等教育教学改革研究重大课题。这些充分显示了我院教育学学科发展的潜力。

7. 着力培养,提升教师能力素质

按照"以竞赛促学习,以培养为基础"的工作思路,把师资队伍建设放在事关学院发展全局的战略位置。2016年10月,我院全院教师参与第五届教师"说课程·教改课"比赛,最后,袁菁嶷以全校总分第一名的优势获一等奖。学院鼓励教师进行进修与深造,加强知识更新。2016年,组织教师参加校内外培训、研讨会30余人次,专业教师教学科研能力得到提升。

8. 注重实践,进一步深化校企合作

分别与永川区红星幼儿园等十几家单位签订了"院园融合,互惠共进"协议,与永川区兴龙湖小学等十几家单位签订了共建"大学生学涯导师基地学校"协议,在教育学专业中全面实施"职业导师制"开展学生辅教活动。2016年,教育学各专业学生900余人次参与辅教活动。心理学专业在2016年全年持续与永川监狱开展合作,对部分服刑人员进行了心理辅导;开展了对永川区计生特殊家庭的精神慰藉工作;与重庆水利电力职业技术学院共建"'蔚蓝心理'工作站"。

9. 教管结合,学生工作成效显著

做好了2016级新生接待和入学教育工作,整体报到率为98%。紧抓学生安全教育,一年以来,对学生开展了"网络借贷的危害""如何预防网络及电信诈骗""青春期女性如何保护自己""艾滋病的传染与预防"等方面的安全知识专题教育,2016年未发生任何重大安全事故和人身伤亡事件。学生寝室在学校的宿舍文化验收时达标率达到92%以上。严格执行学校师范学生晨读晚练安排。扎实开展"四困"学生的排查和帮扶工作。一年来,除国家奖助学金和学校专业奖学金等以外,学院通过"云日奖学金"等方式帮助50余名家庭经济困难学生,帮扶资金达3万余元。

10．精心策划,积极开展团学活动

在全国和重庆市各种行业协会比赛中,学院共计8人获得一等奖,12人获得二等奖,17余人获得三等奖。在学校第十六届田径运动会中,学院获得女子甲组团体总分第一名、全校总成绩第一名以及优秀组织奖。成功举办了第五届"教育节"之"学生技能大赛""原创诗歌朗诵比赛""儿童情景剧表演大赛""教具制作比赛""5·25心理健康节""心理剧表演大赛"等系列品牌活动,学生参与率达到95%以上,极大地丰富了学生的第二课堂。

11．创造条件,拓宽学生就业渠道

共举办了20余场专场招聘会,集中解决毕业生共计500余人就业问题。赴福建、四川、广东等地开辟就业市场,仅通过广州雅宝教育集团和福建闽江人才市场便共计帮助400余名专科学生实现了就业。组织80余名毕业生到条件相对较好且用人要求相对较多的单位,学院用人单位进行面试。邀请专家进行专题讲座10余场。截至年底,2016届759名毕业生就业率达到97.76%。2017届834名毕业生截至目前已经考上公招教师20余人,已落实就业单位400余人。

外国语学院

1. 党建工作

（1）第一，扎实开展"两学一做"专题教育活动。根据重文理委〔2016〕24号文件精神，党总支、各支部开展了"三会一课"，制定和落实突出问题整改台账，召开专题民主生活会、专题组织生活会等活动。第二，加强班子建设。学院党政领导班子始终坚持科学发展观，始终坚持民主集中制原则，始终坚持求真务实的民主作风，集中精力抓大事、谋发展、出思路。第三，加强教职工思想政治教育。组织教职员工、党员同志认真学习了习近平总书记视察重庆时的讲话以及围绕改革发展稳定等一系列重要讲话、中共重庆市委四届七次全会决议等专题。第四，严把党员发展入口关。共发展预备党员19名，转正18名。注重对入党积极分子的培训、教育和管理，推荐120名学生参加党校学习。

（2）加强党风廉政建设，营造风清气正的发展环境。学院始终坚持以党风廉政建设包项责任制为抓手，制定、完善了党风廉政建设和反腐败工作分工包项责任制，编制了职权目录，查找了廉政风险点，组织师生员工观看了示范与警示教育录像片。

2. 深化教学改革，提升教学质量

（1）学生技能训练成效显著。学生参加第六届POCIB大赛，获团体一等奖，学生获个人一等奖2人、二等奖3人、三等奖5人；获"外研社杯"演讲比赛一等奖1人、三等奖1人，阅读比赛优胜奖2人、写作比赛三等奖1人、优胜奖1人；获全国口译大赛三等奖2人、优胜奖4人；获第三届重庆市师范生教学技能竞赛一等奖1人、二等奖1人；获川渝地区大学生跨境电子商务专业技能竞赛团体一等奖。

（2）第一，教师教学质量稳步提升。教师参加第七届"外教社杯"教学比赛，获综合组二等奖1人、视听说组二等奖1人；获外研社"教学之星"大赛特等奖1人、一等奖2人。第二，课程建设体系不断完善。新申报核心课程4门，结项4门，"大学英语四级考试模块训练教程"获应用型特色教材立项。

（3）第一，教育教学改革持续深入。共申报教改项目3项，成功立项校级教改3项，结题校级教改3项。第二，大学英语"1+X"教学改革成绩凸显。大学英语四六级考试过关率持续提升，学生参加"外研社杯"演讲、写作、阅读大赛，获三等奖1人、优胜奖2人。第三，校企合作有突破、有进展。新增重庆伊格斯机械有限公司、重庆欣安怡船员服务有限公司两家校企合作单位，企业、行业人员参与专业指导人才培养18次，企业、行业、校际等专家进校园开展专题讲座8场。第四，学生考研有新突破。2016届共有21名学生被首都经济贸易大学、澳门科技大学、重庆大学等高校录取。

3．建立科研平台，推进科学研究

第一，科研平台建设实现新突破。在现有翻译研究所基础上，申报了外语网络教育研究所，为教职工从事科学研究搭建平台。第二，科研项目立项数迈上新台阶。申报各级各类科研项目15项，成功立项市级项目3项、校级科研项目3项，获学术专著出版资助1项。第三，科研成果取得新成绩。发表科研论文30余篇、译著2部。

4．学生管理与服务

（1）第一，开展多种形式的思想政治教育活动，如：新生入学教育、谈心教育、心理健康教育等。通过以上教育，进一步提高了学生的综合素质。第二，招生就业工作进展顺利。2016级英语专业共招收新生206人，实际录取199人，实际就读率达96.6%。截至目前，2016届毕业生就业率已达95.54%。

（2）学生活动精彩纷呈。先后开展了义务支教、英语新闻大赛、英语话剧比赛等活动。这些活动的开展，极大地提高了学生的技能水平和综合素质，丰富了学生的课余文化生活。校友会、校庆工作扎实有序。校庆期间，召开了"忆大学、谢师恩、叙同窗"校友座谈会，邀请1979级校友、华东师范大学博士生导师何刚教授和1988级英语专业杰出校友、四川外国语大学博士生导师王仁强教授分别作了学术讲座，邀请1997级校友、重庆广播电视大学副教授谢青松作了"大学生成长与发展"励志讲座，1996级校友龙冰举办了以重庆师专为创作背景的作品《触不到的相思子》校园分享会。

5．优化师资结构

第一，精心组织、顺利推进职称评审工作。成功晋升副教授2人、讲师2人。第二，多层次开展教职工教育培训工作。先后派出20余名教师参加暑期教师发展系列研修班、30余名教师参加各类学术会议、2名教师参加"全国高校商务英语专业本科教学开放周"、5名教师参加全国跨境电子商务专业师资研修班。通过培训，师资队伍结构进一步优化，教师素质显著增强。

6．优化院务管理

第一，深入开展质量管理与监控。完成相关规章制度修订，识别环境因素44项、危险源69项、法律法规40项，"三标一体"教育质量管理模型通过了学校2016年内部审核。第二，积极优化资产运营机制。再次对闲置资产、有账无物、待报废资产进行了清理和报废处理，做到资产账、卡、物相符。第三，严格执行学校公务接待、公务用车等活动。减少了会议活动数量和公务接待、公务用车费用，提高了工作效率。第四，抓好安全工作，确保校园安全稳定。严格落实安全稳定"一岗双责"督查工作责任制，2016年度无安全事故发生。

音乐学院

1. 开展"两学一做",强化基层党建,增强四种意识

(1)组织党员教师认真学习党章党规,学习习近平总书记系列重要讲话精神,学习党的十八届六中全会、全国高校思想政治工作会、市委四届十次全会精神,学习《关于新形势下党内政治生活的若干准则》和《中国共产党党内监督条例》,牢固树立政治意识、大局意识、核心意识、看齐意识,坚决拥护、维护、服从以习近平同志为核心的党中央,积极参加并组织"两学一做"学习教育,强化组织保障,落实主体责任,层层示范带动,层层落实责任,实现学院党总支、党支部齐行动,党员全覆盖,做到尽好责、抓到位、见实效,不断提升党员个人思想修养,提高政治理论水平。

(2)学院党政精诚团结,坚持民主集中制,坚持党政联席会议制度,紧紧依靠全体教职工,坚持民主管理和科学决策,不计个人得失、名利,注重工作落实,有较强的执行力,起到了党员干部的先锋模范作用,做到"政治合格、纪律合格、品德合格、作用合格"。

(3)积极开展"两学一做"党的知识竞赛、专题组织生活、党员民主评议等基层党建活动,保质保量完成党员组织关系集中排查工作,做到无一漏缺;根据党费收缴专项检查的要求,组织、动员、落实党费收缴自查工作,圆满完成2016年党费缴纳工作。

(4)完善规章制度,抓好制度落实,提高工作效能。制定、完善,并在音乐学院教代会上通过,日常工作中落实《音乐学院常规管理办法(试行)》《音乐学院教学激励办法(试行)》《音乐学院教职工慰问管理办法(试行)》《音乐学院师生艺术实践管理办法(试行)》《音乐学院外聘教师管理办法(试行)》《音乐学院专项奖励办法(试行)》《音乐学院创收经费分配原则》等一系列规章制度。坚持教职工考勤、调停课月公布制,年初出台《教职工年度考评细则》,将工作承担量、调停课、工作失误、考勤等规定最低红线,完善学生技法课请假制度,实行教学、学工联动机制等,有效推进工作开展。

2．注重内涵建设，深化教学改革，促进转型发展

（1）抓好、抓实教学常规工作。组织开展专业核心课程集体听课、评课与教学督导任课教师座谈会，开展同行课堂教学质量评价、教学示范岗跟踪评价、新开课教师/新进教师课堂教学评价，促进教师教学能力的提升；组织参与第五届教师"说课程·教改课"比赛，获2项个人二等奖和团体二等奖；狠抓教学常规和日常教学督查。

（2）加强师资队伍建设，优化专业教学队伍。外聘重庆歌剧院、川剧院等具有丰富舞台表演经验的双师型教师担任表演专业课程教学，积极引进高学历、应用型师资，2016年度引进俄罗斯格林卡音乐学院钢琴硕士、武汉音乐学院二胡硕士、中央民族大学舞蹈专业教师各1名，师资队伍结构进一步优化。

（3）组织编制课程教学大纲，完成专业评估工作。根据2015版人才培养方案，组织编制课程教学大纲；分期完成音乐学、舞蹈学专业评估工作，参加学校"院长说五大教学改革"。整合学生技能训练。根据学院《艺术实践管理办法》，进一步完善技法课教师学生月末音乐会，与学生周末艺术实践、主修生音乐会、毕业音乐会、毕业晚会等有效整合，相互补充、促进，有效推进学生专业技能的提高，组织开展2016年度师范专业学生教学技能比赛和表演专业学生专业技能比赛。

3．改善办学条件，强化艺术实践，科研稳中有进

（1）完成技法课教师琴房空调安装工作，新增学院第一台九尺平台钢琴，星湖活动中心四楼LED音视频设备已完成招标工作；青年教师黄飞洪荣获第七届"神州唱响"全国高校声乐展演比赛优秀奖（全国十强），"023组合"荣获重庆市第35届"校园之春"歌手赛歌王称号，重庆香山旅游峰会《山水之都·美丽重庆》文艺演出，与世界著名钢琴家李云迪同台演出；"雅马哈杯"首届川渝高校钢琴·声乐大赛，张春佳子荣获教师钢琴组铜奖，黄飞洪、闫雯雯分别荣获教师美声组、教师民族组优秀奖，"023组合"荣获学生流行组银奖，肖佳荣获学生民族组铜奖，刘飞荣获学生民族组优秀奖，重庆文理学院音乐学院荣获优秀组织奖。

（2）音乐学院教师2016年公开发表论文7篇，其中在核心期刊上发表2

篇。刘安丽老师的《电影中背景音乐叙事体现及艺术作用的分析研究》及《基于舒伯特艺术歌曲的钢琴伴奏探究》发表于学科级核心期刊《音乐创作》1期、7期;副院长颜聪《妹儿要出嫁》获"国家艺术基金2016年度青年艺术创作人才资助项目"立项。

4.团学工作成效显著,校企合作持续开展

学院坚持团学工作例会制,加强学生常规管理,研讨、编制《大学生成长目标导航手册》,积极开展师生结对帮扶工作,结合重大节日、纪念日,以理想信念教育、爱国主义教育、思想道德教育和素质教育为重点,以学生全面发展为目标,开展了形式多样的教育活动,促进了学生思想道德素养和文化心理素质协调发展。2016届毕业生就业率达到96%,毕业生工作与专业契合度居全校前列,音乐学院荣获"就业指导服务先进集体"。与重庆兴国华桦舞蹈团有限责任公司、重庆渝南文化发展有限责任公司、重庆乐和乐都旅游公司、2016世界旅游城市联合会重庆香山旅游峰会组委会、永川文化委等单位开展合作,在学生培养、师资共享、剧目排演等方面深度合作,取得了良好的社会效益和经济效益。

体育学院

1. 党建工作

在抓好各类政治理论学习的基础上,深入开展"两学一做"教育学习活动。切实加强党风、教风和学风建设,进一步端正党员教师的师德师风、党员意识,规范教师教学行为;在学生中推进思想政治教育"三进"活动。切实搞好基层党组织建设。支部活动有新意,民主评议见真诚,树良好师德师风;针对整改台账存在的问题抓落实,对每年度教职工提出的热点问题抓落实,整改有成效;预防腐败,加强对重点领域、环节、岗位的管理和监督。做好招投标、物资采购的效能监察工作,及时发现和堵塞漏洞。确保稳定安全,抓好敏感时期、重要节庆、重点人群的安全稳定工作。维护好了学院正常的教学、工作、生活秩序。

2. 五大教学改革

组织实施2015版人才培养方案的各门课程教学大纲撰写并完成定稿。核心和主干课程改革初步完成,并积极完善网络课程资源。

3. 大学体育课程改革

2016学年,体育学院深抓大学体育俱乐部制的改革,根据学生需求提出了2年2项目的选项体制,并实行"以赛促教"大班制俱乐部教学模式,缓解了师资不足和教学负荷过重的矛盾,积极组织校内体育竞赛活动,我校学生体质健康测试合格率达95%。

4. 学院专业发展与建设

进一步调整体育教育、社会体育、运动康复三个专业在师资、设备、课程方面的结构布局,使三者之间更趋合理。

5. 实习与就业基地建设

与护力特有限公司合作,借助护力特与专业运动队平台,建立了实习就业基地,有运动康复专业10多名学生实现就业。继续与上市公司际华集团建立合作,实现社会体育专业学生就业新渠道。

6. 特色项目建设

总结了"教训赛创一体化建设发展体系"的特色，申报2017年市级教学成果奖。

7. 校内学生技能训练平台建设

结合学校卓越教师培训工作、教师能力训练中心以及"晨读晚练"活动，体育学院继续推动体育教师师范技能训练平台和"健行未来体育名师"班相关工作。

8. 对外交流与合作

与台北市立大学实现了互访，进行了篮球训练与学术研讨相关活动，成效显著，初步敲定2017年送培一名教师学习半年。

9. 服务地方体育文化活动建设

协助永川区成功举办了2016年国际女足邀请赛。承担了中国大学生体协两操分会的暑假培训项目，共接收了全国几十所重点大学的近500名高校教师的培训工作。

10. 学科运动竞赛

男子篮球队在今年上半年CUBA西南赛区比赛中获第三名，成功进入全国总决赛12强，连续两年参加CUBA总决赛，实现了重庆市高校新突破。在参加全国大学生比赛中，跆拳道获得1铜；黄嘉良参加市游泳救护技能大赛获一等奖、全国第6名。在市级比赛中，田径、武术、跆拳道获22金18银16铜。跆拳道队获普通组和高水平组两个品势团体冠军，11枚金牌；5人制足球和羽毛球实现突破，获得市大学生比赛冠军。协助学校成功举办了师范技能大赛和康复技能大赛。

11. 团学工作

坚持利用早操强化学生技能，是重庆目前唯一还在出早操的体育院系，毕业生在实习和公招考试中获得好评与肯定。

12. 考研就业

2015届毕业生考研21人，上线20人，录取17人，一次就业率达95.3%，年底达到95.7%。

13．科研工作

体育学院 2015 年科研课题立项总数为 2 项。其中国家社科青年项目 1 项、教育部规化项目 1 项、市级项目 2 项。发表核心论文数量为 9 篇，其中 A 类 1 篇、B 类刊物 3 篇、普通期刊论文多篇。获批授权专利 11 项。

美术与设计学院

1. 厘清发展思路，奋斗目标更加明确

学院新班子强化理念引领，提出了"立足本土传统文化，保持开放学术视野，实施艺术技术共生，熔铸艺术教育特色"的办学理念；强化目标导向，确立了"精艺、善用、尚品"的"美术学重专、设计学重用"的美术与设计人才培养标准；强化方法优化，探索学科专业交叉融合、艺术技术特色共生、"合格+多元"的应用型艺术人才分类分层培养模式；强化实践育人，构建"认知实习、课题实训、仿真实作、工程实创"四位一体的美术与设计专业实践教学体系。

2. 理顺工作层级，学院管理更加有序

结合本院办学历史，认真梳理办学成绩、查找办学问题，根据美术与设计学科专业特点构建起美术学系、设计学系、造型基础教学部、现代视觉艺术实训中心的2系1部1中心，系设8个教研室的教学管理体系，进一步优化各领域管理机构、充实教学管理队伍。完善规章制度，集体决策，强化规范管理。一年来，学院机构运行顺畅，工作成效涌现。

3. 凝聚师生协同，教学改革更加着力

（1）探索美术与设计人才的分类、分层培养模式，学院组建15个专家工作室（坊）初具规模，选拔本学院美术与设计拔尖人才80余名进入工作室（坊）培养，教学科研成果快速呈现。强化教学内容与方式改革。各专业强化"专业导论"课程改革，邀请各专业的企业专家走入课堂，教师学生走入企业共同探讨互学；视觉传达设计专业聘请民间艺人、非遗传承人参与手工艺（竹艺术）课堂教学，将专业教学与地域文化传承有效融合，激发学生浓厚的学习兴趣，又将学生的专业设计成果落地呈现；环境设计专业"项目考察"课程与永川区文物管理所合作，将考察对象聚焦到永川区的传统村落保护，使田野调研针对性更强、学以致用。服装设计与工程专业将成衣设计相关课程与国内外服装赛事相结合,"以赛促训"成果丰硕。

(2)优化考核方式改革。学院依据美术与设计专业特点,在继承过去好的教学考核评价方式的基础上,对美术学、环境设计等5个专业9个方向70门课程优化了考核评价方式,即在专业主干课程(学期单门课程总学时在60课时以上的专业基础和技术课程)推行"作业展评"考核方式70余场次,这一举措的实施,对师生双方起到了鞭策和促进作用,教学质量得到有效监控。绽放教学成果,凸现专业特色。环境设计专业获2016年重庆市"三特行动计划"特色专业建设点;教师出版教学与学术专著2本;2016年学生专业竞赛共获得国家级奖项28人次、省部级奖项32人次。

4. 请进来、走出去,学术氛围更加浓厚

学院教研科研工作强化"以强扶弱、以点带面、侧重出击"的工作思路,2016年邀请教育部艺术专业学位研究生指导委员会委员陈汗清教授等国内知名专家来校开展高水平学术讲座10场,安排学院教学与管理骨干外出考察学习7批,激发了教师科研与教学改革热情,学院教师全年申报校级、省部级科研与教研项目近50项,成功获得省部级立项8项。教师在《美术观察》《中国书法》等期刊上公开发表科研论文作品71篇(件);参加省级展览8人次,申报国家发明专利5项,获得实用新型专利12项,获得外观设计专利34项;申请出版学术专著4部,成功出版学术专著2部;较往年有较大幅度的增长,形成了较为良好的研创发展势头。

5. 党政联动齐管,学工品牌更加彰显

(1)学院实施"一导、双品、三进、四联"学生管理模式和"12345"学生党员素质提升工程(即一测试二答辩三评议四平台五提升),学生思想教育、素质培养、创业就业工作成效明显。2016年度,学生党支部被学校推选参加全国基层党支部风采展示,并被学校党委评为2016年优秀基层党组织;学院关工委被学校评为"五好"基层关工委。学生获得市级以上创新比赛奖励共有60余人次,其中党员学生占获奖人数的四分之一。有2名学生党员在2016年学校"创业之星、创新之星、校园之星"评选活动中当选。

（2）坚持专业和学生全部覆盖原则，持续举办第 13、14 届"学院杯"学生专业技能大赛活动，将学生活动与专业培养相结合，成为学院应用型美术与设计人才综合素质培养的重要平台之一。党政齐抓，转变观念，拓展市场，鼓励创业，重视就业，2016 届本科生初次就业率达 91%，年底就业率超过 94%。

国际学院/重庆文化遗产学院

1. 明确思路，确立目标，完成实质性合并

按照学校的安排，党政班子确立了以学科科研为龙头，以人才培养为核心，以深化改革为动力，以稳定、融合、发展为主线的工作思路，确立了"一年起好步，两年强基础，三年出特色"的工作目标，通过多次专题讨论，这一思路和目标已经成为全体员工的共识。2016年是两院的合并年，稳定是第一要务，实质性合并是阶段性目标。围绕这一目标，开展了三项工作：组织员工专题研讨，明确学校推动两院合并的意图，使之成为员工的自觉认识。通过形式多样的工会活动、教研室活动以及六一儿童节亲子运动会等特色活动，增进员工之间的团结，提高员工对新部门的认同度。在最短的时间内，克服困难，完成两院办公场所合并。

2. 留学生招生工作取得重大进展

2016年6月，组织部分教师到印度尼西亚、泰国开展了来华留学生招生宣传工作，在国外交流期间与印尼泗水国际工商学院、泰国陕迪拉工商管理学院分别签署了教育合作协议，为扩大我校来华留学生规模、拓展新的合作渠道打下了良好的基础。在全市政策变动的情况下，在学校的大力支持下，经过学院招生团队的艰苦努力，取得了前所未有的重大进展。2016年，招收留学生80名，是上年度27名的3倍；留学生生源国达到16个，是上年7个的2倍多；目前我校留学生在校生人数达到138名，接近上年72名的2倍。

3. 留学生教学管理取得标志性成果

在教学管理方面，探索了二级学院教学管理的新机制，推行党政同责、齐抓共管，由院长分管教学工作，书记担任教学委员会主任；院长抓教学日常管理，书记抓教学质量监控的新机制。成立了以院长牵头的巡教小组，每周不定期进行巡教，一年来无任何教学事故发生。加强教学督导与质量监控，落实同行听课、评课和反馈制度。结合国际学院学生专业特点，推进本学院相关专业本科毕业论文（设计）多样化改革工作。通过党政的共同努力，在学校青年教

师第五届"说课程·教改课"比赛中，获得了个人一等奖、团体二等奖的好成绩。

在做好留学生日常管理的同时，建立起一套由留管干部、指导教师、"一帮一"学生和留学生干部组成的四级管理模式，取得良好效果。组织开展了留学生技能训练和技能比赛，还组织了师生趣味运动会，2016年毕业晚会、新年游园活动、包饺子活动等。

4．出国留学服务工作实现创新发展

2016年度，在原有工作的基础上，创新性地引进新东方教育科技集团和美国开普兰教育集团，成功签署了出国留学合作协议，为我校学生搭建了"英美澳名校硕士直通车"，举办了雅思语言培训，目前已有21名学生参加培训，学生反映培训效果良好。2016年11月，学院和新东方重庆分公司共同承办了第16届国际教育展，引入国外32所名校招生代表进入校园，为全校师生出国留学提供了良好的平台。

5．以制度化、公开化为抓手，强化日常管理

按照学校的要求，学院在二级管理过程中，严格执行党政联席会制度和工会主席、纪检委员监督制度，不断加强管理工作的制度化、公开化。

在学生管理方面，组织相关教师修订了《重庆文理学院外国留学生服务指南》《重庆文理学院外国留学生学籍管理办法》《重庆文理学院外国留学生管理办法》《重庆文理学院外国留学生违纪处理办法》及《重庆文理学院外国留学生奖学金评定与发放办法》等留学生管理系列文件，进一步建立健全了规章制度，并严格按照制度执行，使留学生管理有章可循，更加规范。

在日常管理方面，建立财务公开制度。每月15号，由办公室将学院财务状况和详细清单向全体教职工公开，接受群众监督。探索了人才引进全员参与制度，即将人事处收到的应聘人员材料由全体教职工传阅，提出意见，保证敏感人事工作公开公正。

学院高度重视安全工作，建立学生宿舍值班制度和节假日值班制度，不断加强资产安全、财产安全和人身安全。2016年度，学院无任何安全事故。一年来，文化遗产学院/国际学院已经完成实质性合并，实现融合发展。

继续教育学院/培训学院

1．坚持从严治党，落地抓实党建工作

（1）牢牢抓住"从严治党"的主线，党员干部"四大意识"显著增强，坚持四个从严：从严责任，党风廉政建设和安全稳定工作层层落实责任，党政主要负责人认真履行"第一责任"和"一岗双责"的职责；从严防控，集中识别编制廉政风险点和清单，明确责任人，筑牢反腐倡廉防线；从严遵守民主集中制，保障"三重一大"制度落实，做到决策民主、公开透明；从严关键环节，狠抓节假日和"三公"经费两个关键环节，把纪律挺在前头，严防"四风"问题反弹，严格依章办事，厉行节约，"三公经费"使用下降。

（2）扎实开展"两学一做"学习教育，基层党组织战斗堡垒作用和党员先锋模范作用明显增强。坚持以学为先，夯实贯彻执行《中国共产党章程》《廉洁自律准则》等党内法规的政治理论基石；坚持以做为荣，形成"学先创优"良好氛围。领导带头讲授党课8次；坚持示范引领，党员干部深入8个校外函授站（点）检查、指导和帮扶教学工作，利用周末时间深入15个学院宣传组织自考生源；培训部党员同志，冒严寒酷暑连续奋战50余天，无怨无悔地完成了永川、铜梁区小学校长等八个培训班，共计完成600余人次培训任务。

2．坚持"四化"建设，做大做强各类培训

着眼于培训规模增大、培训效益提高、培训领域拓宽、培训服务功能的增强，开展了如下工作：

（1）加强培训"四化"建设，即"培训条件标准化、课程精致化、团队专家化、管理的人性化"四化建设。拓展培训项目，本年度共承担23个项目，其中国培4项（名列重庆市同类高校前茅）、市培5项、地方委培11项、企业委培3项，共计2 100余人培训任务，实现培训收入700余万元，行业培训实现零突破；并协同参与了3个区县150人送教下乡培训项目（大足区、铜梁区和巫溪县）的指导工作。

（2）提高培训质量。注重培训前、中、后的需求调研和满意度调查，积极推行"一页纸"和训后"531"微创计划（五点培训收获、三项微创行动、一项工作落实）的管理方式，使培训更具有针对性和实效性，培训特色逐步显现，培训质量进一步提升。

（3）加强公寓的建设管理，全年投入10万余元，改善公寓的硬件条件，培训公寓运行日趋成熟与完善，全年接待2.6万余人次入住；加强培训机构的监管，向签约的培训机构提供了人性化的服务，实现了全年零投诉、零事故；强化培训服务功能，利用校长培训资源，组织优秀校长为卓越班学生开展论坛讲座，服务学生成长成才。

3．坚持"四个"结合，稳步发展自学考试

（1）着眼于自考市场的拓展、办学质量的提高、规模效益的增长；结合"合格+"人才培养模式和需求导向；优化开考专业建设，遴选6个二学历二学位专业，本年度校内招生243人，较去年157人有大幅度提高。目前，有在读学生1 200余人，自学考试稳步发展。

（2）结合主考院校优势，加强对外合作办学。新增重庆市农业学校、重庆水利电力职业学院等2个自考合作办学单位。联合办学的学生共计210余人，自考校外招生人数增幅达54%。

（3）结合审核评估要求，加强自考各环节工作的规范管理。完成了410人的教学任务，完成了100余科目4 000余人次各类统考报考考试组织工作，完成了统考课程100余门10 000余科次的阅卷工作，完成了3次15门国家级统考命题工作，完成了160余人毕业论文评审答辩工作，全年组织8 041人的"四类"社会化考试。

（4）结合二学历招生，加强自考学位授予工作。双学位是就读自考的学生可以获得普通高校学位证书，又可以获得自考学位证书。2016年完成了440余人的毕业证书、120余人的学位证书的审核办理发放工作。

4．坚持"三严"原则，平稳停办成人教育

（1）着眼于我校退出成人教育办学，妥善处理好成人教育的遗留问题，严格检查指导，增加对6个函授站8个教学点的教学指导与质量监控频率，确保人才培养质量不降低。完成了13个专业4 098名学生的教学工作。

（2）严格结业管理，完成了 3 419 名学生毕业资格审核和 195 位学生学位审核及证书发放工作。严控风险，重点加强对现有函授站点学生学籍的清理，进一步摸清了各站点在读学生的学籍情况，坚决杜绝事故事件。

5．坚持"四个"规范，完善综合管理制度

在配合学校完成第五次科岗调整和第三次设岗聘任后，多次召开会议，认真梳理部门的工作制度和岗位职责，进一步规范阅文办会对外宣传的工作制度，规范了成教各项收费标准以及专项资金、国家考试经费的使用，规范"三公"经费的使用、公物采购和报账审批流程，规范部门的国有资产管理，进一步提高部门的科学化管理水平。

大事记

DASHIJI

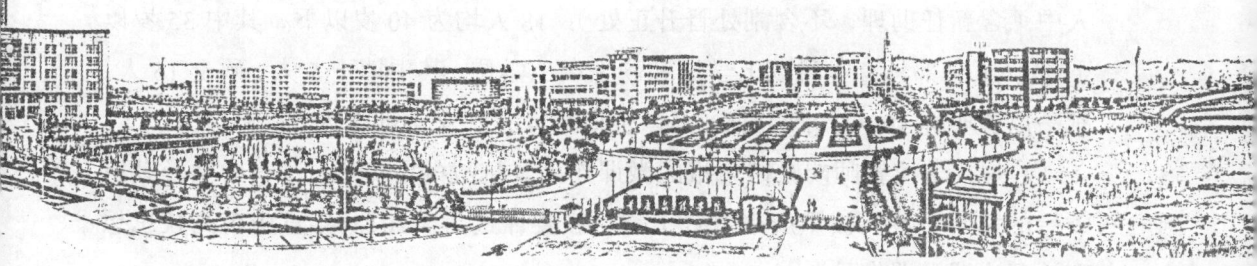

一月

1月7日，学校牵头承担的国家星火计划重大项目"重庆现代设施农业关键技术集成与产业示范"（2013GA811002）通过科技部验收。"重庆现代设施农业关键技术集成与产业示范"项目由重庆文理学院牵头，联合重庆市天沛农业科技有限公司、重庆凯锐农业发展有限责任公司、重庆大学、重庆市宝红农业开发有限公司等二十多家单位共同组织实施。

1月11日，重庆文理学院被新华社走进重庆高校采访行暨"重庆冬季最美大学校园"网评颁奖活动评为"最具文艺范儿校园"。

1月18—23日，"巴渝海外引智计划"专家、澳大利亚皇家墨尔本理工大学先进制造中心副主任马前教授来校开展短期科研工作。

1月22日，学校在红河校区恪勤楼304会议室召开第五次中层干部聘任（任命）大会。此次聘任122名干部（含助理），正处级干部52人，副处级干部61人，助理9人。其中，平级重用干部4人，新提任正处级干部5人，新提任副处级干部11人，新任助理9人，平级交流、轮岗38人。新任中干20人中（含新任助理，不含副处晋升正处）：18人均为40岁以下，其中35岁以下11人；全部具有本科以上学历和硕士以上学位，其中博士5人，硕士15人，副高以上职称10人；博士兼副高以上职称4人；女干部2人。

1月，学校教师胡骄键申报的微课作品《抗战的中流砥柱——中共及其所领导的武装力量》被重庆市教育工委、教委评选为"2015年重庆市高校思想政治理论课微课作品"。

1月，学校首批一级特聘研究员、新材料技术研究院李璐博士入选重庆市第七批"百名海外高层次人才集聚计划"人选，并由市委组织部、市人力社保局授予其"重庆市特聘专家"称号（渝委组〔2015〕153号）。

二月

2月1日，副市长吴刚一行来到学校，看望慰问涂铭旌院士和李德全、罗文波、李璐等专家学者。

2月，中国统计出版社出版发行中国管理科学研究院"中国大学评价"课题组组长武书连的《挑大学选专业——2015高考志愿填报指南》。在该书最新的 2015 年全国 734 所普通本科大学各学科排行榜中，学校的综合实力排名跃居第 330 名（2014 我校排第 343 名）。

三月

3 月 3 日，重庆市委常委、两江新区党工委书记、管委会主任凌月明在两江新区党工委副书记、管委会副主任段成刚，党工委副书记曾菁华，党工委委员、管委会副主任何友生，两江集团总经济师李光的陪同下，到学校新材料技术研究院调研工作。永川区委书记熊雪、区长方军，学校党委书记钟志奇、校长孙泽平、党委副书记刘灿国等陪同调研。

3 月 5—6 日，由中国文学研究会主办，重庆文理学院文化遗产学院/国际学院、非物质文化遗产研究中心承办的中国文学人类学学科建设高峰论坛在学校举行。来自中国社科院比较文学研究中心、四川大学文学与人类学研究所、上海交通大学文学人类学研究中心等 14 所高校文学人类学研究中心的 20 余人参加论坛。

3 月 10 日，重庆文理学院-协信文化产业研究院签约仪式暨新闻发布会在红河校区恪勤楼 422 会议室举行。永川区副区长孔萍，协信商业地产集团副总裁谢东，学校副校长兰刚、谭宏等出席会议。孔萍、谢东和兰刚分别代表区政府、协信集团和学校共同为重庆文理学院-协信文化产业研究院授牌。

3 月 25 日，中国第一个世界职业拳王熊朝忠，WBC/WBA 双料世界职业拳王裘晓君，WBC 世界裁判委员会主席布鲁斯·迈克塔韦氏，中央电视台著名主持人韩乔生，中国体育报 CCTV 著名拳击栏目评论员、资深记者杜文杰，以及中国职业拳击推广第一人刘刚、重庆鼎霸体育文化发展有限公司总经理张曜麟等一行 10 余人来到学校，与学校师生开展互动交流。中央电视台体育频道于晚间的《体育世界》栏目专题报道了"拳击进校园"活动。新浪网、华龙网等多家媒体也对这次活动进行了报道，媒体认为"拳王进校园，掀起拳击热"。

3 月 29 日，学校在材料科技楼 305 会议室举行与西南大学首届联合培养材料工程硕士开题报告会暨工程硕士培养座谈会。副校长兰刚、科技部副部长（研究生处处长）程正富、新材料技术研究院副院长李璐、新材料技术研究院院长助理韩涛等和西南大学材料与能源学部书记杨劲、常务副部长陈志谦、材料科学系系主任程南璞、研究生院专业学位办公室负责人邓甲刚等出席了会议。第一阶段由韩涛主持工程硕士培养座谈会。第二阶段由专家组组长陈志谦主持2015级研究生毕业论文开题报告会。

3月31日，校长孙泽平参加教育部在重庆邮电大学组织召开的深化高等教育综合改革调研座谈会。教育部党组成员、部长助理陈舜，教育部综合改革司司长刘自成，教育部综合改革体制改革处、教育部办公厅督察处相关负责人，市教委主任周旭、市委教育工委书记赵为粮出席会议。在座谈会上，孙泽平作"重庆文理学院应用型人才培养体系构建的探索与实践"主题发言，全面介绍学校转型发展历程和应用型转型的顶层设计，并从重构人才培养方案、推进五大教学改革等八个方面重点介绍了学校的应用型人才培养模式。陈舜在会议总结讲话中充分肯定了学校在深化高等教育综合改革方面做出的积极探索和取得的办学成绩，高度评价了学校的应用型转型发展，指出"重庆文理学院在应用型转型发展中，形成了完备的应用型人才培养体系，各项教学改革已经深入核心地带"。

3月，重庆市质量技术监督局、重庆市教育委员会联合行文，对2015年高校能源计量审查情况进行通报（渝质监发〔2016〕15号文件），学校通过审查并获好评。

3月，学校申报的林学、物流工程2个本科专业获教育部批准设立（教高函〔2016〕2号）。

3月，重庆市教科文卫体工会下发《重庆市教科文卫体工会关于表彰"重庆市教科文卫体系统五一巾帼标兵岗（标兵）""重庆市教科文卫体系统先进女职工组织（工作者）""重庆市教科文卫体系统女职工创新工作室"的决定》（渝教科文卫体工〔2016〕18号），音乐学院获"重庆市教科文卫体系统五一巾帼标兵岗"称号，陈丽同志获"重庆市教科文卫体系统先进女职工工作者"称号。

四月

4月1日，在第十八届CUBA中国大学生篮球联赛西南赛区的季军争夺赛中，学校男子篮球队以68∶66战胜武汉理工大学，获西南赛区第三名。3月30日，在西南赛区1/4比赛中，校男子篮球队以94∶70战胜湖北工业大学，进入西南赛区四强，获 CUBA 全国总决赛资格。

4月6日，重庆市财政择优支持的"2011"协同创新中心建设资金使用管理情况检查组一行五位专家到校，对学校牵头的微纳米光电材料与器件重庆市"2011"协同创新中心建设资金使用管理情况开展专项检查，对中心专项资金实施和资金使用管理工作给予了肯定。

4月8日，学校2016年大学生GYB创业培训在百川兴邦众创空间路演厅举行。重庆市永川区人力资源和社会保障局副局长石跃祥、我校党委副书记刘灿国出席开班典礼，重庆市永川区人力资源培训考试中心、学校创新创业办公室、教学部、软件工程学院相关负责人及2016年首期50名GYB学员参加了典礼。开班典礼由创新创业办公室主任金盛主持。

4月15日，在北京会议中心召开，由教育部科技发展中心主办的"应用型大学建设暨互联网+创新创业人才培养校长论坛"上，校长孙泽平作为地方高校转型发展的典型代表应邀作"应用型人才培养体系构建探索与实践"主题发言。孙泽平在发言中指出，学校在通过教育部本科教学工作水平评估之后，于2008年开启了应用型大学转型发展之路，召开了两次党代会、四次教学工作会，连续发了13个党政1号文件助推转型发展，构建了由办学定位、发展目标、发展战略等组成的转型发展顶层设计，一直致力于应用型人才培养体系构建的探索与实践，并从应用型人才培养体系的8大核心要素，即教育思想观念、学科专业结构、人才培养方案、人才培养模式、实验实训条件、"双师型"教师队伍、政产学合作、科学研究与社会服务等方面简要说明了所采取的改革措施和所取得的成效。会议期间，孙泽平接受了《中国科学报》、《中国教育报》、《中国计算机科学报》、《人民政协报》、中国网和新浪教育等多家媒体采访。

4月18日，丹麦皇家奥胡斯音乐学院副院长、丹麦著名声乐家罗伯特教授一行六人，来学校音乐学院开展学术交流活动，音乐学院相关领导及200余名师生参与了交流及观摩。

4月19日，由重庆市工商联组织的"重庆民企创业梦想报告团进高校"路演报告会在学校博文馆101举行。重庆市工商联党组成员、副主席王涛，重庆市工商联宣传部副部长李亮，永川区工商联副主席、党组书记夏奎，永川区工商联副主席康中富，以及来自永川区的40名青年民营企业家出席报告会，学校经济管理学院/建筑工程学院、教育学院、文化与传媒学院、体育学院、数学与财经学院等250名怀揣创业梦想的大学生聆听报告。

4月21—24日，在第十二届重庆高新技术成果交易会暨第八届国际军博会上，学校展出了创新靶向药物国际研究院研发的PDE5激酶抑制剂（治疗ED和肺动脉高压），新材料技术研究院研发的基于银纳米线的柔性触控器件、PVD超硬涂层技术、工模具表面硬质、耐磨涂层技术等，特色植物种苗研究院研发的生姜无病原种苗繁育与产业化、金银花组培种苗产业化生产与示范推广、红肉猕猴桃种苗繁育与产业化等，机电工程学院研发的武术擂台机器人，软件工程学院研发的"DPMS-尘埃粒子监控系统"等10余项成果。学校获"优秀组织奖"。期间，刘灿国和合作发展部相关同志应邀参加高交会的"军民融合产业发展高峰论坛"。

4月28日，学校与重庆鼎霸体育有限公司共建的"大学生拳击俱乐部"举行揭牌仪式，重庆市首个"大学生拳击俱乐部"成立。

4月，学校机械工程专业、电气工程及其自动化专业入选2016年中职与本科对口贯通"3+4"分段人才培养改革试点项目，分别对接重庆市渝北职业教育中心、重庆市农业机械化学校、重庆市育才职业教育中心。

4月，在中国管理科学研究院"中国大学评价"课题组组长武书连主持的"2016中国大学评价"课题研究成果公布中，学校的一级指标"科学研究"在721所本科院校的最新排名中，得分1.55分，位列第308名，较2015年的第330名前进22位。

五月

5月8日，重庆市发展和改革委员会副主任、市统筹办副主任杨树海，重庆市发展和改革委员会综合处处长米本家，发展规划处处长吕俊，高技术处处长李坚平等到学校新材料技术研究院调研指导工作。学校校长孙泽平、党委副书记刘灿国、副校长张进、新材料技术研究院相关人员陪同调研。

5月10日，重庆市知识产权局副局长曾学东一行到校作"发挥专利作用提升高校科技创新能力"专题培训。

5月11日,学校第四次教职工代表大会暨工会会员代表大会在红河校区恪勤楼召开。重庆市总工会副主席、市教科文卫体工会主席杨军波,市教科文卫体工会副主席汪海鹰,市教科文卫体工会学校部部长王宏出席会议。校长孙泽平作《深化内涵建设 深度转型发展 加快推进高水平应用型大学建设》工作报告,并向大会说明了《重庆文理学院"十三五"事业发展规划》修订情况。大会分组讨论并表决通过了《重庆文理学院"十三五"事业发展规划》《重庆文理学院第四次教职工代表大会暨工会会员代表大会的决议》(草案)。大会选举产生了重庆文理学院第四届教代会暨工会委员会委员和工会经费审查委员会委员。杨忠谦等29人当选为第四届教代会暨工会委员会委员。

5月16日,重庆文理学院2016年科技活动周暨实验室开放周启动仪式在新材料技术研究院科技展示场地举行。中国工程院院士、学校发展顾问涂铭旌教授,副校长兰刚,永川区科协、区科委、大足区科委相关负责人,招商局铝业(重庆)有限公司、重庆莱宝科技有限公司、重庆南商投资(集团)有限公司、重庆琨泽机械制造有限公司、重庆市永川区中川科技发展有限责任公司等企事业单位的代表以及学校相关职能部门负责人、实验室负责人和教师代表、学生代表等100余人出席活动。

5月17日,学校党委中心组在红河校区恪勤楼422会议室进行集中学习研讨,聚焦"转型发展"和"两学一做"两大专题。

5月18日,马克思主义学院邀请全国青年教师教学竞赛三等奖、重庆市思政课教学竞赛一等奖获得者西南大学唐斌、重庆师范大学兰桂萍老师来校联合开展思政课主题教研活动。

5月20日,学校"十三五"期间组团发展构想第一次研讨会在材料科技楼305会议室召开。会议主要针对跨学院组团发展相关议题进行了专题讨论,各二级单位负责人紧紧围绕本单位在"十三五"规划期间的学科、科研、平台建设,校企合作交流,发展短板与优势等内容进行了详细汇报。涂铭旌院士提出,学校要实现跨越式发展,务必要打破原有学科框架,由专人牵头组建跨学科团队,结合学校的人力、物力、财力和根据实际发展需要进行整体布局,依靠大集团助推交叉学科研究,在跨学院、跨界发展中寻找科技增长点和创新点,助推学校发展。

5月21日，重庆市先进成形制造技术及其在工业中的推广应用高级研修班开班典礼在学校培训学院学术报告厅举行，全市10个区县企业技术和管理一线60余名学员参加培训。

5月21日，由学校主办，创新创业办公室、教学部、软件工程学院承办，成都睿峰科技有限公司赞助的重庆文理学院"睿峰杯""互联网+"创新创业大赛在博文馆101和知津楼D202、D203、D204四个分会场举行。此次比赛有71个团队参赛，来自"互联网+"行业的20位专家担任评委。软件工程学院的"学尔实习"、经济管理学院的"智能车宝"、数学与财经学院的"手绘智能，为爱说明"、旅游学院的"Ulee灵境云旅游项目"4个项目获金奖，软件工程学院的"点触云端"、电子电气工程学院的"基于物联网汽车智能安防系统"等5个项目获银奖，旅游学院的"完美世界宠物乐园"等12个项目获铜奖，软件工程学院的"萤火星筹"等49个项目获优秀奖。软件工程学院、旅游学院获优秀组织奖。

5月23日，校领导孙泽平、刘灿国、兰刚、张进率合作发展部、科技部、教学部、资产部、总务部相关负责人深入新材料技术研究院开展调研工作。学校名誉校长涂铭旌院士、新材料技术研究院领导班子和部分科研人员参加座谈会。新材料技术研究院副院长李璐对研究院部分科研成果的转化进度、纳米银线柔性触摸屏技术的转化方案和几种可参考模式进行了汇报。参会校领导及职能部门负责人认真听取了研究院的汇报，并与研究院负责人进行了深入的讨论和交流，对运营公司、中试车间和专业硕士学位点的建设提出了建议和解决问题的思路。涂铭旌院士强调时不待我，错过机遇损失重大，校院双方应尽快制定出成果转化的计划和时间推进表，并落实到责任人。校长孙泽平总结指出，应抓住机遇加快成果转化的进度，力争创造更大的社会效益。并对当前纳米银线柔性触摸屏技术的成果转化进行了分工，并提出三点要求：一是尽快成立成果转化运营公司；二是加快纳米银线柔性触摸屏中试车间的装修和设备安装进度；三是注重新材料技术研究院硕士学位点的建设。

5月24日，学校与重庆理工大学联合培养的7名2013级材料工程专业学位硕士研究生毕业答辩在重庆理工大学材料科学与工程学院会议室举行。西南大学蒋显全教授，重庆理工大学杜长华教授、杨明波教授、李又兵教授和西华大学张崇才教授组成论文答辩委员会，蒋显全任答辩委员会主席。重庆理工大学与重庆文理学院联合培养的2013级材料工程硕士研究生，从研一至研三期间的教学课程、工程实践、论文工作环节等均由重庆文理学院独立承担。7名2013级材料工程硕士以第一作者共计发表核心及以上论文23篇，其中SCI二区8篇、三区6篇、四区5篇；申请专利13项，其中发明专利9项、实用新型专利4项；7名学生深入企业技术一线进行工程实践，人均累计超过12个月。

5月25日，学校科研设备开放共享工作会在恪勤楼612会议室举行。科技部、数学与财经学院、软件工程学院、电子电气工程学院、新材料技术研究院、创新靶向药物国际研究院等部门相关负责人、仪器设备管理人员和仪器设备厂商参加会议。副校长兰刚指出，要做到充分发挥现有大型科研仪器的资源优势，一是要将校内一切资源对外开放，实现资源共享；二是各学院和科研平台要充分挖掘本实验室的仪器设备用途，避免重复投入；三是对实验设备的购置和租赁要进行充分论证，实现优化配置；四是要借鉴其他高校的先进经验，在设备共享过程中，探索多种方式的运行方式。

5月25日，学校第30届中小学校长班学员与卓越班学生首次开展对话交流活动。本次交流活动以"对话卓越：中小学校长谈教师成长"为主题，共有来自我校卓越教师教育实验班和其他师范专业的150余名学生参加。

5月25日，林学与生命科学学院与重庆园林行业协会在星湖校区励德楼406会议室举行"生态文明建设与园林人才培养校企合作研讨会"。

5月25日，重庆文理学院校友之家协会成立大会在红河校区博文馆101召开。协会是由校友工作办公室指导的全校性学生社团组织。

六月

6月3日晚7:00，中国东方演艺集团专场演出大型环球经典音乐会——《东方之声》在星湖校区活动中心四楼举行。

6月1—7日，科技部、国家发改委等12部委联合举办的国家"十二五"科技创新成就展在北京展览馆举行，学校特色植物研究院与重庆市天沛农业科技有限公司校企合作共建的"种苗云港,星创天地"国家级创新创业一站式开放性综合服务平台入选参展。5月30日至6月3日,特色植物研究院院长刘奕清、副院长陈泽雄受邀参加展会,校友重庆市天沛农业科技有限公司董事长李洪海成为奉献"三农"的农村实用人才。

6月2—4日,由重庆市教育委员会主办的2016年重庆市大学生羽毛球比赛在重庆大学举行。学校羽毛球代表队获丙组团体第二名。

6月8日,由杭州娃哈哈集团有限公司主办,学校承办的"第七届娃哈哈全国大学生创意营销实践大赛重庆市总决赛"在博文馆101举行。"我在想你"参赛队获二等奖,"天马行空"队获特等奖,并将有资格参加今年在北京举行的为期五天的夏令营,同时将代表重庆赛区参加全国总决赛。

6月14日,教育部"全国高校创新创业总结宣传工作"专家组到校,对学校创新创业工作进行实地调研。

6月14日,学校名誉校长、新材料技术研究院院长涂铭旌院士在材料科技楼305会议室为新材料技术研究院全体党员讲授了"两学一做"专题党课。

6月14日,学校第十五届"社团文化艺术节"之"明星社团"风采展在红河校区A区新材料科技楼前举办。全国创新创业总结宣传学校现场考察组各位专家,学校名誉校长、发展战略顾问、中国工程院院士涂铭旌,学校领导钟志奇、孙泽平、刘灿国、漆新贵、万书辉,科技部、合作发展部、教学部、校团委等部门负责人莅临活动现场指导。我校创新创业类社团代表共计200余人参加活动。

6月16日,由学校社科联主办、公共管理学院承办的习近平治国理政思想研究学术沙龙在公共管理学院会议室举行。

6月18—19日,在重庆市第二届大学生创业成果展洽交流会上,学校大学生创业项目"重庆冰颖科技有限公司""重庆市永川区葵阳农业开发有限公司"在项目路演中被评为"优秀创业项目"。

6月,国务院副总理刘延东对冯利朋提交的"应让马克思主义经济学回归为高校经济学教学与科研的主流"的决策建议作出重要批示。

6月,学校创新靶向药物国际研究院成功获批重庆市级博士后科研工作站

（渝人社办〔2016〕127号）。

6月，教育部关工委开展了五年一次的先进集体和先进工作者的评选表彰工作，我校关工委被评为全国教育系统关心下一代工作先进集体。

6月，《重庆高教研究》2016年第1期刊发的论文《论行业特色型院校的回归与发展》（作者：潘懋元，陈斌）被《新华文摘》2016年第10期全文转载。

6月，重庆市品牌学会正式成为"全国首家品牌社团、重庆首家社会组织"团体标准起草制定和发布推广单位。团体标准代码为TBM。

七月

7月10日，学校在留学生公寓114会议室召开王明华同志任职宣布大会，经重庆市委常委会、市政府常务会研究决定，王明华同志任重庆文理学院副院长，试用期一年。

7月10日—11日，学校二级学院院长"说五大教学改革"活动在继培学院114会议室举行。学校全体校领导，教工部、党群部、学工部、科技部、资产部、质量监测与评估中心/教学督导委员会办公室、现代教育技术中心、图书馆、新材料技术研究院、国际学院/文化遗产学院负责人，教学部科岗以上人员、各二级学院班子成员、教学办主任、学工办主任、教学秘书共110余人参加活动。

7月，以重庆文理学院为第一署名单位的关于生姜采后贮藏保鲜方面研究的学术论文 Chitosan and oligochitosan enhance ginger（Zingiberofficinale Roscoe）resistance to rhizome rot caused by Fusariumoxysporum in storage 在国际知名刊物 Carbohydrate Polymers（《碳水化合物》）上发表。该研究成果是由学校刘奕清教授和刘嘉研究员领衔，唐建民博士参与，并联合美国农业部USDA-ARS首席水果研究科学家Michael Wisniewski教授和英国化学生物技术重点实验室John F. Kennedy教授共同完成的。

八月

8月7—11日，受聘为我校创新靶向药物国际研究院首席科学家的美国维克大学Hui-Kuan Lin教授来我校短期工作。

8月22日，在人民大会堂举行的第十届中国青少年科技创新奖颁奖大会上，我校新型环保材料创新团队获 2015 年度大学生"小平科技创新团队"称号。新型环保材料创新团队在学校名誉校长、中国工程院院士涂铭旌的指导下，于 2009 年 5 月成立，由美国加州大学洛杉矶分校博士后李璐研究员、刘碧桃副教授担任团队指导教师，目前团队成员有 18 人。团队依托"重庆市微纳米光电材料与器件协同创新中心"和"重庆市环境材料与修复技术重点实验室"的技术支撑，针对传统水污染处理光催化材料光响应范围窄、光催化量子效率低的现状以及重庆地区特殊多雾气候问题，开展了一系列提高光催化材料可见光利用率和光催化效率的研究。团队先后获"挑战杯"全国大学生课外学术科技作品竞赛国家级奖励 3 项；有 16 项科研成果获得国家专利；有 24 篇高水平学术论文在 SCI 等国际学术期刊上公开发表；有 3 项成果与企业达成意向性合作协议。团队相关研究成果还被人民网、凤凰网、《重庆日报》《重庆晨报》等多家媒体报道。

8 月，教育部正式发函公布 2016 年度 50 所全国创新创业典型经验高校名单（"创新创业 50 强"），我校荣列其中。

九月

9 月 1 日，在北京召开的第六届新侨创新创业成果交流暨联盟成立大会上，学校陈中祝博士负责的新药创新团队获第六届"中国侨界贡献（创新团队）奖"。

9 月 5 日，学校与中国外运长航集团重庆长江轮船公司在星湖校区望湖楼 3D 实验室举行"国际海员海乘校企合作定向委培班"新生见面会。副校长万书辉，长航集团重庆长江轮船公司总经理王江洪、常务副总经理任华高出席见面会，学工部、旅游学院、机电工程学院相关负责人以及来自旅游学院和机电工程学院的 118 名 2016 级新生参加见面会。会后，重庆长江轮船公司对所有新生分国际海员组、海乘组进行了面试，与入选新生签订了定向委培协议，入选学生正式完成学业并取得相应任职资格认证就将成为中外运长航集团重庆长江轮船公司正式编制员工。

9 月 6 日，中央国家机关青年干部"根在基层"调研团对我校农业科技创新平台建设、人才培养、成果转化等方面的情况进行实地调研和座谈。副校长兰刚、王明华，科技部、特色植物研究院和林学与生命科学院相关人员参加调研。

9月13日,在永川区副区长杨华的领导下,永川区农委联合我校特色植物研究院在种苗科技城举办专家农民面对面竹根姜脱毒种姜 GAP 栽培技术培训会。永川区农委副主任陈朝富,区经作站书记黄建坤、副站长张庆平,各乡镇种植专业户等40余人参加会议。

9月14日,学校在恪勤楼 308 会议室召开互联网创新学院筹备工作领导小组第一次工作会,党委副书记刘灿国、副校长漆新贵,相关职能部门和二级学院主要负责人参加会议。

9月19日,重庆科技成果转化促进会组织市内外同行专家对重庆文理学院、重庆市荣昌区林业局、重庆市林业科学研究院等多家单位协同完成的"丘陵山地三种重要经济林木产业化关键技术集成与应用"项目进行科技成果评审。评审委员会由西南大学、四川农业大学、四川省林业科学研究院等单位的知名专家组成。专家组在听取项目背景、研究成果、技术创新点等方面的详细汇报,查阅相关资料后,认为该项成果具有新颖性、先进性、科学性和实用性,总体水平达到国内同类研究的领先水平。

9月21日,学校特邀沈阳化工大学校长李志义教授来校为全校教职工作"推进十个转变,深化教学改革"报告。全体校领导、教职工分别在恪勤楼 304 报告厅主会场和知津楼四个分会场聆听报告。

9月21日,重庆文理学院与重庆万学科技有限公司积极开展深度合作,在恪勤楼 422 会议室举行创新创业战略合作签约仪式。

9月22日,学校在恪勤楼 304 会议室召开习近平总书记"七一"讲话精神学习辅导暨"两学一做"学习教育工作推进会。党委副书记刘灿国出席会议并作辅导报告。全校各党总支、支部书记,组织委员 200 余人参加会议。

9月22日,国际农业与生物领域 SCI 重要学术期刊 *Biological Control*(《生物防治》)在其官网(http://www.journals.elsevier.com/biological-control/editorial-board)上公布了新一届的编委成员名单,学校林学与生命科学学院刘嘉教授应邀担任该杂志副主编(Associate Editor),成为该杂志编委会(Editors)中唯一一位来自亚洲地区的学者,与另外 6 名分别来自美国、英国和南非的科学家共同组成常务编委。

9月21—24日，由学工部牵头开展的"大手牵小手"对口帮扶活动在结对帮扶点——巫溪县文峰职业中学举行。学工部相关负责人以及我校10名大学生志愿者参与活动。

9月25日，学校与安博教育集团校企共建"互联网创新学院"签约仪式在恪勤楼422会议室举行。安博教育集团总裁黄劲一行及美国格林斯保罗大学校长Lawrence Czarda一行出席签约仪式，学校校长孙泽平、副校长漆新贵及校务部、教工部、教学部、合作发展部、资产部、学工部等部门负责人出席签约仪式。仪式由漆新贵主持。孙泽平代表学校与安博教育集团总裁黄劲签订了《校企合作共建"互联网创新学院"协议书》。

9月25日，我校与美国格林斯保罗大学在恪勤楼504会议室举行合作洽谈会。格林斯保罗大学Lawrence校长一行5人，第三方合作单位安博教育集团黄劲总裁一行4人，以及我校校长孙泽平及校务部、教工部负责人出席会议。

9月25—26日，"中国语言资源保护工程重庆汉语方言调查"2016年度项目在我校知津楼A502接受了国家语言资源保护工程中心中期检查。

9月26—28日，学校3D喷墨印刷电子创新团队和超硬涂层技术创新团队参加在河南省洛阳市举行的第五届创新创业大赛先进制造行业全国总决赛，新材料技术研究院李璐博士领衔的3D喷墨印刷电子创新团队以半决赛总分第1名成绩晋级全国总决赛，获先进制造行业全国总决赛（团队组）第三名；王锦标博士领衔的超硬涂层技术创新团队以半决赛小组第3名，获先进制造行业全国总决赛（团队组）优秀奖。

9月29日，在《重庆市教育委员会重庆市财政局关于公布2016年本科高校"三特行动计划"特色专业建设项目名单的通知》（渝教高发〔2016〕50号）中，学校机械工程、高分子材料与工程、软件工程、环境设计4个专业获批重庆市"三特行动计划"特色专业建设项目。

9月29日，在北京召开的2016年度全国创新创业典型经验高校座谈会上，党委副书记刘灿国应邀参会，并代表学校上台领授"2016年度全国创新创业典型经验高校"奖牌。

9月，教育部办公厅下发《关于公布全国乡村教师队伍建设优秀工作案例的通知》(教师厅函〔2016〕19号),公布全国各地加强教师队伍建设的20个优秀工作案例。我校与重庆市教科院联合举办的"卓越教师教育实验班"培养模式受到点名表扬。

9月,学校新材料技术研究院韩涛、田亮亮、彭玲玲等一行受邀参加俄罗斯托木斯克理工大学120周年校庆及 International Resource Efficiency Forum 国际学术会议。韩涛博士代表项目组作 Phosphors for LED and their application 邀请报告。学术会议期间,双方在俄罗斯托木斯克理工大学会议室举行纳米材料和光电技术领域的合作交流会,俄罗斯托木斯克理工大学主管教学副校长 Borovikov Yuri Sergeyevich 教授、高技术物理学院院长 Yakovlev Aleksey Nikolaevich 副教授等参加会议。

9月,重庆市教育委员会正式通报《重庆市首届教育综合改革试点成果获奖名单》(渝教策发〔2016〕9号),学校承担的重点项目"探索政产学研结合新机制,构建应用型人才培养模式改革试点"成果获二等奖。

十月

10月15日,由重庆市文化委员会、重庆文理学院主办,《重庆文理学院学报》编辑部、重庆文理学院文化与传媒学院承办的"2016非遗与中国文化学术研讨会"在学校召开。来自全国各地的非遗研究领域知名专家学者、市内各区县文化工作者及学校师生代表共计200余人参加会议,重庆市文化委员会巡视员刘明华及其相关处室负责人出席会议。

10月18日,学校创新形式组织"学陶师陶"双月座谈会。各民主党派支委、党外知识分子联谊会、少数民族联谊会等党外代表人士参加活动。

10月21—23日,在重庆市体育局、重庆市直机关工委与重庆市总工会举办的2016年重庆市全民健身运动会跆拳道比赛上,校跆拳道队获6金9银10铜,获团体总分第一名。

10月20日,学校在红河校区知津楼B508室开展以"示范与成长:如何相得益彰"为主题的教师沙龙活动。副校长漆新贵,教学部部长、教师教学发展中心主任何华敏,以及20余名教学改革示范岗教师和教学新秀参加活动。

10月26日,学校教育学院与重庆水利电力职业技术学院学工部共建"'蔚蓝心理'工作站"签约揭牌仪式在重庆水利电力职业技术学院举行。

10月27日，学校在恪勤楼304会议室召开全面从严治党工作推进会。学校党委书记钟志奇发表《明确责任 聚精会神 深入推进全面从严治党工作 促进学校又好又快发展》重要讲话。

10月26—28日，由科技部与意大利教育、大学科研部共同主办的第七届中意创新合作周及首届中意创新创业大赛在意大利举行，我校受邀派出新材料技术研究院团队携项目参加。学校作为中国25个省市（含香港）共245家单位的11个代表之一参加了2016年意中科技创新周期间中意优秀创新创业项目路演活动。柔性触控显示项目获中意与会代表及投资商高度好评，被评为"最受欢迎项目"，并与UniCredit、中航联创科技有限公司、河南北方投资控股公司等中意多家投资机构进行项目对接洽谈。活动结束后，我校作为中方代表接受新华社专访。

10月28日，在苏州工业园区举行的第五届中国创新创业大赛电子信息行业总决赛上，由新材料技术研究院李璐博士带领的柔性触控创新团队，获电子信息行业全国总决赛（团队组）第3名。

10月29日，代数图论及相关课题学术论坛在知津楼C303举行，论坛由学校数学与财经学院、重庆高校群与图的理论及应用重点实验室联合主办，南开大学、北京师范大学、华南理工大学、北京交通大学等国内知名高校的专家、学者50余人参会。

10月，根据教育部高等教育司《关于公布2016年国家级大学生创新创业训练计划项目名单的通知》（教高司函〔2016〕45号）和重庆市教育委员会《关于公布2016年国家级大学生创新创业训练计划项目名单的通知》（渝教高发〔2016〕52号）文件，学校点触云端、天然生物保鲜剂Nisin对鲜切梨的保鲜研究、高联实习管理监控指导综合系统、MoS2-CNFs复合材料的制备及其电化学性能的研究、基于超级电容器的电动车动力电池系统设计、氮硫共掺三维多孔石墨烯电极材料的制备与研究、本土影像《家圆》微电影创作等7个项目获国家级创新创业训练计划资助项目。至此，学校获大学生创新创业训练计划国家级项目23项。

10月,在中国人民大学举行,由共青团中央、中国电信集团公司、全国学联共同主办的2016年"中国电信奖学金"暨"践行社会主义核心价值观先进个人"遴选寻访活动颁奖分享会上,材料与化工学院学生陈冬玲获2016年"中国电信奖学金"暨"践行社会主义核心价值观先进个人标兵"光荣称号(全国共评选出50名,重庆市仅此一名)。

十一月

11月2日,我校关心下一代工作委员会、马克思主义学院共同举办的重庆文理学院思政课"遵纪守法 从我做起"征文比赛总结暨颁奖仪式在博文馆101举行。

11月3日,"峥嵘岁月 印象文理"40周年校庆师生书画摄影作品展在红河校区博文馆大厅和知津楼门厅同时开展。

11月5日,重庆文理学院建校40周年纪念大会在学海广场举行。中国高等教育学会副会长、重庆市高等教育学会会长,原重庆市委教育工委书记、市教委主任,原重庆大学党委书记欧可平,中国工程院院士、重庆市微纳米光电材料与器件协同创新中心主任、重庆文理学院名誉校长涂铭旌,国际矿产资源科学院院士、乌兹别克斯坦自然科学院院士、重庆文理学院兼职教授何知礼,永川区区委书记滕宏伟,重庆市社科联党组书记、专职副主席杨清明,重庆大学党委常委、副校长李茂国,重庆师范大学党委副书记、校长周泽扬,大足区人大常委会主任黄铭,北碚区区委副书记、政协党组书记周继超,永川区区委常委、永川高新区党工委书记、区委办公室主任罗晓春,铜梁区区委常委、副区长张洪伟,渝北区人大常委会副主任龙图,永川区人大常委会副主任王晓英,大足区副区长周虹,潼南区政府副巡视员陈启惠,重庆市高新区管委会副主任赵文明,璧山国家高新区工委书记、管委会主任罗志军,重庆市高等教育学会执行会长张宗荫,意大利驻重庆总领事馆教育处处长德·朱莉,美国加州大学洛杉矶分校终身教授、国际光学学会会士、国际知名的化学家、"巴渝引智计划"重庆文理学院特聘教授、重庆市微纳米光电材料与器件协同创新中心首席科学家裴启兵,俄罗斯托木斯克理工大学纳米中心主任、俄罗斯百位顶尖科学家、国际知名的陶瓷材料专家、"巴渝引智计划"重庆文理学院特聘教授奥列格·哈桑诺夫,意大利那不勒斯费德里克二世大学药学院副院长、国际知名的激酶专家、重庆文理学院创新靶向药物国际研究院药物机制方向首席科学家马西莫，意大利那不勒斯费德里克二世大学教授、国际知名的分子生物学专家、重庆文理学院创新靶向药物国际研究院药物活性评价方向首席科学家福莱赛斯卡，中电科技集团重庆声光电有限公司监事会主席、党委副书记徐世六，重庆材料研究院党委书记李儒冠，以及来自西南大学等重庆市内外50余所兄弟高校的领导、我校历届离退休老领导、来自市区各级机关部门、企事业单位、科研院所的1 500余名领导嘉宾和来自海内外的校友代表，与4 000多名师生代表共庆学校40周年华诞。

11月5日，学校在学海广场举办"风华四十 相约文理"——重庆文理学院建校40周年师生艺术实践汇报展演。全体校领导、兄弟院校代表、国内外友好合作单位代表、校友代表以及全校近万名师生观看汇报演出。学校师生及广大校友为母校40岁生日准备了丰富多彩的文艺节目。舞蹈《父亲的扁担》《舞动文理》《青春飞扬》《走到一起来》，歌曲联唱《烛光颂》《乌兰巴托的夜》《找自己》《青春修炼手册》《相亲相爱》，器乐合奏《师徒春秋》，武术《历练》，配乐诗朗诵《未来的路》，尾声《星光文理》等精彩表演获得了一致好评，师生们通过灵动的舞姿、跳跃的音符、唯美的诗行以及阵阵喝彩，表达了对母校的拳拳之心及对母校40华诞的庆祝之情。

11月6日，"2016年微纳米光电材料与器件国际高层论坛"在志仁楼114报告厅举行。中国工程院院士、重庆文理学院名誉校长涂铭旌，中国工程院院士、哈尔滨工业大学教授赵连城，中国科学院院士、华南理工大学教授曹镛，中国科学院院士、中国科学院化学所研究员李永舫，国际矿产资源科学院院士、乌兹别克共和国自然科学院院士何知礼，重庆市科学技术协会副主席、重庆市科学技术研究院院长潘复生，中电科技集团重庆声光电有限公司监事会主席、党委副书记徐世六，重庆材料研究院有限公司党委书记李儒冠，深圳莱宝高科技股份有限公司副总经理王士敏，以及来自美国加州大学、俄罗斯托木斯克理工大学、中国科学院、北京大学、复旦大学、四川大学、武汉大学、华中科技大学、电子科技大学、重庆大学等国内外知名高校、科研院所、业内知名企业的科学家、国家千人计划入选者、杰出青年基金专家获得者、知名教授50余人齐聚文理，立足学术前沿，把握时代脉搏，就微纳米光电材料与器件领域等热点问题展开热烈讨论。

11月5—6日，由学校创新靶向药物国际研究院主办的第一届靶向治疗与分子药物国际研讨会在学校召开。（1th International Symposium on Targeted Therapeutics and Molecular Medicine，ISTTMM 2016）国际研讨会有来自美国、意大利、英国、德国等国内外著名专家、学者约100余人参加。大会以"扩大交流、合作共赢、探寻真理、创新创业、靶向药物与人类健康"为主旨，针对当前靶向药物研究的研究热点、取得的进展情况、未来靶向药物发展方向和人类疾病治疗等问题进行深入交流和探讨，为探寻新的靶向药物和新靶标分子奠定基础。大会分别邀请到了美国阿肯色大学药学院教授、国际著名药学家Hong-yu Li博士，美国维克森林大学教授、世界著名癌症学专家Hui-Kuan Lin博士，意大利那不勒斯费德里克二世大学分子医学和医药生物技术教授、国际知名的激酶研究专家Massimo Santoro博士，美国加州大学旧金山分校教授、血液科临床医生Neil P. Shah博士，意大利那不勒斯费德里克二世大学生物学教授、国际知名分子肿瘤学专家Francesca Carlomagno博士，伦敦大学结构性肿瘤生物学教授、国际著名结构性肿瘤专家Neil Q. McDonald博士，德国法兰克福大学药物化学教授、国际知名药物化学专家Stefan Knapp博士和第三军医大学病理学研究所所长、教育部"长江学者"特聘教授、国家973项目首席科学家、国家杰出青年科学基金获得者卞修武教授等专家、学者作了大会报告。Hong-yu Li教授、Hui-Kuan Lin教授、Massimo Santoro教授和Neil P. Shah教授受聘为我校创新靶向药物国际研究院首席科学家。

11月4日，由重庆文理学院主办的特色植物产业技术高层论坛在卫星湖校区特色植物研究院学术报告厅举行。国家重点实验室主任、长江学者夏庆友教授，国家万人计划李洪海高级农艺师、国务院学位委员会学科组成员周志钦教授，重庆市科技创新领军人才李正国教授，重庆市科技创业领军人才刘奕清教授，国家优青获得者马男教授，全国优秀林业科技工作者吕玉奎教授级高级工程师、重庆雨泊农业科技有限公司董事长陈双权，重庆三磊田甜农业开发有限公司总经理陈大明以及来自中国农业大学、重庆大学、西南大学、重庆市林科院、重庆市园科院、永川区科委、农委、林业局、永川区科协等国内知名高校、科研院所、地方行业产业的科学家及领导30余人参加会议。

11月5日，学校第六届校友会年会在红河A区恪勤楼304举行。来自国内外各地的200余名校友代表相约文理，共谋发展。校党委书记、校友总会会长钟志奇，校长孙泽平，党委副书记、校友总会常务副会长刘灿国，副校长兰刚，副校长、校友总会副会长万书辉和校友总会副会长、秘书长、校友办负责人及各校友分会会长等出席了本次年会。会议由刘灿国主持。

11月7日，"2016年微纳米光电材料与器件国际高层论坛"分会场研讨会——有机光电材料与器件研讨会、无机功能材料与器件研讨会在志仁楼114、117报告厅同期举行。有机光电材料与器件研讨会由国家"千人计划"入选者、中国科学院苏州纳米技术与纳米仿生研究所崔铮研究员与国家杰出青年科学基金获得者、武汉大学杨楚罗教授主持。杨楚罗教授，中国科学院长春光机所李文连研究员，国家"青年千人计划"入选者、中国科学院绿色智能研究院陆仕荣研究员，北京大学肖立新教授，电子科技大学于军胜教授分别作了题为"有机电致发光材料的设计、合成及光电性能""基于激基复合物TADF红色EL和利用TADF蓝光不完全能量传递的WOLED""有机纳米光电材料及应用""疏水性空穴传输体系改善钙钛矿电池稳定性""有机场效应晶体管界面修饰和气敏特性的研究"的主题报告，与会专家就有机光电材料的未来发展趋势、关键性突破、合成策略及应用前景等方面进行了深入研讨和交流。无机功能材料与器件研讨会由重庆市杰出青年基金获得者、中国科学院绿色智能研究院史浩飞研究员与昆明理工大学邱建备教授主持。国家杰出青年科学基金获得者、中国科学院化学所徐坚研究员，邱建备教授，四川大学朱达川教授，史浩飞教授，国家"青年千人计划"入选者、复旦大学魏大程研究员，国家"青年千人计划"入选者、华中科技大学王帅教授分别作了题为"材料仿生结构构筑与构效关系"、"稀土掺杂光子晶体材料的光谱调制及其机理研究"、"纳米稀土掺杂光电功能材料的制备与性能"、"石墨烯柔性光电器件应用研究"、*Low-Temperature Catalyst-Free Growth of Two-Dimensional Crystals on Dielectrics for Nanodevices*、"共轭高分子及在光电等等方面的应用"的主题报告，针对无机功能材料的国家战略发展方向、前沿研究领域以及共性关键问题等展开讨论。

11月4—7日，各二级学院举办系列40周年校庆纪念活动。林学与生命科学学院举办原生物系1987级校友入校30周年联谊会。文化与传媒学院190余名校友从祖国各地返校，召开校友座谈会。外国语学院举办杰出校友讲座。开展"忆大学、谢师恩、叙同窗"校友座谈会、校友论坛活动暨"大学生成长与发展"励志讲座及《触不到的相思子》分享会。公共管理学院举办返校校友沙龙。体育学院结合学院特色，在篮球馆成功举办了以"篮球公园"为主题的篮球晚会。参加晚会的还有学院1979—2012级的校友及2014—2016级在校学生千余人。数学与财经学院开展1977级1班同学座谈会、校友座谈会。音乐学院在星湖校区适音楼演奏厅举办校友音乐会并特邀优秀校友2005级音乐学（师范）专业马红磊回校举办校友讲座。机电工程学院举办机器人及智能装备应用学术讲座、恢复机械类专业办学10周年座谈会，邀请了来自教育系统、党政机关、企事业单位的五位优秀校友代表作为论坛嘉宾，150余名师生参加论坛。软件工程学院结合学校40周年校庆纪念活动，举行我校第67期"部门负责人与大学生面对面交流"活动（总第369期），邀请10余名回校校友作为嘉宾，与在校大学生进行面对面对话。

11月7日，微纳米光电材料与器件协同创新中心（重庆2011计划）发展研讨会在我校百川兴邦"南门时光 创客驿站"创业咖啡屋、材料科技楼305会议室分段召开。涂铭旌院士、曹镛院士、赵连城院士、李永舫院士、何知礼院士、Qibing Pei教授、崔铮研究员、李文连研究员、徐坚研究员、肖立新教授、张东煜高级工程师等光电领域著名专家学者出席会议。

11月7日，学校与俄罗斯托木斯克理工大学联合举办的金属材料工程（国际班）开班典礼在知津楼D506室举行。学校党委副书记刘灿国，副校长谭宏、漆新贵，俄罗斯托木斯克理工大学院务委员、高技术物理学院院长Yakovlev Alexey、纳米中心主任教授Khasanov Oleg、国际合作与规划处处长Lolyu Yargube、各院系教授，以及我校教学部、国际处、新材料技术研究院相关人员出席典礼。

11月7日，学校与俄罗斯托木斯克理工大学合作交流会在材料科技楼305

会议室举行。新材料技术研究院副院长韩涛主持会议，副校长张进致欢迎辞。俄罗斯托木斯克理工大学校务委员、高技术物理学院院长 Yakovlev Alexey，纳米中心主任 Khasanov Oleg 教授，国际合作与规划处 Lolyu Yargube 处长，Korepanov Vladimir 教授，Polisadova Elena 副教授等出席会议。

11月5—9日，2016年重庆市专业技术人才知识更新工程之"光电材料与信息显示新技术高级研修班"在学校举办。来自北碚、南岸、江北、渝中、九龙坡、沙坪坝、渝北、梁平、长寿、永川等10余个区县的70多位学员参加培训。本次高级研修班邀请了涂铭旌院士、曹镛院士、赵连城院士、国家"千人计划"入选者崔铮研究员、国家杰出青年科学基金获得者杨楚罗教授、国家杰出青年科学基金获得者徐坚研究员等国内外知名专家、学者组成的授课团队，通过专题讲座、案例分析、参观考察和分组交流等灵活多样的教学方式，为研修学员讲授了光电材料与信息显示领域的前沿和热点内容。

11月10日，重庆市委组织部、市委教育工委在我校恪勤楼304会议室召开干部大会，宣布我校党政主要领导任免调整决定。孙泽平同志任中共重庆文理学院委员会书记；免去钟志奇同志中共重庆文理学院委员会书记、常委、委员职务，免去孙泽平同志重庆文理学院院长职务。经研究同意，在学校新任校长到任之前，由孙泽平同志暂时主持学校行政工作。

11月10—13日，副校长兰刚、张进率合作发展部、科技部、创新靶向药物国际研究院的负责人，在著名的新药服务公司北京康龙化成进行考察交流。康龙化成科学长阳华、大中国区负责人张综达博士组织药理、毒理、质量课题组组长，向兰刚一行全面介绍了我校研发的国际一类新药的试制和安全性评价的有关情况，数百项测试数据表明，我校研发的抗ED和肺动脉高压新药安全、有效、可靠，完全达到了新药标准。

11月11日，校党委书记孙泽平、副校长谭宏在恪勤楼504会议室会见了俄罗斯伊万诺沃国际儿童院院长加琳娜·舍夫琴科女士一行，国际处、国际学院、新材料研究院相关负责人参加会议。

11月14日，学校开展了一系列消防安全隐患专项检查。本次检查分为15个检查组，共110余人参加，对两个校区进行了拉网式、不遗漏的检查排查。

11月16日，学校副校长万书辉在学生事务中心303组织召开学生心理健康排查工作座谈会。学工部相关负责人、思想政治教育科相关老师及部分学院的辅导员参加座谈会。

11月16日，重庆文理学院创动力创业协会成立仪式暨风投基金进校园项目路演活动在继续培训学院学术报告厅举行。学校党委副书记刘灿国出席活动，合作发展部、教学部、学工部、新材料技术研究院、特色植物研究院、重庆地恩科技公司相关负责人以及各二级学院创新创业领导小组成员、重庆文理学院创动力创业协会成员共计100余人参加了活动。

11月17日，学校与陕西师范大学后勤信息化建设合作签约仪式暨后勤信息化建设专题培训会在恪勤楼422室举行，陕西师范大学党委副书记（现挂职永川区区委常委、副区长）卢胜利，后勤第二集团总经理刘选平、总经理助理石磊，我校副校长万书辉、王明华和现代教育技术中心、总务部、合作发展部、博达公司、新叶公司相关负责人及管理人员等40余人参加会议。

11月17日，以重庆市档案局经济科技档案业务指导处处长曾金为组长，重庆市档案局、重庆市教委相关人员为成员的档案行政执法检查组莅临我校，对我校档案工作开展情况进行检查。本次检查分为汇报会、实地查看、反馈会三个阶段进行。检查组通过听取汇报、实地查看后认为：重庆文理学院档案工作管理规范、机制健全、服务到位、信息化水平高，完全符合要求，树立了标杆，走在了同类高校前列。

11月19日，由学校与新东方教育科技集团联合主办，国际学院、出国留学服务中心与新东方重庆培训学校、新东方前途出国重庆分公司共同承办的第三十六届国际教育展在博文馆大厅开幕。副校长谭宏、新东方前途出国重庆分公司领导以及教学部、国际交流处、图书馆、国际学院、团委负责人出席开幕式。本次教育展以"助推应用型人才培养，实现多元化成长"为主题。来自英国、美国、澳大利亚、新西兰、日本的三十余所高校和教育集团的代表齐聚文理校园，接受师生的面对面咨询，为广大师生海外深造提供了良好的渠道和平台。

11月18—19日，第十七届全国基础光学与光物理学术讨论会在我校举行。讨论会由中国光学学会基础光学专业委员会主办，重庆文理学院、微纳米光电材料与器件"重庆市2011计划"协同创新中心、电子电气工程学院共同承办，会议设有1个主会场和2个分会场，共有8位专家作了大会报告，39位专家作了分会报告。

11月21日，"创业先锋班"专项工作研讨会在恪勤楼308会议室举行，副校长漆新贵出席并主持会议，合作发展部、教学部、学工部以及重庆万学教育科技公司相关负责人参加会议。

11月23日，学校与中科招商集团在恪勤楼308会议室举行双创教育战略合作洽谈会。会议由副校长万书辉主持，合作发展部和中科招商集团相关人员参加。

11月24日，黑龙江省大中专毕业生就业指导中心组织黑龙江科技大学、哈尔滨广厦学院、哈尔滨工业大学、黑龙江农业工程职业学院、黑龙江财经学院、齐齐哈尔工程学院、黑龙江职业学院7所高校就业创业人员来校考察交流学校就业创业工作。

11月，重庆市教育委员会下发《关于公布重庆市第二届优秀高教研究机构评选结果的通知》，重庆文理学院《重庆高教研究》编辑部被授予"重庆市高教研究特别贡献奖"。(《重庆高教研究》自2013年1月创刊以来，密切关注高等教育发展进程，及时反映高等教育改革创新理论成果和实践经验，搭建高教研究学术交流平台，成为西部地区有影响的高等教育学术期刊，办刊质量稳步提升，特色打造和服务方面取得长足进步，社会声誉不断扩大。到目前为止，已有80余篇次文章被《新华文摘》《人大报刊复印资料》等权威媒体全文转载，《中国学术期刊影响因子年报（2016年版）》显示的综合影响因子达到0.677，《中国科技期刊引证报告（2016年版）》显示的扩展影响因子达到0.996。2016年，《重庆高教研究》在重庆市期刊综合质量考核中被评为优秀，正式进入重庆市一级期刊行列。)

11月，在重庆市离退休干部书画、摄影大赛上，我校原美术系主任李云松教授的绘画作品《更喜岷山千里雪，三军过后尽开颜》获绘画组一等奖。

十二月

12月1日，"做党和人民信赖的新闻工作者——'好记者讲好故事'巡讲活动"在红河校区博文馆101学术报告厅举行，重庆市新闻记者协会专职副主席丁道谊、副秘书长朱东，学校党委副书记、纪委书记李德全，副校长万书辉，党群部、文化与传媒学院相关负责人，巡讲团的七位优秀记者及《重庆日报》、重庆电视台、永川电视台等媒体相关记者，文化与传媒学院相关师生，校报、社团等学生记者共300余人参加活动。

11月28日—12月2日，副校长万书辉、王明华率总务部、新叶公司、博达公司等部门负责人及相关人员在全校开展食品安全专项检查工作，重点检查了我校后勤餐饮服务公司的供货商及从业人员相关资质，食品采购、储存、加工、售卖等各环节。

12月1—3日，在浙江师范大学举行的全国第四届师范院校师范生教学技能竞赛上，材料与化工学院2013级化学专业学生王梅以第一名获化学组一等奖，文化与传媒学院2013级汉语言文学专业学生吴旭辉以第二名获语文组一等奖，电子电气工程学院2014级物理学专业学生杨敏获物理组三等奖。

12月1—2日，学校对外国语学院、材料与化工学院、电子电气工程学院等11个二级学院，以及商务英语、制药工程、电子信息科学与技术等12个专业进行了评估。

12月3—5日，2016—首届全国智能制造（中国制造2025）创新创业大赛总决赛在北京举行，学校李璐博士领衔的大尺寸柔性触控项目获总决赛创新赛第一名。

12月5日，学校在恪勤楼504会议室召开非物质文化遗产研究中心、特色植物研究院和创新靶向药物国际研究院三个校属独立科研机构工作调研会，党委书记孙泽平，副校长兰刚、谭宏、张进以及科技部、教工部、资产部、合作发展部、教学部、总务部负责人参加会议。

12月8日，埃马克（中国）机械有限公司首席生产执行官Markus Clement应学校邀请率队来校洽谈校企合作事宜。

12月8日，重庆文理学院侨台留联谊会成立大会暨第一次全体会员会议在恪勤楼422会议室举行。校党委副书记、纪委书记李德全，永川区委统战部副部长胡绍华，永川区侨联主席蒋英、副主席张玉娇，九三学社永川区委主委张前勇，民盟永川区委副主委岳彩镇，各二级党总支统战委员以及学校民主党派代表、统战群团代表、侨台留联谊会全体会员参加会议。会议表决通过了第一届领导班子名单，会长为李忠彬，副会长为王瑞胡、陈中祝，秘书长为郭明磊，副秘书长为黄荣。

12月9日，学校在恪勤楼422会议室召开基建领域巡视整改工作会，党委书记孙泽平，副校长张进、王明华，校务部、纪检部、教学部、科技部、资产部、总务部、新叶公司、博达公司等部门负责人及相关人员参加会议。

12月9日，由我校易仲青年法学会主办，公共管理学院团总支、学生会承办的以"相约公管，情系文理，十年易仲，一生法学"为主题的易仲青年法学会成立十周年庆典晚会在学生活动中心三楼举行。庆典会上举行了校地合作签字仪式，公共管理学院院长何腊生与重庆仲裁委员会渝西仲裁院院长徐雄签订了法学专业实践基地建设合作协议。

12月14日，学校第五届教师"说课程·教改课"决赛正式举行。全校17个学院共39名教师分通识教育、专业基础、专业技术、实验实训6个组，分别在红河、星湖两校区参加决赛。本次比赛共产生6个一等奖、6个二等奖、12个三等奖。

12月16日，学校组织开展了重庆文理学院第三届"同心杯"气排球联谊赛活动。学校民革、民盟、民建、民进、九三学社、知联会、少联会、侨台留联谊会等分别组队参赛。

12月17日，在西南大学举行的2016"高教社杯"全国大学生数学建模竞赛重庆赛区颁奖仪式暨赛区组委会工作会上，我校获得本科组全国二等奖1项，获得本科组重庆市一等奖5项，获得本科组重庆市二等奖5项，取得了近年来参赛的最好成绩，本科组全国奖实现了突破。

12月18日，重庆文理学院辩论队成立仪式在博文馆101举行。我校副校长漆新贵，以及教学部、学工部及公共管理学院的相关负责人出席活动。来自学校三委会、社团联合会、各二级学院两委会以及公共管理学院学生代表近300人参加了成立仪式。

12月30日，学校召开2016年学科科研表彰大会。会上，党委书记孙泽平作"坚持应用导向 夯实发展基础 为建成高水平应用型大学而努力奋斗"的

2016年度学科科研表彰大会主题报告。报告从科研项目、平台建设、成果转化、创新创业、学科建设、学术影响、学术交流、期刊建设、人才培养等九个方面全面总结了我校2016年学科、科研的成绩，同时从应用研究、团队建设、学科方向、重大获奖等四个方面提出了2017年学科、科研工作努力的方向与着力点。会上，党委副书记刘灿国宣读《关于表彰2016年首届全国智能制造（中国制造2025）创新创业大赛获奖团队的决定》，副校长谭宏宣读《关于表彰2016年第五届中国创新创业大赛获奖团队的决定》，副校长王明华宣读《关于表彰2016年重特大科研项目立项奖等获得者的决定》，并向获奖集体、团队、个人表示祝贺。

12月，中共重庆市委组织部、重庆市科委联合下发《关于公布2016年度重庆市五大功能区域创新创业团队支持计划名单的通知》，学校推选的"柔性触控创新创业团队"、由永川区科委推选的学校与重庆天沛农业科技有限公司联合打造的"脱毒种姜产业化创新创业团队"入选该计划，根据文件规定，经认定的创新创业团队将由市委组织部会同市科委分别给予30万元的财政经费补助，并享受融资、上市等多个方面优惠政策。（我校入选的2个团队各具特色，技术水平都处于行业领军地位。柔性触控团队由李璐博士领衔，建成多个国家、市级科研平台，成功研发纳米银线柔性触摸屏，技术达到世界先进水平，今年12月获首届全国智能制造（中国制造2025）创新创业大赛总决赛第一名。脱毒种姜产业化创新创业团队率先在国内实现了脱毒快繁技术产业化，已经建成市级重点实验室和工程技术研究中心、国家竹根姜标准化基地、国家级众创空间，团队2人入选国家"万人计划"科技创业领军人才。）

12月，教育部发布《教育部高教司关于公布有关企业支持的产学合作协同育人项目立项名单（2016年第一批）的函》（教高司函〔2016〕53号），学校与超星集团合作的项目"《纪录片创作》课程混合式教学模式研究与实践"（韩永青）、与达内时代科技集团有限公司合作的项目"WEB前端开发基础"（高峰）获立项。（这是我校首次获得该类国家级项目立项）

媒体报道
MEITI BAODAO

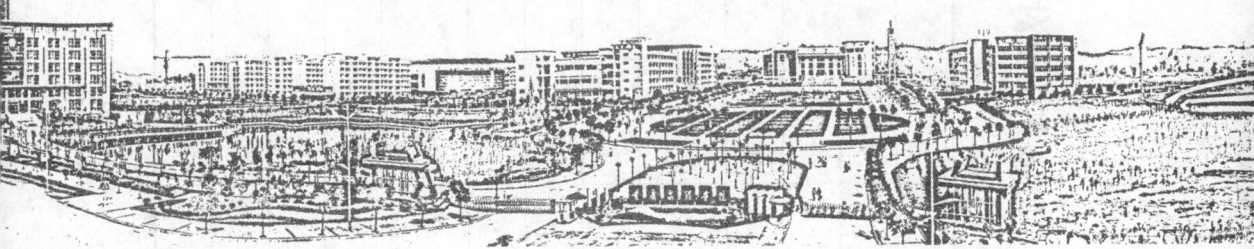

2016年主要对外宣传工作统计

序号	报刊、网络名称	级别	标题	日期
1	重庆晨报、网易	省市级	洋气，重庆文理学院用无人机巡视校园	2016-01-11
2	重庆日报	省市级	市领导带队慰问院士和专家学者	2016-02-04
3	中国社会科学报	国家级	社科学者喜谈春晚	2016-02-15
4	重庆日报	省市级	携手共进——我市首个本科院校对口帮扶高职院校成果纪实	2016-03-03
5	搜狐	国家级	世界拳王走进重庆文理学院 掀起拳击热	2016-03-26
6	CCTV5	国家级	拳王进校园 学校掀起一股拳击热潮	2016-03-30
7	虎扑体育	国家级	每日观察：重庆文理的兄弟篮球	2016-03-30
8	中国社会科学报	国家级	拓展巴蜀石刻研究 挖掘民族传统体育文化——访重庆文理学院副校长谭宏	2016-04-20
9	中国教育报	国家级	地方高校转型的门槛有多高？	2016-05-03
10	重庆日报	省市级	依托科技平台孵化创新创业人才	2016-05-16
11	乐视体育	省市级	CUBA赛场再现准绝杀 洪祥：战术执行成功	2016-05-21
12	重庆晨报	省市级	"政协讲堂"开讲 重点聚焦永川产城融合	2016-05-25

续表

序号	报刊、网络名称	级别	标题	日期
13	重庆日报	省市级	要质量 要创新 要特色	2016-06-03
14	绸都在线	省市级	重庆文理学院机电学子喜获第九届全国成图大赛3个一等奖	2016-07-27
15	重庆晨报、凤凰网	省市级	重庆文理学院成为全国高校创新创业50强	2016-08-10
16	重庆日报网	省市级	重庆一大学生创新团队获"小平科技创新团队"称号	2016-08-25
17	光明网	国家级	首届大学师生"我爱我校"焦距照片大赛一等奖作品揭晓	2016-09-05
18	光明网、华龙网、网易	国家级	凤凰卫视集团签约重庆文理学院打造数字媒体产学研基地	2016-10-01
19	搜狐网	省市级	安博教育集团与重庆文理学院创建中国教育第一所	2016-10-08
20	重庆电视台	省市级	百名专家话创新 谭宏：让产学研真正落到实处	2016-10-14
21	中国青年报、新浪网、凤凰网	国家级	重庆文理学院：倾力培育学生创业"洪荒之力"	2016-10-19
22	重庆日报、华龙网	省市级	六成以上毕业生如电力系统进国家电网人数居重庆第二	2016-10-21
23	光明日报、人民网	国家级	涂铭旌：不断创新的"材料人生"	2016-10-25
24	重庆晨报 永川读本、凤凰网	国家级	四秩岁月扬帆起，青春文理破浪时	2016-10-31

续表

序号	报刊、网络名称	级别	标题	日期
25	重庆晨报、永川读本、凤凰网、光明网	国家级	体育学院：三代人铸就的专业	2016-10-31
26	重庆晨报、永川读本、凤凰网、光明网	国家级	文理学院40周年校庆 12万校友与母校心连心	2016-11-02
27	重庆晨报、永川读本、凤凰网、光明网	国家级	星湖美景与几代学子儒雅文风互为映衬	2016-11-02
28	重庆晨报、永川读本、凤凰网、光明网	国家级	铭记历史 共创未来	2016-11-04
29	重庆晨报、永川读本、凤凰网、光明网	国家级	重庆文理学院举行建校40周年纪念大会	2016-11-07
30	重庆晨报、永川读本、凤凰网、光明网	国家级	风华四十 相约文理	2016-11-07
31	中国青年报、新浪网、凤凰网、搜狐网	国家级	重庆文理学院喜庆40华诞	2016-11-07
32	新尧网	省市级	重庆文理学院勇夺全国商务会奖旅游策划大赛一等奖	2016-11-10
33	重庆日报、华龙网、新华网、网易	国家级	第十七届全国基础光学与光物理学术研讨会在渝举行	2016-11-19
34	重庆新闻联播	省市级	我市"好记者讲好故事"巡讲团夹进重庆文理学院	2016-12-02
35	华龙网	省市级	重庆文理学院举行第二届机器人与智能装置应用设计大赛	2016-12-26
36	中国教育报	国家级	一所应用型本科高校的"创业史"——重庆文理学院转型发展纪实	2017-01-04

一所应用型本科高校的"创业史"
——重庆文理学院转型发展纪实

中国教育报 2017年1月4日 第01版

"走着走着，突然失去了方向。"近日，重庆文理学院党委书记孙泽平回忆起2007年学校通过教育部本科教学水平评估时，迷茫远大于通过"成人礼"的兴奋。"成人"，意味着自己要对未来的道路负责。重庆文理学院的未来发展有两条路：一条是上面布满其他学校"脚印"的研究性大学之路；另一条是荆棘丛生、无人涉足的应用型大学之路。8年后，这所新生的应用型本科高校交出了自己的答卷。

一块钱"买"来的院士

为何要顶天？只有顶住天，才能接到地，学校才有服务地方的实力和底气。

2008年，重庆文理学院迎来了一个意外之喜：中国工程院院士、著名材料专家涂铭旌加盟学校。当时，涂铭旌已届耄耋，重庆文理学院才刚过而立之年。有人并不看好这次"联姻"："80岁到一所'二本'高校，从零起步，能干出什么名堂？"

但涂铭旌不为所动，他要把这里建成新材料的应用中心，将毕生研究成果转化为产业价值。实际上，不仅是涂铭旌，对重庆文理学院来说，也是一次攸关所系的"创业"。此时的重庆文理学院，别说新材料，连正规的实验室都没有几间。院士愿意屈身"下嫁"一所名不见经传的新建本科，任谁都觉得不可思议。图钱吗？在接过重庆文理学院聘书前，涂铭旌告诉孙泽平："我不要高薪，你只要给我一块钱工资，我就是学校的人！"直到现在，涂老仍住在学校三室一厅的教师公寓。涂铭旌说："重庆文理学院如同一张白纸，在这里我可以画出自己想画的蓝图。"然而，在当时，重庆文理学院也不知道这张白纸到底应该画下什么蓝图。

"合格"后的路怎么走？送走教育部的评审专家后，学校领导班子陷入迷茫,是走回传统本科看似安全的"阳关道",还是走出没人走过的应用型本科高校的"独木桥"?学校原党委书记钟志奇至今还记得,2008年学校的那场本科办学大讨论。偌大的学校报告厅,嘈嘈切切,很多人对应用型成见颇深,"应用型是不是要退回高职培养模式?""应用型还要不要搞科研?"众声喧哗中,一个声音掷地有声:"我们的改造只要对学生有利,先改起来,试几年,不行再回去。"一所曾经以师范起家的专科学校,为何要放弃师范专业,垫着脚去够一些需要大量资金和人才堆砌起来的新材料等专业?

为何要顶天?只有顶住天,才能接到地,学校才有服务地方的实力和底气。孙泽平说:"我们是地方本科,立地是天职,要为地方培养经济建设所需要的应用型人才;顶天是保障,培育特色优势学科,两者不可偏废。"

8年间,涂铭旌先后主持建设了5 000平方米的实验楼、6 000平方米的成果转化及产业孵化基地,领衔建设了重庆文理学院新材料技术研究院、微纳米光电器件协同创新中心,交出了12个国家自然科学基金项目、300余项科研成果的答卷。这些科研成果全部面向市场转化。其中,中心研发的银纳米线触摸屏技术,成功试制了可装配5英寸手机屏幕的柔性触控元件,触摸屏生产周期可缩短70%,成本可降低50%,使手机厚度减少1毫米,屏幕坚固不易碎。

从2008年到2014年,学校党委、行政下发1号文件13份,每份文件都贯穿了"应用为本"主旋律。种下"应用"树,引来金凤凰。如今,学校引来的不只涂老一只金凤凰,还有以美国亚利桑那大学药学院首席科学家李宏宇为代表的新药团队。新药创制中心拥有抗肺动脉高压和抗ED两个国家一类新药,正委托相关公司进行临床前安全评价,目前的急毒、药代和药效等实验数据表明其优于国外上市的药物。为了不拘一格降人才,学校还设立特聘教授一、二、三级岗位,让很多充满干劲的年轻人"破壳而出"。

把城市建在大学里

城市的大学,还是大学的城市?这条界线,在永川和重庆文理学院之间变得模糊。3年前,重庆文理学院红河校区落成,一位记者到此采访,发现"四周光秃秃",稀疏的树木、一眼望到头的校园,到处都是寂寥之感。

3年后,她再次来到这里,原本光秃秃的校园躲进闹市中,"卖小面的来了，开服装店的也来了"。悄然间，学校和城市共同生长起来。在重庆市永川区政府的规划图上，这里已经成了永川新城的中心。在一块介绍柔性触摸屏的展板前，永川区发改委副主任谢小平熟络地招待来新材料技术研究所参观的人。她就像这里的主人，每间实验室的用途，甚至每项研究的进展，都了然于胸。

发改委主任一天到晚老往学校里跑，学校跟政府的关系如此亲密无间，在其他地方并不常见。孙泽平还讲了一个"怪现象"："新药研发团队去参加全国创新创业大赛，别的学校都是学校跟着做服务，唯独重庆文理学院，发改委的领导跟着忙前跑后，帮助队员缓解压力、疏导情绪。"

"以前想见发改委的一个科长都难，如今反过来了，发改委的领导围着我们转。"这个转变因何发生，两个数字足以说明："5年10亿元！"新材料技术研究所副所长李璐在谢小平面前拍了胸脯，立下军令状。

李璐没有食言，短短几年，在涂院士团队的帮助下，学校建起了纳米内外墙健康涂料、LED荧光粉及灯具、绿色冶金工艺生产金属铬、pvd超硬涂层等6条中式生产线，而且都已形成产品，陆续进入市场。

"新换的路灯我们一分钱不收，只要把每年节省下的电费给我们。"李璐曾游说谢小平对永川的路灯做翻新，因为学校研发的LED照明灯要比普通灯发光更柔和，而且节能80%。

在重庆文理学院，"不务正业"并非贬义词。拿了学校发的"一元钱"工资后，整整3个月，涂铭旌都没有在学校露面，他不在实验室里，而是钻进永川区大大小小的企业工厂里，他还画了一张重庆地图，每个区域上密密麻麻写满了产业详情。

3个月跑下来，涂铭旌手里攒了200多家企业的名片，每张名片背面，都写着这所企业的需求及产业升级的"软肋"。涂铭旌曾经告诉李璐："一项技术走出实验室只是开始，真正走向生产线才是终点。"这句话不仅成了李璐的工作原则，更被做成了"重在转化，立足应用"的招牌悬于研究所正门。推而广之，这也是重庆文理学院的立校之本。

重庆每发生一次城市的新陈代谢、产业的废旧扬新，重庆文理学院实验室、人才培养计划、学生课表也跟着一起呼吸吐纳。原来的"摩托城"重庆，现在已引进布局了集成电路、液晶面板、机器人等战略新兴产业,学校的机器人学院、微纳米光电器件协同创新中心也跟着建立起来。城市的大学,还是大学的城市?这条界线,在永川和重庆文理学院之间变得模糊。

我们培养的是"连长"

"我们培养的是连长,可能有一部分人会成为将军,那是以后的事情。如果定位为培养将军,目标就错了。"除了重庆文理学院院长之职外,孙泽平还有一个身份——教育部本科评估专家,这让他有更多机会深入观察其他学校的内部纹理。

新建本科去多了,这些"难兄难弟"的心思孙泽平也摸透了:"很多刚升本的新建本科,生怕人家说它不是本科,拼命照抄照搬老本科的培养模式、培养方案。""可以即兴来一段弹唱吗?"台下的学生摇摇头,这让孙泽平感到惊诧,师范学院音乐系毕业生竟然无法即兴弹唱。他翻开人才培养方案,答案一目了然,学校开设了很多史学类课程:中国音乐史、西方音乐史、中国钢琴史、西方钢琴史等等。

"这些学生将来是要去中小学做音乐老师,而不是搞史学研究的。"脚上缠着传统本科"宽口径、厚基础"的沉重锁链,却要朝着"应用型"发足狂奔,很多校长始终没弄明白,应用型大学的课程应该是什么样子。

"从出口往回捋"是孙泽平给出的答案。他说:"同样是教育专业学生,西南大学培养的可能是重点中学老师,重庆师范大学培养的可能是高完中老师,重庆文理学院培养的可能就是乡镇中学老师或小学老师。"

美国西点军校校长的一段话曾让孙泽平印象深刻,"我们培养的是连长,可能有一部分人会成为将军,那是以后的事情。如果定位为培养将军,目标就错了"。

甘愿培养"连长"的重庆文理学院,在2008年开始了一场历时半年的"大手术"——对人才培养方案进行修订。这次"手术"伤筋动骨,砍掉四分之一理论课,并把减下来的课时加到学生实践动手能力的课时中。

如今,重庆文理学院再也找不到一门一成不变的课程,"法无定法",模块化的课程组合方案,让人才培养的差异化得以实现。

同样一门"班主任工作技巧"课程，在汉语言文学和化学教育专业学生的课表里就会呈现出不同样态。重庆文理学院副院长漆新贵解释说："汉语言文学专业的毕业生当班主任的几率明显高于化学教育专业的学生，那么，这两个专业的'班主任工作技巧'就不能用一个模式来开，前者需要一个学期，后者可能一个讲座就够了。"

当然，阻力也是前所未有。改革之初，有的教师跟孙泽平"叫板"："教育部这么规定的，川大、重大都这么开，凭什么我们要削减这门课？"孙泽平的回答简洁明了："我们的学生是顾客，教育是服务，学完后无法就业，怎么跟学生和老师交代？"

重庆文理学院的教师大部分是从师范类院校毕业的，以前的老师怎么教他，他就怎么教学生，一本教案可以教几代人。现在，案例教学、专题讨论……每堂课都要精心准备，要比传统教学付出更多努力。

为了让教师动起来，学院推行绩效工资改革、提高示范课课酬、免费出国培训……"既让马儿加速奔驰，又让马儿吃上香甜的草料"。

这场教学改革像是一个咬合的齿轮，从课程到评价，整个人才培养的变革都转动了起来。几年下来，传统老本科的锁链甩掉了，重庆文理学院的教师觉得脚步更轻盈了。"要学会游泳，必须下水！"几年前，文化与传媒学院院长李天福还像个婆婆妈妈溺爱孩子的"家长"，把学生圈在教室里。现在，他愿意将学生都"推下水"。"呛了几口水"，面对了客户失望的眼神、市场的冷遇，海纳传媒工作室创始人、大三学生李雪原总算摸爬滚打出了一身硬本领，"比如，运动镜头的使用会使影片更富于变化；要在观众即将产生视觉疲劳时及时转换镜头"。

8年时间，对一所大学来说只是弹指一挥间，但对一所应用型大学来说却异常漫长，因为从雏形到蹒跚学步，并没有可资借鉴的经验和模式。少了套路，却能看到一群为应用型高校摸石蹚水的高教人的真诚。

涂铭旌：不断创新的"材料人生"

《光明日报》 2016 年 10 月 25 日 05 版

从今年重阳节前后到现在，88 岁的涂铭旌院士又是"连轴转"地忙了两个多星期。这些"忙"都是有成果的：这位米寿老人领衔的团队在第五届创新创业大赛省市级决赛中获得第一名两项，并在全国先进制造行业总决赛中获得柔性显示打印项目、超硬纳米涂层项目等多个奖项。10 月 25 日，他的团队代表重庆参加第五届中国创新创业大赛电子信息行业全国总决赛。

88 岁的涂铭旌院士已经有了 3 次"白手起家"搞"双创"的经历。第一次响应国家号召赴西部"拓荒"，给著名材料专家周惠久院士当助手，60 岁时第二次和 80 岁时第三次创新创业，则完全靠自己从零开始搭建平台。虽然创新创业的平台并没有随着自己的成就和名声而"水涨船高"，涂铭旌却乐此不疲。

涂铭旌 1928 年出生于重庆市九龙坡区，在国家内忧外患之际饱尝艰辛。中学期间亲身经历的"重庆大轰炸"改变了涂铭旌，他立志要抗日救亡、科技救国。怎样才能实现自己的"科技救国"梦？涂铭旌一边念书，一边去工厂寻求答案。1949 年，他在上海工具厂见识了生产锋钢的全过程，在上海纺织机械厂学到了渗碳淬火硬化钻头的工艺。这些只有在车间和生产线上才能学到的技术，激发了涂铭旌对材料工艺的浓厚兴趣。两年后，他完成了 10 万字的本科毕业论文《钢的热处理》。这本书公开出版发行后，成为国内第一本有关钢铁热处理研究的专著。

1958 年，而立之年的涂铭旌响应国家号召奔赴西北，参与筹建西安交通大学金属材料专业，开启了"材料人生"中的第一次创业。在西安交大的 30 年间，他作为主研人员跟随周惠久院士从事金属材料研究，并和周惠久共同创立了金属材料强度理论。1988 年，涂铭旌作为主研人员的"发挥金属材料强度潜力的理论研究"荣获原国家教委科技进步一等奖。

1988 年，涂铭旌年届花甲。他没有像许多同龄人那样"到点退休"，而是决定转向功能材料研究，利用四川攀西地区丰富的稀土钒钛资源打造特色优势产业。在辞别自己参与创立的西安交大金属材料及强度国家重点实验室后，60岁的涂铭旌受聘担任成都科技大学（后合并组建四川大学）"一穷二白"的高新技术研究院院长，开始"材料人生"的第二次创业。

同样是从零起步，他先后指导或主持了"镧铈铈混合稀土在冶金和机械行业中的应用研究""利用四川混合稀土制取贮氢合金规模生产关键技术""室温磁致冷材料开发"等多项重点研究。他领衔学科先后获得金属材料及热处理专业博士授权点、纳米材料与纳米技术专业博士授权点，先后被评为国家重点学科和一级国家重点学科。1995 年，先后获得多项国家自然科学奖、国家科技进步奖和省部级成果奖，拥有 30 余项发明专利的涂铭旌当选中国工程院院士。

2008 年，耄耋之年的涂铭旌受聘为重庆文理学院教授和设在校内的重庆市新材料应用研究实验室主任。"80 岁高龄再到一所'二本'高校从零起步，还能干出什么名堂来呢？"许多人都为涂铭旌捏了一把汗，但涂铭旌不为所动。实验室建设期间，他常常顶着重庆夏天的烈日，整天泡在工地上，晚上回到宿舍又开始筹划学科建设。8 年间，他先后主持建设了 5 000 平方米的实验楼、6 000 平方米的成果转化及产业孵化基地，领衔建设了重庆文理学院新材料技术研究院、微纳米光电器件协同创新中心、重庆市高校微纳米材料工程技术重点实验室，组建了 40 余人的高层次科研团队。他带领重庆文理学院的科研团队主持了 12 个国家自然科学基金项目、1 个国家科技部重大国际合作项目，参与 1 个国家"863 计划"项目和 1 个科技重大专项，发表科研成果 300 余项，获得省级以上科技进步奖、自然科学奖 10 项，获得国家专利 30 余项。

涂铭旌在实验室仍精力充沛，谈起"双创"更是精神倍增。他说："'科技报国'的根本就是创新创业。一个以'科技报国'为己任的科研工作者，只要国家有需要，在什么地方都能搞'双创'；只要社会有需要，在什么时候什么年纪都能搞'双创'。"

重庆文理学院:倾力培育学生创业"洪荒之力"

《中国青年报》 2016年10月19日 06版

去年10月,重庆文理学院的5名教师和20余名在校学生组建的团队与中国名校同场竞技,斩获第四届中国创新创业大赛生物医药行业全国总决赛团队组第一名。

如今,"抗ED和肺动脉高压一类新药"这款具有国际专利的创新靶向国际新药,已与重庆市高新区达成科技成果转化战略协议,获得1 500万创业扶持基金支持,预计5年内可吸引投资两亿元左右,创业即将进入收获期。

在类似的高含金量的项目的引领下,日前,重庆文理学院入围教育部首批"50所全国创新创业典型经验高校"。这一坊间俗称"创新创业50强"的殊荣,体现了主管部门、社会各界对学校人才培养质量、教育教学特色和创新创业工作的充分认可。

这枚多年坚持"创业至上,就业为本"理念而结下的骄人硕果,佐证了学校创业教育方略的成效,为即将迎来建校40周年的重庆文理学院献上弥足珍贵的礼物。

勇为人先,探索创新创业经验

在重庆文理学院,对大学生创新创业工作的重视从未停留于口号,而是扎扎实实落到实处。早在2009年,学校就创建了自己的大学生创业园,在当时的西部高校,殊为罕见。

在大学生在校创业尚未"解禁"的2011年初,学校在重庆高校中率先倡导在校大学生创办自己的微型企业,成为重庆第一所"吃螃蟹"的高校。随后,学校将此前的大学生创业园升级为大学生微型企业孵化园,让同学们进入实打实的仿真市场环境,为创业积累实战经验。

园区为大学生创业提供"保姆式服务",创业将遇到的几乎所有问题,比如项目论证、政策咨询、培训指导、财务代账、法律咨询、知识产权保护、融资服务、跟踪扶持、物业管理等,在这里都有一揽子综合解决方案。

迄今,已有 80 余家大学生微型企业入驻孵化园,涵盖了文化创意、信息科技、技术创新等多个适合大学生的行业,带动大学生就业 700 余人。

2012 年,学校成立了高规格的创新创业工作委员会,由校长直接挂帅。委员会负责对全校创新创业工作进行宏观布局与整体指导,真正形成了多个部门齐抓共管的联动协调机制,有效推进创新创业工作开展。

重庆文理学院提出"创业至上,就业为本"方略,对学生创业工作的重视程度可见一斑。而"创业至上"理念则渊源于学校近年来坚守的"顶天立地"发展战略:"顶天"就是培育具有竞争优势和特色的学科;"立地"就是要着力推进高素质应用型人才培养——在学校看来,学生的就业创业能力就是对学校学科建设和人才培养的最终检验,是否契合社会期待的试金石。

构建创业教育"金字塔",学生各得其所

思想上的重视应如何落实到创业工作上?在重庆文理学院,已经构建起创业教育的"金字塔":在底座的庞大人群,每个大学生都有全面接受创业教育的机会;在中部的有志青年,有创业意向的大学生能"开小灶",能得到针对性的创业技能培育;在顶端的精英人才,"千里马"们将随着创业"伯乐"历练身手、展露才华。

在"金字塔"的塔基,创业教育业已成为学校每名大学生校园生涯不可或缺的一部分。学校开设就业创业课程已有 6 年多,作为必修课,统一纳入大学生周末思想政治教育课之中。其本科课时总量为 36 课时,专科课时总量为 24 课时,共 2 个学分。日前,学校又与万学教育签约,校方的"醉翁之意"之一便是该教育集团背后的风投资源,他们可能为大学生创业提供超越课程之外的帮助和机会。

学校还形成了制度化、规模化、长期化的创新创业讲座和论坛,对学生创业进行示范、激励和指导,部分大学生也因此找到创业的良师益友。由此,学校的每一名大学生都能在三年里不间断地接受到全员化、全程化的创新创业教育,从而基本具备创业的常识和技能。

在"金字塔"的塔身,学校已经探索出创新创业人才分类培养模式,有志创业的学生能在新的平台得到更多的淬炼。

3年来，6个"创业先锋班"已走出480名创业英才，这个专门培养创业人才的实验班学制1年，累计108个学时、6个学分。2010年至今，学校另开设了17个"创业合作培养班"，通过校地、校企、校所、校院等形式合作办学，让1500余名学生的创业能力更上一层楼。2012年，学校推出雄心勃勃的"卓越人才培养"计划，15个卓越教师实验班、卓越工程师实验班、卓越农林人才实验班等培养了965名拔尖创新人才。

"工程师研修班"是学校创业教育的另一张王牌。2013年至今，"优秀材料工程师高级研修班"已举办4期，其中国家级1期，市级3期，面向全市全国128个高校和企业培养245人次；2014—2015年，学校实施的"优秀工程师"专业技能暑期集中新创业训练计划，参与师生达1500多人次，精选专业技能训练项目80余个。

在"金字塔"的塔尖，创业精英能够站在巨人的肩膀上，手持彩练当空舞。以中国工程院院士涂铭旌教授为代表的一大批高水平人才加盟重庆文理学院后，先后建成了光电材料与器件协同创新研究院、特色植物产业协同研究中心、非物质文化遗产传承基地和创新靶向药物国际研究院四大标志性科技平台。在这四大平台上的科研成果衍生出大批优质创业项目，构成了引领学校创业教育的龙头。

学校运用纳米银线研制的导电薄膜柔性触摸屏，宽度只有一根头发丝的千分之一，今后甚至可以将其做成手环式可穿戴设备手机，此前已通过全球专业的测试中心产业化评测，正在推进产业化。

学校毕业生黄仁权创建的"重庆欧勒精细陶瓷有限公司"上马的"超硬涂层陶瓷刀"项目，已占全球同类产品销量的1/3。

郝华和3名同学成立的重庆熠佳节能灯有限责任公司，2012年，成为首个的在校学生创办而获得"重庆市十佳微型企业"称号的企业，如今正在创造更大的成绩。科技特派员刘奕清教授长期致力于特色植物种苗孵化与繁育，争取资金1.2亿元，建成占地2000亩的重庆（永川）特色植物种苗科技城，建成"种苗云港"星创天地、国家科技特派员创业基地、国家脱毒竹根姜种苗繁育基地、园林实用技能型国家卓越农林教育人才培养基地,被重庆市批准为特色植物种苗产业协同创新中心。

该中心积极参与学生的创新创业教育,创建了研究生+本科+职业(大学生)农民+农业新型经营管理者的多层次特色植物产业人才培养基地,涌现了一大批优秀"创友"。

学校毕业生李洪海团队利用研究院具有自主知识产权的农业重大科技成果,成立重庆天沛农业科技有限公司。同时,公司又反哺学校创新创业工作,与学校共建了3 000平方米的基地,荣获重庆市农业"星创天地"称号,成为"国家级科技特派员创业基地",进一步推动产、学、研深度融合发展。

作为学校文化传承创新的典型代表,非物质文化遗产研究中心利用特色文化资源和专家智力资源优势,通过研究引领、智库建设、平台支撑等路径,积极支持师生的创新创业。先后承接黄瓜山生态旅游文化设计项目70余项、价值300余万元,承接投资20亿打造的昌州古城文化策划总方案,20余名学生全程参与。君意豆豉作为中心指导的学生创业项目,已经成为生产性非物质文化遗产保护示范基地,年产值将超过5 000万元。

这个创业教育的"金字塔",涵盖了不同梯队的创业体系,能够满足不同学生的需求。

优化制度顶层设计,创业教育深入推进

重庆文理学院在创业教育上的努力,除了战术上的设计,更着力于在机制上强化顶层设计。多年来,学校一直致力于为创业正名。在这里,创业从来都不会被视为"歪门邪道",反而有免除后顾之忧的政策。

学校的创新创业团队核心成员进行创业实践时,比如注册公司、组建工作室、参与众创空间,只要运营半年以上,提交创新创业实践报告,就可以申请认定为毕业实习学分、毕业设计(论文)学分或创新创业类课程学分。

学生参与创新创业或者参加各种大赛并获奖,可提出申请,替代相应的课程或实践教学环节的成绩。在国家相关规定出台之前,学校便实行弹性修读制,学生可以分段完成学业。因创业而需要暂时中断学业的,经学校批准后,可予休学。

学校的创新创业活动一是鼓励学生开展创新实验、发表论文、获得专利。2013—2015年，重庆文理学院学生在国家核心或者公开刊物共发表文章310篇。针对大学生创业各个环节所面临的困难和问题，重庆文理学院都会力争推出治本之策。

创业"有钱不是万能，没钱一定是万万不能"，为此，依靠学校扶持+政府补贴+校友资助"几个一点"的办法，学校每年设立100万元创新创业专项资金。

学校还成立企业家校友会，筹措资金100万元用于大学生创业人才的奖励和帮扶。学校另设立了50万元的创业基金，对成长性好的创新型公司，实施重点培育扶持，提高核心竞争力。同时，学校组建了3 000平方米的大学生微型企业孵化园。在这里，孵化区、创业区、公共服务区、创客活动区、创客培训区一应俱全。学校还建设有1 500平方米的生产研发基地、3 000平方米的中试车间和1 950平方米的众创空间，并调用所有闲置场地支持大学生创业。

2015年11月，学校建设了"百川兴邦众创空间""e创星空""机电创客""水族空间"4个科技创新型众创空间，均获得市科委、市教委首批"众创空间"授牌，获得经费支持。

学生需要场地和仪器来研制、调试产品，学校专门出台了文件，将19个实训中心及专业实验室总值2亿元的实验仪器设备向学生全天候开放使用，每年的开放量达数十万人时数，占全校实验教学总量的31%，远超全国高校的平均水平。

对于那些怀揣创业梦想、有初步创业意向的大学生，学校通过构建"前期预孵化""过程强培育"和"退出后对接"的孵化机制，辅助他们的创业梦想早日破壳而出。那些完成"预孵化"并体现出一定成长性的创新型公司，学校实施重点培育扶持，提高核心竞争力。在两年的孵化期结束后采取"积极、消极、对接"三种退出机制，最终让学生创业企业得以成长。

学校还建立了"1+1+1"的创业教师指导制度。给每个企业和团队提供1名企业界人士、1名政府部门工作人员和1名校内指导教师作为顾问，帮助、指导孵化企业开展创业活动。为此，学校不拘一格"借脑"，从企业、政府和学校选聘67名精英组建了创新创业导师队伍，承担课程教学和创业实践指导工作。

学校成立40年来,培养了12万余校友,其中很多校友已成长为商界翘楚,学校成立了企业家校友会,从中选聘了40名兼职导师。他们将对母校的爱融汇于母校的创新创业工作,不遗余力指点师弟师妹投身创业浪潮,并在管理、营销、金融等方面给予支持,及时解决大学生在创业过程中遇到的问题。

理念先导,打造独树一帜的办学DNA

一分耕耘,一分收获。近年来,重庆文理学院就业工作成效显著,近三年学校毕业生初次就业率逐年提高,居重庆市同类高校前列。同时,学校应届毕业生创业比例和人数也逐年增加,参与创业学生达1 000余人。

学生参加市级、国家级创新创业大赛获奖数量和质量均居重庆市高校前列。学生获得市级及其以上奖励年年攀高,2013年为505项、2014年为653项、2015年为761项。仅2015年,学校参加省市级及以上学科竞赛195项,获得奖项478项,获奖学生达1 068人次。学校组织学生连续参加重庆市五届大学生创新创业大赛,获特等奖2项、一等奖2项,获奖数量和质量均居重庆市高校前列。

学生团队荣获2015年"小平科技创新团队"(重庆仅2个,全国共50个),在"中国首届'互联网+'大学生创新创业大赛"中,学校有13项进入重庆赛区前90名。学校多次被重庆市教委评为"普通高校毕业生创业指导服务奖",学校大学生微型企业孵化园被评为"市级创业孵化基地""重庆市首批大学生创业示范基地"。

2013年,重庆文理学院被教育部评为"全国毕业生就业典型经验高校50强"。2016年,学校又被教育部评为首批"50所全国创新创业典型经验高校"。

丰硕成果的背后,是理念的指引。

学校从不好高骛远地向往各种"高大上"的虚幻光环,而是脚踏实地地确立了"建设应用型学科,开展应用研究,培养应用型人才,创建应用型大学"办学定位,并将该定位一以贯之地落实于学校的所有教育教学环节。

正因为强调"应用为本","就业创业"和"学业"成为学校教育教学的"DNA双螺旋",两条"长链"被摆放在同等重要的位置,共同构成重庆文理学院独树一帜的"培养应用型人才"的鲜明"办学DNA"。在这里，课堂既在象牙塔内，又在市场里；创新创业教学的教师既讲授知识，又指导创业；课程既有"学"，又有"术"；学生既是"书生"，又是"工匠"；考核既书面笔试，又考查动手……

星湖美景与几代学子儒雅文风互为映衬

《重庆晨报 永川读本》 2016-11-02 凤凰网 光明网 网易

在卫星湖湖畔吟咏深思,绘桃花岛芳菲漫天,听名师在课堂旁征博引。上个世纪八十年代,重庆文理学院的中文学子,正体验着最纯粹的校园生活。他们把此情此景、所感所想,嵌进诗歌、写入散文,由此成立星湖写作社。

他们发挥妙想,用绘画、舞蹈、话剧展示校园的多姿,由此衍生出文化艺术节,并成为全校师生的盛会。时隔多年,中文学子打造的梦仍在编织,星湖写作社被评为全国精品社团,每年的文化艺术节如火如荼,曾经在大小舞台上活跃的学子们,或在媒体界崭露头角,或在商海叱咤风云,或站在自己岗位服务基层教育。

1977年5月学校亮起第一盏灯

作为重庆文理学院创建历史最悠久的院系之一,文化与传媒学院同学校一起,走过了四十年的风雨同舟路。

1976年,当时名为中文班的文传学院,在星湖校区成立。建院之初,星湖校区十分荒凉,第一届中文班只招收了55名学生,大都是上山下乡的知青,不少已经有了3年以上的工作经历,也有丰富的社会经验。

因为之前的经历,他们格外珍惜来之不易的读书机会,同老师们一起,同甘共苦。那时教室不仅少,且简陋,学生上课的课桌,是用两个石头块,上面铺一块木板搭成。

也许是当时各地区都差不多,大多数人没想过苦不苦。食堂是用茅草、竹席搭成。学生用脸盆煮饭,和老师一起种菜,倒也乐在其中。至今文传学院仍流传着一句话:"床上睡人,床下养猪。"这正是那个年代的真实写照,为改善伙食,老师在自己的床下养起了猪,人在床上睡,猪在床下睡。

到了1977年5月5日,学院里第一盏灯亮了。当时师生们从学校旁边的党校,牵了一根电线过来。电灯亮起的那一刻,学生们敲着脸盆,和老师拥抱,瞬间狂欢起来。

星湖写作社出了不少作品

进入八十年代,文传学院招揽人才,他们或饱览诗书,或家学渊博,或才华横溢。这群知识分子汇集星湖校区,让中文系如同百家讲坛,大放异彩。

著名诗人石天河,于1980年来到当时的中文科,教授当代文学。他不仅是中国著名诗人,也是一位文艺评论家,是诗歌理论界的大树,曾发表《广场诗学》《少年石匠》等作品。

在石老的课堂上,总能听到他激情澎湃的声音,各种文学典故信手拈来。在他的指导下,星湖写作社成立,创作了不少文采斐然的诗歌作品。

晚会联展形成文化艺术节

也许是卫星湖美景的浸润,也许是老师们的儒雅风采,饱受熏陶的中文学子,都以文人自居,写诗歌、散文、小说,发表杂文、文学评论。

各类小报层出不穷,从第一张小报《求索》,到后来的《卫星湖刊》,再到《太白》《师专青年》《大观园》,这群年轻人,把自己饱满的情感付诸各种文学作品。

到90年代,星湖写作社成立了,第一任社长张采兵,从物理系转入中文系,从此一发不可收拾。开展招新,组织骨干,暑期骑行去拉萨。

出版的刊物经历了手抄、刻写、铅字、激光,从4开到8开再到16开。写作社的规模曾一度达到2 000多人,社员遍布全校。

星湖写作社成立23年,曾被评为全国优秀校园社团,并出版了第一本面向全国公开发行的大学社团文集《星湖岁月》及第二本社团文集《星湖十年》。

几十年的积淀使星湖写作社走出了大批文学、新闻好手,且大都供职于成渝两地的报社、杂志社、电视台、网站等。1986年底,中文学子面向全校,办了一场金菊晚会,有舞蹈、器乐表演,演出《春江花月夜》、剑舞。晚会一出,立即大受好评。

学生拍摄专题片为母校庆生

回顾往昔,曾经在大小舞台上活跃的学子们,或在媒体界崭露头角,或在商海叱咤风云,或立足自己岗位服务基层教育。中文系88级学子王浩创办《新女报》,成为总编辑。第一届星湖写作社社长张采兵,任大渝网总编辑。

基层教育界,中文系学子大都成了中小学名校长、全国优秀教师。中文学子后成为网络作家小桥老树,写作《侯卫东官场现形记》,连续四年荣登中国作家富豪榜。

眼下正值重庆文理学院校庆,文传学院的学生们,特地拍摄了两部专题片,为母校庆生。因为专业能力强,这群广播电视编导的学生们,曾为兴隆湖拍摄纪录片《兴隆湖印象》,以松溉为背景拍摄电影。还曾获永川区投资18万,拍摄永川的形象专题片。